O GUIA DOS CURIOSOS

JOGOS OLÍMPICOS

Marcelo Duarte

O Guia dos Curiosos

JOGOS OLÍMPICOS

Parte do material deste livro foi anteriormente publicado em *O Guia dos Curiosos – Esportes*.

ACORDO ORTOGRÁFICO
Este livro segue as normas do novo

2ª edição

PANDA BOOKS

EDIÇÃO ATUALIZADA
NOVO PROJETO GRÁFICO

© Marcelo Duarte

Diretor editorial
Marcelo Duarte

Diretora comercial
Patty Pachas

Diretora de projetos especiais
Tatiana Fulas

Assistentes editoriais
Vanessa Sayuri Sawada
Juliana Paula de Souza
Ana Luiza Candido

Assistentes de arte
Alex Yamaki
Daniel Argento

Diagramação
Kiki Millan

Colaboração
Alexandre Aragão
Gustavo Longhi de Carvalho
Sérgio Miranda Paz

Revisão
Telma Baeza Gonçalves Dias

Impressão
Orgrafic

CIP – BRASIL. CATALOGAÇÃO NA FONTE
SINDICATO NACIONAL DOS EDITORES DE LIVROS, RJ

Duarte, Marcelo, 1964-
O Guia dos Curiosos: Jogos Olímpicos/ Marcelo Duarte. – 2.ed. – São Paulo: Panda Books, 2012. 336 pp.

Inclui bibliografia
ISBN: 978-85-7888-222-8

1. Olimpíadas – História – Miscelânea. 2. Curiosidades e maravilhas. I. Título.

12.1440
CDD: 796.4809
CDU: 796.032.2

2012
Todos os direitos reservados à Panda Books.
Um selo da Editora Original Ltda.
Rua Henrique Schaumann, 286, cj. 41
05413-010 – São Paulo – SP
Tel./Fax: (11) 3088-8444
edoriginal@pandabooks.com.br
www.pandabooks.com.br
twitter.com/pandabooks
Visite também nossa página no Facebook.

Nenhuma parte desta publicação poderá ser reproduzida por qualquer meio ou forma sem a prévia autorização da Editora Original Ltda. A violação dos direitos autorais é crime estabelecido na Lei nº 9.610/98 e punido pelo artigo 184 do Código Penal.

Para o judoca Aurélio Miguel
pela emoção da primeira medalha de ouro
que vi o Brasil ganhar ao vivo.*

* Marcelo cobriu as Olimpíadas de 1988 e 1996 como repórter da revista *Placar*
e as Olimpíadas de 2004 e 2008 como repórter da ESPN Brasil.

SUMÁRIO

1. ..... Os Jogos Olímpicos................... 11
2. ..... Tradições olímpicas.................. 43
3. ..... Início das Olimpíadas 55
4. ..... Anos de turbulência 83
5. ..... A vitória da tecnologia............... 115
6. ..... Piores momentos dos jogos........... 151
7. ..... Heróis olímpicos 179
8. ..... Esportes coletivos................... 203
9. ..... Outros esportes olímpicos........... 273
10. ..... As medalhas e o pódio 299

Referências bibliográficas............. 331

Créditos das ilustrações.............. 333

Que a alegria e o companheirismo reinem e, dessa maneira, que a tocha olímpica siga através dos tempos, promovendo a amizade entre os povos para o bem de uma humanidade cada vez mais entusiasmada, corajosa e pura.

PIERRE DE COUBERTIN
(1863-1937)

1

As adversidades fazem com que alguns homens quebrem e que outros quebrem recordes.

WILLIAM A. WARD
(1921-1994), administrador norte-americano

Os Jogos Olímpicos

OLIMPÍADAS NA GRÉCIA ANTIGA

Tudo começou na Grécia antiga. Os gregos queriam fazer uma homenagem a Zeus, Apolo, Afrodite e a todos os seus deuses, adorados em um templo especialmente construído em Olímpia. Por isso, instituíram uma grande festa, batizada de Jogos Olímpicos. Os Grandes Jogos da Grécia foram disputados pela primeira vez em 776 a.C., quando aparece em documentos e monumentos a primeira lista de heróis e vencedores olímpicos. Os gregos, que com certeza começaram as disputas esportivas dentro de cada cidade, encontraram nos jogos uma forma pacífica de reunir suas populações, que viviam em guerra, apesar de falarem a mesma língua e serem da mesma religião. Olímpia, a principal cidade da Élida, na península do Peloponeso, seria mais tarde conquistada pelos romanos. Foi varrida do mapa no século VI, devastada por um terremoto.

No começo, era disputada uma única prova: a corrida de 170 metros. Aos poucos, os antigos gregos foram incluindo nos jogos o boxe, a luta, a corrida de bigas e o pentatlo.

Até 472 a.C., todas as provas eram realizadas em um único dia, e só podiam ser disputadas por cidadãos livres. No século V a.C., os Jogos, antes realizados em apenas um dia, foram estendidos para cinco. As provas eram disputadas sempre no período mais quente do ano.

A participação de mulheres e escravos era proibida. Os Jogos Olímpicos da Antiguidade aconteciam de quatro em quatro anos. A cada cinco anos, as mulheres promoviam uma competição em tributo à deusa Hera, mas a única modalidade esportiva era uma corrida de trinta metros.

Ser atleta também não era nada fácil naquela época. As despesas de viagem até Olímpia eram custeadas pelo competidor ou por sua família. Quem quisesse entrar numa corrida de bigas era obrigado a trazer sua própria carruagem e seus cavalos. Os treinos começavam dez meses antes dos Jogos. No último mês, o atleta treinava acompanhado por oficiais das Olimpíadas e suas refeições consistiam de queijo e água, e nada mais.

> Os Jogos duraram mais de mil anos, até 393 d.C., quando o imperador romano Teodósio I terminou com eles dando a desculpa de que se tratava de uma festa "pagã".

O antigo estádio de Olímpia tinha capacidade para mais de 40 mil espectadores. Na área ao redor do estádio foram construídos prédios auxiliares, que serviam como locais de treinamento para os atletas ou de alojamento para os juízes.

Os atletas que fossem descobertos trapaceando eram obrigados a pagar uma multa, cujo valor era revertido para a fabricação de estátuas de Zeus em bronze. As peças carregavam inscrições sobre quem havia trapaceado e avisos para que outros não repetissem o feito, lembrando que os atletas deveriam vencer por suas habilidades, e não por dinheiro. O caso registrado mais antigo é o de Eupolus da Tessália, que subornou alguns boxeadores na 98ª Olimpíada.

Modalidades esportivas nos Jogos da Antiguidade

PENTATLO
Era constituído de cinco esportes diferentes:

⌘ **Corrida:** os atletas usavam um pedaço de pano para cobrir suas partes íntimas até a participação de Orsippos, um corredor do subúrbio de Atenas, que perdeu seu paninho durante a prova, no ano 720 a.C., tornando-se o primeiro atleta a correr pelado. A partir de então, os participantes passaram a correr nus. Havia corridas de 170 metros, de quatrocentos metros e até de 1.400 a 4.800 metros de distância. Em outra variação, eles corriam munidos de escudo, elmo e placas de metal nas canelas.

⌘ **Salto:** para melhorar sua performance, os atletas seguravam halteres ou pedras durante o salto, e os soltavam para trás ao alcançarem o solo. A competição era embalada por um flautista, que marcava o ritmo dos saltos.

⌘ **Arremesso de disco:** originalmente feito de pedra, mais tarde o disco passou a ser fabricado em ferro, chumbo ou bronze. A técnica do arremesso era bastante similar à usada hoje.

⌘ **Arremesso de dardo:** os gregos amarravam uma alça de couro no centro de gravidade do dardo para estabilizá-lo durante o arremesso. Havia dois tipos de competição: o arremesso de distância e o de precisão.

⌘ **Luta livre:** a modalidade era considerada um exercício militar sem arma e a prova só acabava quando um dos adversários admitia sua derrota.

BOXE
O esporte foi adicionado aos Jogos no ano de 688 a.C. – segundo a obra de Homero, o deus Apolo teria sido seu inventor. Os boxeadores usavam tiras de couro em volta das mãos para dar mais estabilidade aos pulsos e aos dedos. Elas iam amolecendo com o tempo, mas alguns atletas passaram a usar tiras mais duras, que acabavam desfigurando o adversário.

PANCRÁCIO
A luta, que existe até hoje, passou a fazer parte das Olimpíadas em 648 a.C., e é um tipo de arte marcial que combina o boxe e a luta greco-romana. Era considerada uma das modalidades mais difíceis. Os gregos acreditavam que o pancrácio teria sido inventado por Teseu ao vencer o Minotauro no labirinto de Creta.

EVENTOS EQUESTRES
As provas incluíam corridas de cavalos e de bigas, e aconteciam no hipódromo.

MAIS PERTO DOS DEUSES

Era assim mesmo que os vencedores dos Jogos Olímpicos da Antiguidade se sentiam, pois ganhar uma prova era a maior honra que um mortal poderia obter. Não é à toa que os atletas que chegassem ao primeiro lugar no pódio tinham estátuas erguidas em sua homenagem. As vitórias eram comemoradas com odes de Pindar, Simonides e outros poetas renomados da época. Além disso, os vencedores tinham regalias, como não ter de pagar impostos.

Uma cerimônia de premiação era realizada imediatamente após a prova. Depois que o arauto anunciava o nome do campeão, o juiz colocava uma folha de palmeira sobre as mãos dele, enquanto os espectadores vibravam e jogavam flores sobre ele. Os organizadores amarravam fitas vermelhas na sua cabeça e nas suas mãos como sinal de vitória. No entanto, a cerimônia oficial era feita somente no último dia dos Jogos, no Templo de Zeus. O arauto anunciava o nome do atleta, do pai dele e de sua terra natal. Então, ele recebia a coroa de folhas de oliveira das mãos do juiz. De acordo com Plegon, um autor grego do século II d.C., a coroa foi usada pela primeira vez no ano 752 a.C., e teria sido sugerida pelo oráculo de Delfos.

OS MAIORES ATLETAS DA ANTIGUIDADE

As proezas dos campeões dos Jogos da Grécia Antiga eram incríveis. Poidâmio de Tessália estrangulou um leão feroz e... morreu esmagado pela montanha que conseguiu deslocar com os ombros. Milon de Crotona correu toda a pista do estádio a uma velocidade espantosa... carregando nas costas um bezerro que ele mesmo havia matado com um soco.

MILON DE CROTONA
Nascido na região onde hoje é o sul da Itália, o lutador venceu pela primeira vez, ainda menino, no ano 540 a.C., e depois foi campeão nada menos que cinco vezes, entre 532 e 516 a.C. O superatleta também ficou conhecido por exibir-se amarrando uma corda em volta de sua testa e depois arrebentando-a

usando apenas a força das veias da cabeça, ou carregando uma vaca sobre os ombros. Dizia-se que ele era capaz de comer vinte quilos de carne e beber nove litros de vinho em uma única refeição. Seguidor de Pitágoras, uma vez Milon salvou outros discípulos do filósofo quando o teto do local onde eles se encontravam começou a desabar. O lutador segurou o pilar central do prédio até que todos pudessem escapar e saiu por último, sem nenhum arranhão.

MELANKOMAS DE KARIA

Famoso por sua bela aparência, o boxeador venceu nas Olimpíadas do ano 49 d.C. Melankomas jamais foi derrotado e, por incrível que pareça, nunca atingiu um adversário ou foi atingido, pois acreditava que machucar o outro era prova de falta de bravura. Sua técnica consistia em se esquivar dos golpes dos oponentes, que acabavam perdendo a compostura ou a paciência e desistiam.

TEÁGENES DE TASOS

O atleta ficou famoso aos nove anos de idade, quando, ao voltar da escola para casa, ficou tão admirado por uma estátua de bronze de um deus que resolveu arrancá-la da base e levá-la com ele. Os cidadãos ficaram ofendidos com tamanho desrespeito pelo deus e até pensaram em executar o menino, mas Teágenes devolveu a estátua e tudo se resolveu. Em 480 a.C., Teágenes foi campeão de boxe e, quatro anos depois, no pancrácio; além disso, venceu muitas outras provas fora dos Jogos, inclusive em corrida.

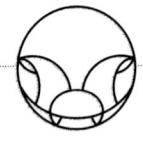

ATLETA MILAGREIRO

Após a morte de Teágenes, o povo de Tasos o homenageou com uma estátua de bronze. Um de seus antigos adversários batia na estátua todas as noites, até que ela acabou se soltando e caiu sobre ele, matando-o. A estátua foi considerada "culpada" e jogada ao mar. Depois de um tempo de fome e pobreza, o oráculo sugeriu que a trouxessem de volta, e Tasos viveu em prosperidade novamente.

DIÁGORAS DE RODES

O boxeador foi campeão nos Jogos de 464 a.C., além de vencer muitas outras provas fora das Olimpíadas. Vindo de uma família influente em Rodes, Diágoras era considerado filho do deus Hermes – o que poderia explicar suas habilidades sobre-humanas no esporte. O atleta ficou famoso por nunca se desviar dos golpes adversários. Seus filhos e netos também foram campeões olímpicos.

LEÔNIDAS DE RODES

O corredor ganhou status de deus por suas incríveis vitórias. Ele não apenas venceu três provas de duzentos, trezentos e 5 mil metros em seguida, como o fez em quatro olimpíadas consecutivas, entre 164 e 152 a.C.!

POLÍDAMAS DE SKOTOUSSA

Campeão de pancrácio nos Jogos de 408 a.C., o atleta também ficou conhecido por matar um leão com suas próprias mãos e segurar uma carruagem desgovernada. No entanto, a grande força do lutador não o ajudou a escapar de seu fim. Polídamas estava em uma caverna com seus amigos, quando o teto começou a cair. Ele segurou o desmoronamento até que os outros estivessem a salvo, mas não conseguiu fugir a tempo.

JOGOS MODERNOS

"O IMPORTANTE NÃO É VENCER; É COMPETIR."

Todos pensam que a frase é do barão de Coubertin. Mas há uma versão de que ela foi pronunciada pelo bispo de Londres, num ato religioso antes dos Jogos Olímpicos de 1908.

BARÃO DE COUBERTIN, O PAI DOS JOGOS MODERNOS

O criador dos Jogos Olímpicos da Era Moderna foi o barão de Coubertin. Seu nome verdadeiro era Pierre de Fredy. Ele nasceu em Paris (França), no dia 1º de janeiro de 1863, e morreu em Genebra (Suíça), no dia 2 de setembro de

1937, de ataque cardíaco. Seu coração, lacrado em uma urna de bronze, está sepultado em Olímpia, junto ao templo erguido para os deuses gregos.

O barão decidiu estudar a história dos Jogos da Antiguidade ao saber sobre as escavações arqueológicas que descobriram as ruínas de Olímpia, em 1875. Pesquisadores alemães encontraram não só o estádio, mas também os alojamentos dos competidores. Coubertin achava que o esporte havia levado os gregos ao apogeu, e resolveu ressuscitar os Jogos Olímpicos depois de assistir, em 1889, aos Jogos Pan-Helênicos, que eram realizados desde 1859.

O barão de Coubertin foi um exímio atirador de pistola na sua juventude. Por isso, fez questão de incluir o esporte nos primeiros Jogos, em 1896.

Todas as Olimpíadas

	Ano	Local	Datas	Nº de provas	Nº de esportes
I	1896	Atenas (Grécia)	6 a 15/4	43	9
II	1900	Paris (França)	14/5 a 28/10	86	20
III	1904	Saint Louis (Estados Unidos)	1º/7 a 23/11	89	18
IV	1908	Londres (Inglaterra)	27/4 a 31/10	107	24
V	1912	Estocolmo (Suécia)	5/5 a 27/7	102	15
VI	1916	Berlim (Alemanha)	Canceladas (Primeira Guerra Mundial)		
VII	1920	Antuérpia (Bélgica)	20/4 a 12/9	152	24
VIII	1924	Paris (França)	4/5 a 27/7	126	19
IX	1928	Amsterdã (Holanda)	17/5 a 12/8	109	16
X	1932	Los Angeles (Estados Unidos)	30/7 a 14/8	117	16
XI	1936	Berlim (Alemanha)	1º a 16/8	129	21
XII	1940	Helsinque (Finlândia)	Canceladas (Segunda Guerra Mundial)		
XIII	1944	Londres (Inglaterra)	Canceladas (Segunda Guerra Mundial)		
XIV	1948	Londres (Inglaterra)	29/7 a 14/8	136	19
XV	1952	Helsinque (Finlândia)	19/7 a 3/8	149	19
XVI	1956	Melbourne (Austrália)*	22/11 a 8/12	151	19
XVII	1960	Roma (Itália)	25/8 a 11/9	150	19
XVIII	1964	Tóquio (Japão)	10 a 24/10	163	21

(*) As seis provas de hipismo foram realizadas em Estocolmo (Suécia), entre os dias 10 e 17 de julho de 1956.

XIX	1968	Cidade do México (México)	12 a 27/10	172	20
XX	1972	Munique (Alemanha)	26/8 a 11/9	195	23
XXI	1976	Montreal (Canadá)	17/7 a 1/8	198	23
XXII	1980	Moscou (URSS)	19/7 a 3/8	204	23
XXIII	1984	Los Angeles (Estados Unidos)	28/7 a 12/8	221	24
XXIV	1988	Seul (Coreia do Sul)	17/9 a 2/10	237	26
XXV	1992	Barcelona (Espanha)	25/7 a 9/8	257	28
XXVI	1996	Atlanta (Estados Unidos)	19/7 a 4/8	271	30
XXVII	2000	Sydney (Austrália)	15/9 a 1/10	300	32
XXVIII	2004	Atenas (Grécia)	13 a 29/8	301	32
XXIX	2008	Pequim (China)	8 a 24/8	302	32
XXX	2012	Londres (Inglaterra)	27/7 a 12/8	303	29

OS PAÍSES PARTICIPANTES

1896 13
1900 22
1904 12
1908 23
1912 28
1920 29
1924 44
1928 46
1932 37
1936 49
1948 59
1952 69
1956 67
1960 83
1964 93
1968 112
1972 122
1976 .... 92*
1980 81
1984 140
1988 .... 159**
1992 172
1996 197
2000 199
2004 201
2008 204
2012 205

(*) Em algumas publicações, diz-se que foram 88 os países participantes. É que Camarões, Egito, Marrocos e Tunísia resolveram boicotar os Jogos no meio da competição. Só que alguns atletas desses quatro países já haviam participado de algumas provas.
(**) Seriam 160. A delegação de Brunei, no entanto, compareceu apenas à cerimônia de abertura com um dirigente e nenhum atleta.

O NÚMERO DE ATLETAS

Ano	Homens	Mulheres	Total
1896	241	0	241
1900	975	22	997
1904	645	6	651
1908	1.971	37	2.008
1912	2.359	48	2.407

1920	2.561	65	2.626
1924	2.954	135	3.089
1928	2.606	277	2.883
1932	1.206	126	1.332
1936	3.632	331	3.963
1948	3.714	390	4.104
1952	4.436	519	4.955
1956	2.938	376	3.314
1960	4.727	611	5.338
1964	4.473	678	5.151
1968	4.750	780	5.530
1972	6.075	1.079	7.154
1976	4.824	1.260	6.084
1980	4.064	1.115	5.179
1984	5.263	1.566	6.829
1988	6.197	2.194	8.391
1992	6.652	2.704	9.356
1996	6.806	3.512	10.318
2000	6.582	4.069	10.651
2004	6.296	4.329	10.625
2008	6.305	4.637	10.942

⌘ Atenas queria se tornar sede perpétua das Olimpíadas. O Comitê Olímpico Internacional (COI) não deixou, mas permitiu que os gregos fizessem uma edição especial em comemoração aos dez anos da primeira Olimpíada da Era Moderna. No entanto, os Jogos de 1906, disputados entre 22 de abril e 2 de maio, não foram considerados oficiais.

⌘ Embora não tenham sido realizadas em 1916, 1940 e 1944, essas Olimpíadas estão incluídas no cálculo do número total de Jogos. A contagem não foi alterada porque a cada período de quatro anos se conta uma Olimpíada, de acordo com o antigo sistema grego de divisão do tempo, que era usado por volta de 300 a.C. Olimpíada era o período de quatro anos decorrido entre dois Jogos consecutivos.

⌘ As candidaturas para sede dos Jogos só podem ser reivindicadas por cidades, nunca por países. Esta determinação foi criada para evitar a influência dos governos nacionais – o que se tornaria inútil com o passar dos anos. Mas as cidades devem ter um aval do Comitê Olímpico Nacional. A escolha é feita sete anos antes da data determinada para o evento.

AS MASCOTES OLÍMPICAS

WALD (cão bassê)
Munique, 1972

AMIK (castor)
Montreal, 1976

MISHA (urso)
Moscou, 1980

SAM (águia)
Los Angeles, 1984

HODORI (tigre)
Seul, 1988

COBI (cachorro)
Barcelona, 1992

IZZY*
Atlanta, 1996

SYD, MILLIE e OLLY (ornitorrinco, equidna e kookaburra, um pássaro típico) **Sydney**, 2000

ATHENA e PHEVOS (pessoas)
Atenas, 2004

FUWA — Beibei, Jingjing, Huanhuan, Yingying e Nini (crianças de boa sorte)
Pequim, 2008

WENLOCK**
(gota de metal)
Londres, 2012

* Antes de se chamar Izzy, a mascote dos jogos de Atlanta tinha o nome de "Whatizit"? Ninguém entendeu mesmo o que era aquilo. Rebatizada, ela acabou recebendo uma biografia pouco convincente. Izzy seria um adolescente que habita um mundo mágico encontrado dentro da tocha olímpica. Um dia, ele sonha em fazer parte das Olimpíadas. Se descobrir os cinco anéis mágicos escondidos no Mundo da Tocha, ganhará o poder de que precisa para realizar seu sonho.

** O nome de Wenlock homenageia a cidade de Munch Wenlock, local que inspirou o barão de Coubertin a criar os Jogos Olímpicos.

Comitê Olímpico Internacional

No dia 23 de junho de 1894, durante um congresso sobre educação e pedagogia na Universidade de Sorbonne, em Paris, o barão de Coubertin propôs a criação de uma organização internacional que promovesse uma competição esportiva entre atletas amadores do mundo todo, a cada quatro anos, como os Jogos da Grécia Antiga. Nesse dia, então, nascia o Comitê Olímpico Internacional, e decidiu-se que os primeiros Jogos Olímpicos da Era Moderna aconteceriam dois anos mais tarde, em Atenas. Durante a Primeira Guerra Mundial, Coubertin era o presidente do COI e decidiu levar a sede do Comitê para Lausanne, na Suíça, um país neutro.

TODOS OS PRESIDENTES DO COI

Demetrius Vikélas · GRÉCIA · 1894 a 1896
Barão de Coubertin · FRANÇA · 1896 a 1925
Henri de Baillet-Latour · BÉLGICA · 1925 a 1942
J. Sigfrid Edström · SUÉCIA · 1946 a 1952
Avery Brundage · ESTADOS UNIDOS · 1952 a 1972
Lord Killanin · IRLANDA · 1972 a 1980
Juan Antonio Samaranch · ESPANHA · 1980 a 2001
Jacques Rogge · BÉLGICA · Desde 2001

Comitê Olímpico Internacional
Château de Vidy, 1007
Lausanne, Suíça
Telefone: (00-XX-4121) 621-6111
Fax: (00-XX-4121) 621-6216

SIGLAS DOS PAÍSES

Nos relatórios do COI, na imprensa, na internet e nas transmissões da televisão, os países participantes são sempre identificados por uma sigla de três letras. Confira aqui as siglas de todos os países e nunca mais confunda Austrália com Áustria, Dominica com República Dominicana e Eslováquia com Eslovênia!

País	Código	País	Código
Afeganistão	**AFG**	Egito	**EGY**
África do Sul	**RSA**	El Salvador	**ESA**
Albânia	**ALB**	Emirados Árabes Unidos	**UAE**
Alemanha	**GER**	Equador	**ECU**
Andorra	**AND**	Eritreia	**ERI**
Angola	**ANG**	Eslováquia	**SVK**
Antígua e Barbuda	**ANT**	Eslovênia	**SLO**
Antilhas Holandesas	**AHO**	Espanha	**ESP**
Arábia Saudita	**KSA**	Estados Unidos	**USA**
Argélia	**ALG**	Estônia	**EST**
Argentina	**ARG**	Etiópia	**ETH**
Armênia	**ARM**	Fiji	**FIJ**
Aruba	**ARU**	Filipinas	**PHI**
Austrália	**AUS**	Finlândia	**FIN**
Áustria	**AUT**	França	**FRA**
Azerbaijão	**AZE**	Gabão	**GAB**
Bahamas	**BAH**	Gâmbia	**GAM**
Bahrein	**BRN**	Gana	**GHA**
Bangladesh	**BAN**	Geórgia	**GEO**
Barbados	**BAR**	Grã-Bretanha (Reino Unido)	**GBR**
Bélgica	**BEL**	Granada	**GRN**
Belize	**BIZ**	Grécia	**GRE**
Benim	**BEN**	Guam	**GUM**
Bermuda	**BER**	Guatemala	**GUA**
Bielorrússia	**BLR**	Guiana	**GUY**
Bolívia	**BOL**	Guiné	**GUI**
Bósnia-Herzegovina	**BIH**	Guiné-Bissau	**GBS**
Botsuana	**BOT**	Guiné Equatorial	**GEQ**
Brasil	**BRA**	Haiti	**HAI**
Brunei	**BRU**	Holanda	**NED**
Bulgária	**BUL**	Honduras	**HON**
Burkina Faso	**BUR**	Hong Kong	**HKG**
Burundi	**BDI**	Hungria	**HUN**
Butão	**BHU**	Iêmen	**YEM**
Cabo Verde	**CPV**	Ilhas Cayman	**CAY**
Camarões	**CMR**	Ilhas Comoros	**COM**
Camboja	**CAM**	Ilhas Cook	**COK**
Canadá	**CAN**	Ilhas Maldivas	**MDV**
Cazaquistão	**KAZ**	Ilhas Marshall	**MHL**
Chade	**CHA**	Ilhas Maurício	**MRI**
Chile	**CHI**	Ilhas Salomão	**SOL**
China	**CHN**	Ilhas Seychelles	**SEY**
Chipre	**CYP**	Ilhas Virgens	**ISV**
Cingapura	**SIN**	Ilhas Virgens Britânicas	**IVB**
Colômbia	**COL**	Índia	**IND**
Congo	**CGO**	Indonésia	**INA**
Coreia do Norte	**PRK**	Irã	**IRI**
Coreia do Sul	**KOR**	Iraque	**IRQ**
Costa do Marfim	**CIV**	Irlanda	**IRL**
Costa Rica	**CRC**	Islândia	**ISL**
Croácia	**CRO**	Israel	**ISR**
Cuba	**CUB**	Itália	**ITA**
Dinamarca	**DEN**	Jamaica	**JAM**
Djibuti	**DJI**	Japão	**JPN**
Dominica	**DMA**	Jordânia	**JOR**

Kuwait	KUW	Quirguistão	KGZ
Laos	LAO	República Centro-Africana	CAF
Lesoto	LES	República Democrática do Congo	COD
Letônia	LAT	(ex-Zaire)	
Líbano	LEB	República Dominicana	DOM
Libéria	LBR	República Tcheca	CZE
Líbia	LBA	Romênia	ROU
Liechtenstein	LIE	Ruanda	RWA
Lituânia	LTU	Rússia	RUS
Luxemburgo	LUX	Saint Kitts e Nevis	SKN
Macedônia	MKD	Samoa	SAM
Madagáscar	MAD	Samoa Americana	ASA
Malásia	MAS	San Marino	SMR
Malavi	MAW	Santa Lúcia	LCA
Mali	MLI	São Tomé e Príncipe	STP
Malta	MLT	São Vicente e Granadinas	VIN
Marrocos	MAR	Senegal	SEN
Mauritânia	MTN	Serra Leoa	SLE
México	MEX	Sérvia	SRB
Mianmar	MYA	Síria	SYR
Micronésia	FSM	Somália	SOM
Moçambique	MOZ	Sri Lanka	SRI
Moldávia	MDA	Suazilândia	SWZ
Mônaco	MON	Sudão	SUD
Mongólia	MGL	Suécia	SWE
Montenegro	MNE	Suíça	SUI
Namíbia	NAM	Suriname	SUR
Nauru	NRU	Tailândia	THA
Nepal	NEP	Taiwan	TPE
Nicarágua	NCA	Tajiquistão	TJK
Níger	NIG	Tanzânia	TAN
Nigéria	NGR	Togo	TOG
Noruega	NOR	Tonga	TGA
Nova Zelândia	NZL	Trinidad e Tobago	TRI
Omã	OMA	Tunísia	TUN
Palau	PLW	Turcomenistão	TKM
Palestina	PLE	Turquia	TUR
Panamá	PAN	Tuvalu	TUV
Papua-Nova Guiné	PNG	Ucrânia	UKR
Paquistão	PAK	Uganda	UGA
Paraguai	PAR	Uruguai	URU
Peru	PER	Uzbequistão	UZB
Polônia	POL	Vanuatu	VAN
Porto Rico	PUR	Venezuela	VEN
Portugal	POR	Vietnã	VIE
Qatar	QAT	Zâmbia	ZAM
Quênia	KEN	Zimbábue	ZIM

Em certas situações, atletas competem sob a sigla IOA ou IOP (inglês para "atleta olímpico independente" e "participante olímpico independente"). Foi o caso de atletas do Timor Leste em 2000 e de iugoslavos que puderam competir em provas individuais em 1992, quando o país estava suspenso por causa da Guerra da Bósnia.

O COI usa a sigla ZZX em seus registros para times mistos, como duplas de tênis em que cada atleta vem de um país. Isso era permitido nos primórdios da história olímpica. Os times mistos ganharam medalhas nos três primeiros Jogos (1896, 1900 e 1904), mas elas não são incluídas no quadro dos países de cada atleta das equipes – são contadas como medalhas dos Times Mistos.

Siglas de países que participaram dos Jogos Olímpicos, mas não existem mais ou mudaram de nome.

FRG | Alemanha Ocidental
GDR | Alemanha Oriental
EUA | Equipe Alemã Unificada
(atletas das duas Alemanhas competiram juntos de 1956 a 1964)
BWI | Antilhas Britânicas
ANZ | Australásia
(Austrália e Nova Zelândia, que competiram juntas em 1908 e 1912)
BOH | Boêmia (que em 1920 se tornou Tchecoslováquia)
EUN | Comunidade de Estados Independentes
(ex-repúblicas soviéticas; o nome oficial nos Jogos era Equipe Unificada)
RU1 | Rússia (império até 1917)
SCG | Sérvia e Montenegro
TCH | Tchecoslováquia
URS | União Soviética
YUG | Iugoslávia

Como ser uma cidade olímpica

Para começar, as cidades aspirantes devem responder a um questionário enviado pelo Comitê Olímpico Internacional. As perguntas são importantíssimas, porque os membros do COI se baseiam nas respostas para escolher as cinco cidades que continuam na disputa, agora com o nome de cidades candidatas. Depois, o COI analisa os chamados dossiês de candidatura de cada uma e vai visitá-las. Das visitas surgem relatórios de avaliação, enviados aos membros da Assembleia do COI. No formato tradicional de votação, a cada rodada a cidade menos votada é excluída, até que sobrem apenas duas cidades. A que vencer esta última rodada ganha o direito de sediar os Jogos.

Como as candidaturas são apresentadas por cidades, e não por países, as regras permitem que mais de uma cidade em um mesmo país se candidate. Porém, o costume atual é promover "seletivas" nacionais quando há mais de uma cidade interessada. Assim, o Comitê Olímpico do país em questão pode centralizar esforços. Foi assim com o Brasil: em julho de 2003, o COB escolheu o Rio de Janeiro, que derrotou São Paulo na votação. O Rio já foi cidade aspirante aos Jogos de 2004, mas o COI acabou deixando a Cidade Maravilhosa de fora das finalistas, que foram Cidade do Cabo (África do Sul), Buenos Aires (Argentina), Atenas (Grécia), Roma (Itália) e Estocolmo (Suécia).

Mas nem sempre a escolha das sedes olímpicas foi tão organizada ou feita com tanta antecedência. Confira os lances mais curiosos envolvendo candidaturas para sediar os Jogos:

⌘ Durante o banquete que encerrou as Olimpíadas de 1896, o rei grego George I propôs que todas as edições seguintes dos Jogos fossem realizadas em Atenas. O monarca até tentou subornar membros do COI para que impedissem o barão de Coubertin de levar os Jogos para a França. Mas, em 1897, o Comitê escolheu Paris para os Jogos de 1900.

⌘ Coubertin queria que os Jogos de 1904 fossem em Chicago. Mas os organizadores da feira de St. Louis bateram o pé e pediram que a Olimpíada fosse realizada na cidade. Entre as alternativas deixadas de lado estava o adiamento dos Jogos para 1905, um pedido de Chicago. Quem resolveu a questão foi o então presidente americano, Theodore Roosevelt. À revelia do barão de Coubertin, Roosevelt escolheu St. Louis. Irritado, Coubertin nem apareceu na abertura da Olimpíada.

⌘ Os jogos de 1908 estavam previstos para Roma, mas uma erupção do Vesúvio frustrou os planos dos italianos, que precisaram gastar seus recursos na recuperação da região de Nápoles. Logo depois, o rei inglês, Eduardo VIII, ofereceu Londres para sediar a Olimpíada, e o barão de Coubertin aceitou a proposta.

⌘ Para 1916, três cidades se candidataram: Alexandria (Egito), Berlim (Alemanha) e Budapeste (Hungria). O barão preferia Berlim, mas muitos membros do COI achavam que a Europa estava carregada demais de militarismo e preferiam a cidade egípcia. A Primeira Guerra Mundial enterrou o projeto da Olimpíada de 1916, que seriam mesmo em Berlim.

⌘ A escolha de Antuérpia (Bélgica) para os Jogos de 1920 foi uma decisão pessoal de Coubertin. Sua ideia era recuperar o orgulho da pequena Bélgica, que sofrera muito com a Primeira Guerra Mundial.

⌘ Os jogos voltaram a Paris em 1924 por pressão do barão de Coubertin, que esperava uma redenção quanto à bagunça de 1900. A pressão foi tão forte que 14 dos 18 membros do COI que participaram da votação, em 1921, escolheram a capital francesa. Na mesma reunião, Chamonix foi eleita sede dos primeiros Jogos Olímpicos de Inverno, que ocorreram em 1924, e Amsterdã foi apontada como sede dos Jogos de Verão de 1928. Nesse momento, para se diferenciarem dos Jogos Olímpicos de Inverno, as Olimpíadas passaram a ser conhecidas como Jogos Olímpicos de Verão.

⌘ Os Estados Unidos também queriam uma segunda chance depois de St. Louis, mas Coubertin não deu aos norte-americanos o mesmo tratamento dispensado a seus compatriotas. Só quando ele deixou a presidência do COI é que Los Angeles conseguiu se tornar uma cidade olímpica, em 1932.

⌘ Berlim foi escolhida como sede da Olimpíada de 1936 antes da ascensão do nazismo. Quando Hitler chegou ao poder, personalidades do mundo judaico começaram a promover a ideia de um boicote. O presidente americano, Franklin Roosevelt, concordou em enviar um observador.

⌘ Avery Brundage, supostamente membro de um clube racista que vetava judeus e negros, foi o escolhido para averiguar se havia antissemitismo na Alemanha. O relatório do americano não podia deixar de ser elogioso. Como presidente do COI posteriormente, Brundage fez de tudo para que Jim Thorpe, um indígena, não tivesse a medalha de ouro devolvida. Roosevelt e o presidente do COI, Henri de Baillet-Latour, ainda conspiraram para levar os Jogos para Barcelona (Espanha), mas a Guerra Civil Espanhola acabou com o projeto. Como agradecimento pelas palavras de Brundage, Hitler aceitou que a delegação americana tivesse judeus e negros.

⌘ Os Jogos de 1940 e 1944 estavam previstos, respectivamente, para Helsinque (Finlândia) e Londres (Inglaterra). A Segunda Guerra Mundial cancelou ambas as competições. A Olimpíada seguinte, em 1948, foi realizada na capital inglesa (que só aceitou quando se determinou que os Jogos não durariam mais que 15 dias), enquanto a Finlândia sediou Jogos em 1952. Os Jogos de 1940 deveriam ter ocorrido em Tóquio (Japão), mas com o início da segunda guerra sino-japonesa, em 1937, a sede foi transferida para Helsinque, porém os Jogos foram cancelados em 1939 devido à Segunda Guerra Mundial. O Japão só conseguiu sediar as Olimpíadas de Verão em 1964.

VOCÊ SABIA QUE...

... os Jogos de Helsinque, em 1952, fizeram história com uma ótima organização? Jornalistas e até membros do COI sugeriram que, dali em diante, todas as edições das Olimpíadas fossem realizadas em algum país nórdico.

⌘ Os Jogos de 1964 foram para Tóquio graças à pressão dos Estados Unidos, que duas décadas antes era inimigo mortal dos nipônicos. Com o Plano Marshall, os Estados Unidos estavam reconstruindo o Japão e decidiram que seria bom realizar os Jogos em um país amigo para se recuperar – nas duas edições anteriores, os americanos tinham sido vencidos pelos soviéticos no quadro de medalhas. A ajuda foi tanta que os Estados Unidos se comprometeram a completar o orçamento do evento caso o Japão não conseguisse levantar verba suficiente.

⌘ Logo que a Cidade do México foi anunciada como sede dos Jogos de 1968, houve reclamações de médicos e treinadores, que temiam a realização de competições na altitude da cidade. Eles alegavam que, em certos casos, como a maratona, poderia haver mortes. Mas os defensores da capital mexicana contra-argumentaram afirmando que bastavam algumas semanas de aclimatação. Além disso, a cidade tinha recebido os Jogos Pan-Americanos em 1955 e nada havia acontecido.

⌘ Apesar da ditadura militar em vigor na Coreia do Sul, o COI escolheu Seul para os Jogos de 1988 — boatos dizem que o governo sul-coreano não economizou para agradar aos membros do Comitê que votariam na escolha da sede. Ao anunciar o resultado, o presidente Juan Antonio Samaranch manteve o ar calmo, porém momentos depois revelou a assessores toda a sua preocupação com a escolha. Para sua sorte, a democracia e a estabilidade voltariam à Coreia do Sul um ano antes das Olimpíadas.

⌘ Concorrendo com Madri (Espanha), Chicago (Estados Unidos) e Tóquio (Japão), o Rio de Janeiro ganhou a disputa para sediar os Jogos Olímpicos de 2016. A cidade será a primeira do continente sul-americano a receber os Jogos. Na primeira fase, Madri tinha vencido o Rio, mas, com a eliminação de Chicago, a candidata brasileira passou vinte pontos à frente da espanhola. O resultado foi anunciado no dia 2 de outubro de 2009, em uma cerimônia realizada em Copenhague (Dinamarca). A valorização da cidade como destino turístico, a forte ligação dos brasileiros com o esporte, as melhorias de infraestrutura proporcionadas durante os Jogos Pan-Americanos de 2007 e o desenvolvimento econômico do país nos últimos anos contribuíram para a vitória. Além disso, o Comitê Olímpico Internacional devia à América do Sul uma chance de sediar as Olimpíadas. A última vez que uma cidade sul-americana chegou mais perto de sediar os Jogos foi em 1956, quando Buenos Aires perdeu para Melbourne por apenas um ponto: vinte a 21.

O Brasil nas Olimpíadas

O Brasil ingressou nos Jogos em 1920 e, como ainda não existia o Comitê Olímpico Brasileiro, a Confederação Brasileira dos Desportos (CBD) organizou o grupo de atletas para a competição. O navio *Curvello*, cedido pelo governo federal, levou 29 esportistas, que competiram em cinco modalidades: remo, tiro, polo aquático, salto ornamental e natação. De lá para cá, muita coisa mudou: em Pequim, em 2008, o Brasil contou com a presença de 277 atletas e o número de medalhas conquistadas só tende a aumentar.

O NÚMERO DE ATLETAS BRASILEIROS

Olimpíadas	Homens	Mulheres
1920	29	0
1924	11	0
1932	84	1
1936	89	6
1948	68	11
1952	103	15
1956	47	1
1960	81	1
1964	70	0
1968	80	4
1972	84	5
1976	86	7
1980	94	15
1984	129	22
1988	139	35
1992	127	51
1996	159	66
2000	111	94
2004	125	122
2008	145	132

O Brasil não participou dos Jogos Olímpicos de 1896, 1900, 1904, 1908, 1912 e 1928.

NOSSA PRIMEIRA MEDALHA

⌘ Jogos Olímpicos de Antuérpia (Bélgica). Na tarde de 4 de agosto de 1920, o tenente do Exército Brasileiro Guilherme Paraense estava rigorosamente empatado na prova de tiro com o grande favorito, o norte-americano Raymond Bracken. Veio a ordem de fogo e os 38 competidores de 14 países apertaram o gatilho. Paraense foi o único a acertar na mosca. Em trezentos pontos possíveis, acumulou 274 (dois a mais que Bracken), garantindo a primeira medalha olímpica ao Brasil, no caso a de ouro. No final das contas, a equipe de tiro voltou com três medalhas (uma de ouro, uma de prata e outra de bronze).

⌘ A viagem da delegação brasileira foi a bordo do navio *Curvello*, mas a turma do tiro chegou aos Jogos por conta própria. Com medo de que um atraso comprometesse sua participação, os sete atletas desceram em Lisboa e prosseguiram de trem. Entre a França e a Bélgica, viajaram num vagão descoberto e pegaram chuva por todo o percurso. A aventura durou 27 dias.

⌘ Durante os treinos, no campo de Bewerloo, um vendaval fez entrar areia nas armas dos brasileiros. Com o equipamento e a munição inutilizados, a solução foi recorrer aos americanos, que emprestaram seus modelos mais antigos. Guilherme Paraense derrotou Raymond Bracken com um deles – um revólver Colt 38, tipo cavalinho. O herói brasileiro morreu de enfarte, em 18 de abril de 1968, prestes a completar 84 anos.

AS MEDALHAS DO BRASIL

Olimpíadas	Ouro	Prata	Bronze	Total
1920	1	1	1	3
1924	-	-	-	-
1932	-	-	-	-
1936	-	-	-	-
1948	-	-	1	1
1952	1	-	2	3
1956	1	-	-	1
1960	-	-	2	2
1964	-	-	1	1
1968	-	1	2	3
1972	-	-	2	2
1976	-	-	2	2
1980	2	-	2	4
1984	1	5	2	8
1988	1	2	3	6
1992	2	1	-	3
1996	3	3	9	15
2000	-	6	6	12
2004	5	2	3	10
2008	3	4	8	15

Nossos heróis

1920
OURO ▸ Guilherme Paraense (tiro)
PRATA ▸ Afrânio Costa (tiro)
BRONZE ▸ Equipe de tiro (Afrânio Costa, Guilherme Paraense, Sebastião Wolf, Dario Barbosa e Fernando Soledade)

1948
BRONZE ▸ Equipe de basquete masculino

1952
OURO ▸ Adhemar Ferreira da Silva (salto triplo)
BRONZE ▸ Tetsuo Okamoto (natação)
José Teles da Conceição (salto em altura)

1956
OURO ▸ Adhemar Ferreira da Silva (salto triplo)

1960
BRONZE ▸ Equipe de basquete masculino
Manuel dos Santos Júnior (natação)

1964
BRONZE ▸ Equipe de basquete masculino

1968
PRATA ▸ Nelson Prudêncio (salto triplo)
BRONZE ▸ Reinaldo Conrad e Burkhard Cordes (iatismo)
Servílio de Oliveira (boxe)

1972
BRONZE ▸ Nelson Prudêncio (salto triplo)
Chiaki Ishii (judô)

1976
BRONZE ▸ João Carlos de Oliveira (salto triplo)
Peter Ficker e Reinaldo Conrad (iatismo)

1980
OURO ▸ Lars Björkström e Alexandre Welter (iatismo)
Marcos Soares e Eduardo Penido (iatismo)
BRONZE ▸ Equipe de natação/ revezamento 4 X 200 metros nado livre
(Djan Madruga, Marcus Mattioli, Ciro Delgado e Jorge Luís Fernandes)
João Carlos de Oliveira (salto triplo)

1984
OURO ▸ Joaquim Cruz (atletismo)
PRATA ▸ Equipe de vôlei masculino
Equipe de futebol
Douglas Vieira (judô)
Ricardo Prado (natação)
Torben Grael, Daniel Adler e Ronaldo Senfft (iatismo)
BRONZE ▸ Luís Onmura (judô)
Walter Carmona (judô)

1988
OURO ▸ Aurélio Miguel (judô)
PRATA ▸ Equipe de futebol e Joaquim Cruz (atletismo)
BRONZE ▸ Róbson Caetano (atletismo)
Torben Grael e Nelson Falcão (iatismo)
Lars Grael e Clínio de Freitas (iatismo)

1992
OURO ▸ Equipe de vôlei masculino
Rogério Sampaio (judô)
PRATA ▸ Gustavo Borges (natação)

VOCÊ SABIA QUE...

... Rogério Sampaio dedicou sua medalha de ouro ao irmão mais velho, Ricardo, judoca que participou da Olimpíada de Seul? Em abril de 1991, Ricardo enforcou-se com uma faixa preta na área de serviço do sobrado em que morava com a família, em Santos (SP), por causa de uma desilusão amorosa.

1996

- **OURO** ▸ Jacqueline Silva e Sandra Pires (vôlei de praia)
  - Robert Scheidt (iatismo)
  - Torben Grael e Marcelo Ferreira (iatismo)
- **PRATA** ▸ Equipe de basquete feminino
  - Adriana Samuel e Mônica Rodrigues (vôlei de praia)
  - Gustavo Borges (natação)
- **BRONZE** ▸ Equipe de futebol masculino
  - Equipe de vôlei feminino
  - Equipe de hipismo (Álvaro de Miranda Neto, André Johannpeter, Luiz Felipe Azevedo e Rodrigo Pessoa),
  - Equipe de atletismo/ revezamento 4 X 100 metros (Arnaldo Oliveira, Róbson Caetano da Silva, Édson Ribeiro, André Domingos),
  - Aurélio Miguel (judô)
  - Henrique Guimarães (judô)
  - Fernando Scherer (natação)
  - Gustavo Borges (natação)
  - Lars Grael e Kiko Pelicano (iatismo)

2000

- **PRATA** ▸ Tiago Camilo (judô)
  - Carlos Honorato (judô)
  - Equipe de atletismo/ revezamento 4 X 100 metros (Vicente Lenílson, Edson Luciano, André Domingos e Claudinei Quirino)
  - Zé Marco e Ricardo (vôlei de praia)
  - Adriana Behar e Shelda (vôlei de praia)
  - Robert Scheidt (iatismo)
- **BRONZE** ▸ Equipe de basquete feminino
  - Equipe de vôlei feminino
  - Adriana Samuel e Sandra Pires (vôlei de praia)
  - Equipe de natação/ revezamento 4 X 100 metros nado livre (Fernando Scherer, Gustavo Borges, Carlos Jayme e Edvaldo Valério)
  - Equipe de hipismo (Álvaro de Miranda Neto, André Johannpeter, Luiz Felipe de Azevedo e Rodrigo Pessoa)
  - Marcelo Ferreira e Torben Grael (iatismo)

2004
- OURO ▸ Ricardo e Emanuel (vôlei de praia)
  Robert Scheidt (vela)
  Rodrigo Pessoa (hipismo)
  Torben Grael e Marcelo Ferreira (vela)
  Equipe de vôlei masculino
- PRATA ▸ Adriana Behar e Shelda (vôlei de praia)
  Equipe de futebol feminino
- BRONZE ▸ Leandro Guilheiro (judô)
  Flávio Canto (judô)
  Vanderlei Cordeiro de Lima (atletismo)

2008
- OURO ▸ Maurren Maggi (salto em distância)
  César Cielo (natação)
  Equipe de vôlei feminino
- PRATA ▸ Equipe de futebol feminino
  Robert Scheidt e Bruno Prada (vela)
  Equipe de vôlei masculino
  Márcio Araújo e Fábio Magalhães (vôlei de praia)
- BRONZE ▸ Equipe de futebol masculino
  Ketleyn Quadros (judô)
  Leandro Guilheiro (judô)
  Tiago Camilo (judô)
  César Cielo (natação)
  Natália Falavigna (taekwondo)
  Fernanda Oliveira e Isabel Swan (vela)
  Ricardo Santos e Emanuel Rego (vôlei de praia)

UMA MEDALHA MUITO SOFRIDA

Nos jogos de 1992, o nadador Gustavo Borges tocou muito levemente os sensores eletrônicos da placa de chegada da raia 5, que não acusaram o toque. O placar da piscina ficou sem a leitura correta do tempo do brasileiro nos cem metros nado livre e mostrou, durante os 12 minutos seguintes, três resultados diferentes. O primeiro deles dava Borges como último colocado, sem tempo cronometrado. Pouco depois apareceu como quarto lugar. Só então é que veio o resultado aguardado pelos torcedores brasileiros.

Acontece que câmeras de vídeo supervelozes também são utilizadas nas provas. Elas filmam em cada raia todos os movimentos dos nadadores desde a largada até o toque final de chegada. Comparando essas imagens, os juízes puderam determinar o tempo exato do nadador brasileiro (49s43/100). Gustavo Borges, aliviado, ficou em segundo lugar e recebeu a medalha de prata em Barcelona.

Comitê Olímpico Brasileiro

O Comitê Olímpico Brasileiro (COB) foi fundado em 8 de junho de 1914, mas só passou a funcionar de maneira mais independente a partir de 20 de maio de 1935, e já indicou os atletas que iriam à Olimpíada de Berlim, no ano seguinte. Só que, até então, quem exercia essas funções era a Confederação Brasileira de Desportos (CBD). Como não houve acordo entre as duas entidades, duas delegações diferentes seguiram para a Alemanha, o que quase custou a eliminação do Brasil dos Jogos. Um acordo firmado na noite anterior à cerimônia de abertura fundiu as duas delegações.

TODOS OS PRESIDENTES DO COB

1935 a 1946 • Antônio do Prado Jr.
1947 a 1950 • Arnaldo Guinle
1950 a 1962 • José Ferreira dos Santos
1963 (janeiro a outubro) • Átila de Achê
1963 a 1990 (outubro) • Sylvio de Magalhães Padilha
1990 a 1995 (junho) • André Gustavo Richer
A partir de junho de 1995 • Carlos Arthur Nuzman

Comitê Olímpico Brasileiro
Rua da Assembleia, 10, 32º andar –
salas 3.207/3.219 – Centro
20119-900 Rio de Janeiro – RJ
Tel.: (21) 3806-2323
E-mail: cob@cob.org.br
Site: www.cob.org.br

ATLETAS NA PRESIDÊNCIA

O major Sylvio de Magalhães Padilha disputou duas Olimpíadas como atleta na prova de quatrocentos metros com barreiras. A primeira participação foi em 1932. Quatro anos depois, ele terminou a prova em quinto lugar.

André Richer, seu sucessor, fazia parte da equipe brasileira de remo nos Jogos de 1956. Foi também presidente do Flamengo entre 1969 e 1973 e diretor de futebol da CBD.

O atual presidente, Carlos Arthur Nuzman, defendeu a Seleção Brasileira de Vôlei nas Olimpíadas de 1964. Depois presidiu a Federação Carioca de Vôlei, entre 1973 e 1975, e a Confederação Brasileira de Vôlei, de 1975 a 1995. No ano de 1979, Nuzman disputou pela primeira vez a presidência do COB e perdeu para o major Padilha.

OS JOGOS PARAOLÍMPICOS

O médico Ludwig Guttmann havia fugido da Alemanha nazista e vivia na Inglaterra, onde se dedicava a soldados ingleses feridos na Segunda Guerra Mundial. Trabalhando no Hospital de Stoke Mandeville, Guttmann aproveitou a experiência com o esporte para deficientes, que já existia na Inglaterra, nos Estados Unidos e na Alemanha (onde havia clubes para surdos desde o século XIX), para criar os Jogos de Stoke Mandeville, que aconteceram simultaneamente à Olimpíada de Londres (1948) e tiveram a participação de 16 atletas, todos com problemas decorrentes de ferimentos na coluna. No ano seguinte, vieram atletas da Holanda. Mas o sonho de Guttmann, um evento realmente olímpico para os deficientes, só virou realidade em 1960. Um colega italiano sugeriu a Guttmann que realizasse seus Jogos em Roma, imediatamente depois das Olimpíadas. Foi assim que surgiram os primeiros Jogos Paraolímpicos, com o nome de Olimpíadas dos Portadores de Deficiência.

TODAS AS PARAOLIMPÍADAS			
Ano	Local	Países	Atletas
1960	Roma (Itália)	23	400
1964	Tóquio (Japão)	22	390
1968	Tel-Aviv (Israel)	29	750
1972	Heidelberg (Alemanha)	44	1.000
1976	Toronto (Canadá)	42	1.600
1980	Arnhem (Holanda)	42	2.500
1984	Stoke Mandeville (Inglaterra) e Nova York (Estados Unidos)	42	4.080
1988	Seul (Coreia do Sul)	61	3.053
1992	Barcelona (Espanha)	82	3.020
1996	Atlanta (Estados Unidos)	103	3.195
2000	Sydney (Austrália)	123	3.843
2004	Atenas (Grécia)	136	4.000
2008	Pequim (China)	148	4.011

AS MASCOTES PARAOLÍMPICAS

KOMDURI
(ursos-negros-asiáticos)
Seul, 1988

PETRA (menina)
Barcelona, 1992

BLAZE (fênix)
Atlanta, 1996

LIZZIE
(lagarto-de-gola)
Sydney, 2000

PROTEUS
(cavalo-marinho)
Atenas, 2004

FU NIU LELE (vaca)
Pequim, 2008

MANDEVILLE*
(gota de metal)
Londres, 2012

* O nome de Mandeville homenageia o hospital Stoke Mandeville, localizado na cidade de Aylesbury, Inglaterra, onde o movimento paraolímpico foi criado.

⌘ Em 1972, houve esportes de demonstração para deficientes visuais. Modalidades especiais para eles se tornaram oficiais em 1976.

⌘ Em 1976, atletas que haviam sofrido amputações também ganharam suas modalidades.

⌘ Em 1984 foi disputada a primeira maratona em cadeira de rodas. Os atletas competiram na Inglaterra. As outras modalidades fizeram parte dos eventos em Nova York.

⌘ Após 1988, ficou definido que os Jogos Paraolímpicos seriam realizados sempre na mesma cidade dos Jogos Olímpicos.

⌘ A partir de Atlanta (1996), os deficientes mentais também passaram a participar dos Jogos.

⌘ Os Jogos Olímpicos de Inverno também têm sua versão para deficientes desde 1976. A partir de Salt Lake City, em 2002, é obrigatório que o comitê organizador dos Jogos Olímpicos também se encarregue dos Paraolímpicos, tanto na versão de inverno quanto na de verão. Os locais de competição são os mesmos, com adaptações, se necessário; a Vila Olímpica e todos os serviços também são iguais.

⌘ Os Jogos Paraolímpicos são organizados pelo Comitê Paraolímpico Internacional:

Comitê Paraolímpico Internacional
Adenauerallee 212-21453113
Bonn – Alemanha
Tel.: (00-XX-49) 228-2097-200
Fax: (00-XX-49) 228-2097-209
E-mail: info@paralympic.org
Site: www.paralympic.org

Os esportes paraolímpicos

Em cada um deles há várias divisões internas para separar os atletas. Primeiro, pelo tipo de deficiência que apresentam; depois, pelo grau de deficiência, para manter a competição justa. Nem todas as modalidades estão disponíveis a todos os grupos de atletas. Veja quais são os esportes disputados:

- Arco e flecha
- Atletismo
- Basquete
- Bocha
- Ciclismo
- Equitação
- Esgrima
- Futebol
- Goalball
- Judô
- Iatismo
- Levantamento de peso
- Natação
- Rúgbi
- Tênis
- Tênis de mesa
- Tiro
- Vôlei

O goalball é um esporte exclusivo para deficientes visuais. Times de três jogadores cada tentam acertar uma bola no gol adversário com as mãos, em uma quadra de 9 X 18 metros com linhas sensíveis ao toque para orientação. A bola leva dentro um guizo, permitindo aos jogadores saber onde ela está. Os torcedores ficam em silêncio enquanto a bola está em jogo e só podem vibrar quando um gol é marcado. Jogadores com vários graus de deficiência visual podem participar, mas todos usam uma venda para não haver favorecimento.

O Brasil nas Paraolimpíadas

O esporte paraolímpico no Brasil só começou na década de 1950, graças ao paraplégico Róbson de Almeida Sampaio, que havia retornado dos Estados Unidos. Ele fundou um clube no Rio de Janeiro, enquanto outro paraplégico, Sérgio Delgrande, fazia o mesmo em São Paulo. Em 1959, as equipes dos dois clubes se enfrentaram em um jogo de basquete em cadeira de rodas.

As associações de atletas deficientes começaram a aparecer, e o Brasil enviou uma delegação aos Jogos Paraolímpicos pela primeira vez em 1972.

As medalhas do Brasil nos Jogos Paraolímpicos

Ano	Ouro	Prata	Bronze
1972	0	0	0
1976	0	2	0
1980	0	0	0
1984 (Nova York)	1	3	2
1984 (S. Mandeville)	6	14	2
1988	4	10	13
1992	3	0	4
1996	2	6	13
2000	6	10	6
2004	14	12	7
2008	16	14	17

NOSSO HERÓI PARAOLÍMPICO

⌘ Das 14 medalhas de ouro conquistadas pelo Brasil nas Paraolimpíadas de Atenas, seis foram do nadador Clodoaldo Francisco da Silva (cinquenta, cem e duzentos metros livres, cinquenta metros borboleta, 150 metros *medley* e revezamento 4 X 50 metros *medley*). Ele também ficou com uma medalha de prata no revezamento 4 X 50 metros livres e quebrou três recordes paraolímpicos (cem e duzentos metros livres e cinquenta metros borboleta). Aumentou ainda o seu recorde nos cinquenta metros livres, o único que detinha antes dos Jogos.

⌘ A primeira Paraolimpíada disputada por Clodoaldo foi a de Sydney, em 2000. Ele conquistou três medalhas de prata e uma de bronze. Com a boa performance, largou o emprego de auxiliar de escritório numa farmácia, em Natal, e passou a se dedicar somente à natação.

⌘ O potiguar Clodoaldo Francisco da Silva foi vítima de paralisia cerebral causada por falta de oxigênio ao nascimento, o que provocou a ausência de movimentos das pernas e deficiência na coordenação motora.

⌘ Antes das provas, Clodoaldo cumpre um ritual: deita no bloco de largada, toca na água, lava o rosto e se benze.

⌘ Em agosto de 2002, sua braçada tinha a extensão de 1,53 metro. Dois anos depois, já era de 1,87 metro.

⌘ Desde 1995, o esporte paraolímpico no Brasil é coordenado pelo Comitê Paraolímpico Brasileiro.

Comitê Paraolímpico Brasileiro
Setor Bancário Norte, quadra 2, bloco F,
lote 12, salas 1.401/1.414, Ed. Via Capital
70040-020 Brasília – DF
Tel.: (0-XX-61) 3031-3030
Site: www.brasilparaolimpico.org.br

2

Citius, Altius, Fortius
(Mais rápido, mais alto, mais forte)

HENRI DIDON
(1840-1900), monge francês

Tradições olímpicas

OS SÍMBOLOS OLÍMPICOS

Os cinco anéis entrelaçados, que representam o convívio pacífico entre os povos, são apenas um dos dos símbolos dos Jogos Olímpicos.

A bandeira

◐ A bandeira olímpica – toda branca, com os cinco anéis entrelaçados – foi idealizada pelo barão de Coubertin, em 1913. A primeira bandeira, de 3 X 2 metros, foi costurada na loja Bon Marché, em Paris. Sua aparição oficial ocorreu no ano seguinte, mas só seria hasteada num estádio na Olimpíada de 1920.

◐ Os anéis representam os continentes (azul, Europa; amarelo, Ásia; negro, África; verde, Oceania; e vermelho, América). Com as cinco cores podem ser compostas todas as bandeiras do mundo. Ao criar o símbolo de cada edição dos Jogos, as cidades devem usar os anéis misturados a outros elementos.

◐ A bandeira traz também o lema olímpico *Citius, Altius, Fortius* (Mais rápido, mais alto, mais forte), idealizado por um monge francês chamado Henri Didon, amigo do barão de Coubertin, em 1890. Quando uma Olimpíada acaba, a bandeira normalmente é recebida pelo prefeito da cidade anfitriã dos Jogos seguintes, ficando lá guardada até os próximos Jogos Olímpicos.

A tocha

◐ O revezamento que leva a tocha olímpica de Olímpia, a 320 quilômetros de Atenas, até a sede dos Jogos foi uma ideia do alemão Theodore Lewald, membro do Comitê Olímpico Internacional, em 1936. Ele começa sempre com um atleta grego, que recebe a tocha acesa de uma jovem vestida com uma túnica branca, representando as antigas sacerdotisas gregas. O percurso deve ser feito, quando possível, por terra. O último atleta, aquele que acenderá a pira, precisa ser do país organizador. A pira fica acesa até o encerramento dos Jogos.

◐ A tocha olímpica de 1936 foi conduzida por 355 atletas em 12 dias. Em 1992, passou pelas mãos de 9.661 pessoas durante 43 dias. A carioca Lara Leite de Castro, de 19 anos, estudante de educação física, foi uma dessas felizardas. Ela venceu um concurso e se tornou a primeira brasileira a participar do revezamento da tocha olímpica.

◐ Há algum tempo, as pessoas podem comprar o direito de levar a tocha por alguns metros. Nos Jogos de 1984, esse privilégio custava 3 mil dólares.

◐ Em 1992, os participantes do trajeto podiam comprar, como recordação, uma réplica da tocha por 150 dólares. O atleta grego Savvas Saritzoglou, lançador de martelo, foi o primeiro a conduzir a tocha nesse ano.

◐ O nome do último atleta ou cidadão, aquele que vai acender a pira, é mantido em segredo. Só é anunciado no placar eletrônico segundos antes de ele entrar no estádio.

Essas foram as pessoas que tiveram a honra de acender a pira

1936 ▶ **FRITZ SCHILGEN** | Atletismo
1948 ▶ **JOHN MARK** | Atletismo
1952 ▶ **PAAVO NURMI** e **HANNES KOLEHMAINEN** | Atletismo
1956 ▶ Melbourne: **RON CLARKE** | Atletismo
1956 ▶ Estocolmo: **HANS WIKNE** | Equitação
1960 ▶ **GIANCARLO PERIS** | Atletismo
1964 ▶ **YOSHINORI SAKAI** | Cidadão
1968 ▶ **NORMA ENRIQUETA BASILIO SATELO** | Atletismo
1972 ▶ **GUNTER ZAHN** | Atletismo
1976 ▶ **STÉPHANE PRÉFONTAINE** e **SANDRA HENDERSON** | Cidadãos
1980 ▶ **SERGEY BELOV** | Basquete
1984 ▶ **RAFER JOHNSON** | Atletismo
1988 ▶ **CHUNG SUN-MAN**, **KIM WON-TUK** e **SOHN MI-CHUNG** | Cidadãos
1992 ▶ **ANTONIO REBOLLO** | Arco e flecha
1996 ▶ **MUHAMMAD ALI** | Boxe
2000 ▶ **CATHY FREEMAN** | Atletismo
2004 ▶ **NIKOLAOS KAKLAMANAKIS** | Vela
2008 ▶ **LI NING** | Ginástica artística

TOCHAS OLÍMPICAS

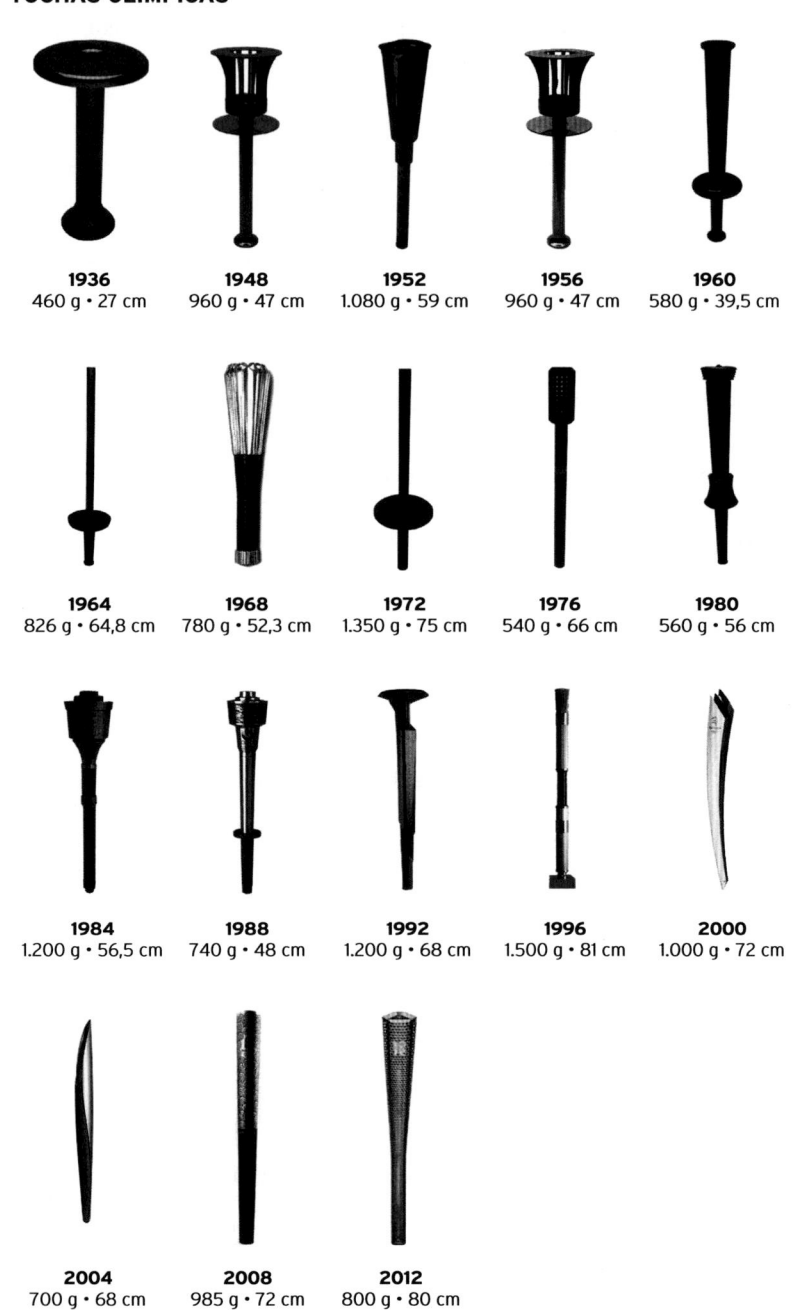

1936
460 g • 27 cm

1948
960 g • 47 cm

1952
1.080 g • 59 cm

1956
960 g • 47 cm

1960
580 g • 39,5 cm

1964
826 g • 64,8 cm

1968
780 g • 52,3 cm

1972
1.350 g • 75 cm

1976
540 g • 66 cm

1980
560 g • 56 cm

1984
1.200 g • 56,5 cm

1988
740 g • 48 cm

1992
1.200 g • 68 cm

1996
1.500 g • 81 cm

2000
1.000 g • 72 cm

2004
700 g • 68 cm

2008
985 g • 72 cm

2012
800 g • 80 cm

46. TRADIÇÕES OLÍMPICAS

A CHAMA DOS JOGOS

A tocha olímpica era um símbolo religioso na Grécia Antiga, mas seu significado – e alcance – são bem diferentes hoje. Acompanhe sua evolução:

🔾 O fogo é um símbolo sagrado desde os tempos pré-históricos e, para os antigos gregos, representava a criação do mundo e sua renovação. Também era símbolo do deus Vulcano e considerado um presente para os humanos de Prometeu, que o havia roubado de Zeus. No centro de cada cidade-estado grega havia um altar com uma chama que nunca se apagava, em homenagem à deusa Hestia ou Vesta, protetora da família. A chama, como acontece hoje, era acesa com os raios do Sol e com a ajuda de uma lente. A superfície côncava faz com que os raios se unam em um único ponto. A tocha era colocada próxima a esse "ponto focal" e, assim, pegava fogo.

🔾 O revezamento que leva a tocha começou como uma cerimônia religiosa e, mais tarde, se tornou um evento esportivo, em que a corrida era realizada à noite. Com os Jogos Olímpicos, o revezamento era feito em homenagem à deusa Atena e quarenta jovens de diversas tribos percorriam uma distância total de 2,5 quilômetros para levar a chama do templo de Prometeu até o de Atena.

MAIS CURIOSIDADES SOBRE AS TOCHAS

Amsterdã 1928 – O arquiteto Jan Wills, que projetou o estádio para os Jogos, construiu a primeira pira olímpica. Ela foi usada novamente nas Olimpíadas seguintes, em Los Angeles.

Berlim 1936 – A tradição de acender a tocha durante uma cerimônia foi resgatada na Alemanha nazista, por sugestão de um alemão membro do COI. A pira foi acesa no dia 1º de agosto.

Londres 1948 – A tocha dos primeiros Jogos pós-guerra só passou por países europeus.

Helsinque 1952 – Pela primeira vez a tocha foi levada a bordo de um avião. Com a tensão da Guerra Fria, os finlandeses não queriam passar pelos países do Leste Europeu. No mesmo ano, em Oslo (Noruega), o símbolo olímpico fez sua estreia nos Jogos de Inverno. A tocha foi acesa no local considerado o berço do esqui, o Vale de Morgedal, na Noruega. Em 1964, a cerimônia também passou a acontecer em Atenas.

Melbourne 1956 - Como as provas de equitação foram realizadas na Suécia, a tocha viajou para Melbourne e também para Estocolmo.

Roma 1960 - A chama seguiu um percurso em homenagem às civilizações grega e romana. Para isso, foi levada até Roma a bordo do navio *Américo Vespúcio* e passou por monumentos históricos da Grécia e da Itália. Foi a primeira vez que o evento foi transmitido pela televisão.

Tóquio 1964 - O longo trajeto da tocha começou a bordo de um avião de Atenas a Istambul. Depois, a chama passou por várias cidades do Oriente Médio e Ásia.

Cidade do México 1968 - A tocha foi acesa por uma mulher pela primeira vez. A rota do símbolo olímpico foi a mesma percorrida por Cristóvão Colombo quando descobriu a América. Por isso, a tocha partiu de Atenas e foi direto à cidade natal do navegador, Gênova, para depois seguir para a capital mexicana.

Munique 1972 - O revezamento da tocha foi feito por 6 mil pessoas, inclusive motociclistas.

Montreal 1976 - Para ir de Atenas até Ottawa (Canadá), a chama foi transmitida por ondas elétricas via satélite. Lá, um dispositivo a laser acendeu a tocha.

Moscou 1980 - O legendário jogador de basquete russo Sergei Belov foi o último corredor a carregar a tocha.

Los Angeles 1984 - A primeira Olimpíada que faturou com a venda de produtos licenciados também arrecadou fundos com a tocha. Os patrocinadores desembolsaram 3 mil dólares a cada quilômetro percorrido pela chama. A Grécia não aprovou a iniciativa, e a tocha acabou não passando por outras cidades do país.

Seul 1988 - A tocha foi levada a bordo de um avião, de Atenas para a ilha Cheju, e depois seguiu nas mãos de 20.899 corredores, durante 26 dias.

Barcelona 1992 - O arqueiro Antonio Rebollo foi escalado para acender a pira ao lançar uma flecha em chamas. Sua pontaria não foi tão boa, mas a pira começou a queimar mesmo assim.

○ Saiba mais sobre o fato na página 51.

Atlanta 1996 – A tocha teve de ser acesa novamente durante seu percurso, graças a ativistas alemães que a apagaram em Berlim. O ex-lutador Muhammad Ali acendeu a pira.

Sydney 2000 – A nave americana *Atlantis*, que já estava no espaço, levou uma réplica da tocha.

Atenas 2004 – Criado pelo artista grego Andreas Varotsos, o desenho da tocha parece uma continuação da chama. Foi a primeira vez que ela atravessou os cinco continentes. Mais de 3.600 pessoas carregaram o símbolo olímpico, que percorreu uma média de 48 quilômetros em solo em cada cidade por onde passou. O Cairo (Egito) e a Cidade do Cabo (África do Sul) representaram a África e, na América do Sul, a tocha passou pela cidade do Rio de Janeiro. Na Cidade Maravilhosa, a passagem da tocha foi esperada com contagem regressiva feita por um relógio gigante, criado pelo cenógrafo Abel Gomes e erguido na praia de Copacabana. A construção, uma réplica da tocha feita em ferro e fibra de vidro, tinha 14 metros de altura.

... E O VENTO (QUASE) LEVOU

Ao chegar a Atenas, durante a cerimônia, a tocha foi apagada pelo vento no momento em que o presidente do Comitê Olímpico grego, Lambis Nicolau, a entregava à presidente do Comitê de Organização Gianna Angelopulos Daskalaki. A atriz que representava o papel de sacerdotisa dos templos gregos teve que retornar à pira no centro do estádio para reacender a tocha e entregá-la novamente.

Pequim 2008 – Em Pequim a tocha foi levada, por último, pelo ex-ginasta Li Ning, que, suspenso por cabos, deu uma volta acima do Estádio Nacional de Pequim, o Ninho do Pássaro. Nos Jogos de Los Angeles (1984), Li Ning conquistou seis medalhas: três de ouro, duas de prata e uma de bronze, tornando-se o atleta chinês com maior número de medalhas nessa edição do evento.

VOLTA AO MUNDO EM 72 ANOS

Distâncias já percorridas pelas tochas olímpicas		
Ano	Distância percorrida	Países visitados
1936	3.422 km	7
1948	3.365 km	8
1952	7.870 km	4
1956	20.470 km	5
1960	2.750 km	2
1964	26.065 km	12
1968	13.620 km	6
1972	5.532 km	7
1976	8.000 km	2
1980	4.915 km	4
1984	15.000 km	2
1988	15.250 km	2
1992	6.307 km	2
1996	24.000 km	2
2000	27.890 km	11
2004	78.000 Km	27
2008	137.000 km	23

Por que a chama não se apaga?
Ao longo dos anos, os organizadores das Olimpíadas desenvolveram tochas cada vez mais resistentes aos ventos e às chuvas. Normalmente, elas levam gases inflamáveis como combustível. Em Sydney, por exemplo, o sistema de combustão tinha uma mistura de butano (o mesmo gás dos isqueiros) e propano. Protegida por sua estrutura metálica, a tocha suportava ventos de até 65 quilômetros por hora, e ficava acesa por até vinte minutos. Em sua versão submarina, a mistura de gases foi acrescida de oxigênio, mas a chama queimava apenas por três minutos. A tocha de Atenas levava cilindros de gás também, com duração de vinte minutos, que permitiam mudar a cor das chamas e a quantidade de fumaça.

Mas e se a chama se apagar?
Isso já aconteceu durante o revezamento nos Jogos de Atlanta, quando um motociclista que levava a tocha caiu da moto, por exemplo. É por isso que, quando a tocha é acesa na pira, ainda em Olímpia, outras "tochas de segurança" também são acesas e, protegidas, acompanham o trajeto da tocha principal. Assim, quando esta se apaga, pode ser reacendida com o fogo original de Olímpia.

O FILHO DA BOMBA ATÔMICA

No dia 10 de outubro de 1964, Yoshinori Sakai entrou com a tocha olímpica no Estádio Olímpico de Tóquio, e houve uma comoção do público. Sakai nasceu em Hiroshima, em 6 de agosto de 1945, no dia em que a cidade foi destruída pela bomba atômica.

A FARSA DO ARQUEIRO

Foi uma cena emocionante. Na cerimônia de abertura dos Jogos de Barcelona, em 1992, o arqueiro espanhol Antonio Rebollo atirou do gramado uma flecha incandescente e acendeu o fogo olímpico. Mais tarde, porém, descobriu-se a farsa. A pira fora acesa automaticamente, ludibriando espectadores do mundo inteiro. Um cinegrafista amador filmou a cena do lado de fora do estádio. A flecha passou longe da pira. Há uma versão de que Rebollo fora instruído a atirar a flecha para fora do estádio, pois se errasse o alvo e ela batesse na parte externa da pira, caindo do lado de dentro, o vexame seria ainda maior.

O desfile de abertura

Até 1908, os atletas entravam e saíam do estádio de maneira desorganizada. Em Londres, eles desfilaram pela primeira vez. A delegação que abre a cerimônia é sempre a da Grécia, seguida pelos outros países, por ordem alfabética, no idioma oficial do país que sedia os Jogos. A delegação local fecha o desfile.

Cada país escolhe um atleta para conduzir a bandeira nacional à frente da delegação. Conheça os porta-bandeiras de todas as delegações brasileiras:

PORTA-BANDEIRAS BRASILEIROS

1920 ▸ **AFRANIO ANTONIO DA COSTA** | Tiro
1924 ▸ **ALFREDO GOMES** | Atletismo
1932 ▸ **LÚCIO DE ALMEIDA PRADO** | Atletismo
1936 ▸ **ANTÔNIO PEREIRA LYRA** | Atletismo
1948 ▸ **SYLVIO DE MAGALHÃES PADILHA** | Atletismo
1952 ▸ **MÁRIO HERMES** | Basquete
1956 ▸ **ADHEMAR FERREIRA DA SILVA** | Atletismo
1960 ▸ **ADHEMAR FERREIRA DA SILVA** | Atletismo
1964 ▸ **WLAMIR MARQUES** | Basquete
1968 ▸ **JOÃO GONÇALVES FILHO** | Polo aquático
1972 ▸ **LUÍS CLÁUDIO MENON** | Basquete
1976 ▸ **JOÃO CARLOS DE OLIVEIRA** | Atletismo
1980 ▸ **JOÃO CARLOS DE OLIVEIRA** | Atletismo
1984 ▸ **EDUARDO DE SOUZA RAMOS** | Iatismo
1988 ▸ **WALTER CARMONA** | Judô
1992 ▸ **AURÉLIO MIGUEL** | Judô
1996 ▸ **JOAQUIM CRUZ** | Atletismo
2000 ▸ **SANDRA PIRES** | Vôlei de praia
2004 ▸ **TORBEN GRAEL** | Vela
2008 ▸ **ROBERT SCHEIDT** | Iatismo

O JURAMENTO

Estes são os atletas do país anfitrião que fizeram o juramento em nome de todos os competidores:

1920 ▸ **VICTOR BOIN** | Esgrima
1924 ▸ **GEORGES ANDRÉ** | Atletismo
1928 ▸ **HENRI DÉNIS** | Futebol
1932 ▸ **GEORGE CALNAN** | Esgrima
1936 ▸ **RUDOLF ISMAYR** | Levantamento de peso
1948 ▸ **DONALD FINLAY** | Atletismo
1952 ▸ **HEIKKI SAVOLAINEN** | Ginástica
1956 ▸ Melbourne: **JOHN LANDY** | Atletismo*
1956 ▸ Estocolmo: **HENRY SAINT CYR** | Equitação*
1960 ▸ **ADOLFO CONSOLINI** | Atletismo
1964 ▸ **TAKASHI ONO** | Ginástica
1968 ▸ **PABLO GARRIDO** | Atletismo
1972 ▸ **HEIDI SCHULLER** | Atletismo
1976 ▸ **PIERRE ST. JEAN** | Levantamento de peso
1980 ▸ **NIKOLAI ANDRIANOV** | Ginástica
1984 ▸ **EDWIN MOSES** | Atletismo
1988 ▸ **HUH JAE** | Basquete e **SON MI-NA** | Handebol
1992 ▸ **LUIS DORESTE** | Iatismo
1996 ▸ **TERESA EDWARDS** | Basquete
2000 ▸ **RECHELLE HAWKES** | Hóquei
2004 ▸ **ZOI DIMOSCHAKI** | Natação
2008 ▸ **ZHANG YINING** | Tênis de mesa

(*) Em 1956, as provas de hipismo foram realizadas em Estocolmo.

◐ Atletas e juízes fazem o juramento segurando a bandeira olímpica. Os árbitros passaram a fazer o juramento a partir de 1972.

◐ Com o objetivo de diminuir sentimentos nacionalistas, em 1920 a expressão "honrar nosso país" foi trocada por "honrar nossa equipe" no juramento dos atletas.

◐ Os gregos faziam uma oração no templo de Zeus para que as competições fossem justas. Atualmente, os atletas prometem, em juramento, honra, boa vontade e esportividade.

O ANFITRIÃO

Os Jogos Olímpicos são oficialmente abertos por um membro da família real ou por um representante do governo do país anfitrião:

1896 ▶ **REI GEORGE I**
1900 ▶ -
1904 ▶ **DAVID FRANCIS**
1906 ▶ **REI GEORGE I**
1908 ▶ **REI EDUARDO VII**
1912 ▶ **REI GUSTAVO V**
1920 ▶ **REI ALBERTO**
1924 ▶ **PRESIDENTE GASTON DOUMERGUE**
1928 ▶ **PRÍNCIPE HENDRIK**
1932 ▶ **VICE-PRESIDENTE CHARLES CURTISS**
1936 ▶ **CHANCELER ADOLF HITLER**
1948 ▶ **REI GEORGE VI**
1952 ▶ **PRESIDENTE JUHO PAASIKIVI**
1956 ▶ **DUQUE DE EDIMBURGO**
1960 ▶ **PRESIDENTE GIOVANNI GRONCHI**
1964 ▶ **IMPERADOR HIROHITO**
1968 ▶ **PRESIDENTE GUSTAVO DIAZ ORDAZ**
1972 ▶ **PRESIDENTE GUSTAV HEINEMANN**
1976 ▶ **RAINHA ELIZABETH II**
1980 ▶ **PRESIDENTE LEONID BREZHNEV**
1984 ▶ **PRESIDENTE RONALD REAGAN**
1988 ▶ **PRESIDENTE ROH TAE WOO**
1992 ▶ **REI JUAN CARLOS I**
1996 ▶ **PRESIDENTE BILL CLINTON**
2000 ▶ **GOVERNADOR-GERAL SIR WILLIAM DEANE**
2004 ▶ **PRESIDENTE COSTIS STÉPHANOPOULOS**
2008 ▶ **PRESIDENTE HU JINTAO**

O HINO OLÍMPICO

Foi adotado pelo COI em 1957. A letra é de Kostis Palamás e a música, de Spyridon Samaras.

>

Espírito imortal da Antiguidade
Criador augusto da verdade, beleza e bondade
Desça aqui, apresente-se, irradie Sua luz sobre nós,
Por sobre este campo e debaixo deste céu
Que primeiro testemunharam Sua fama imperecível.

Traga vida e entusiasmo para estes nobres jogos!
Atire coroas de flores com frescor eterno aos vitoriosos
Da corrida e da luta
E crie em nossos peitos corações de aço!

Em Sua luz, planícies, montanhas e mares
Brilham em matizes rosados e formam um vasto templo
No qual as multidões de todas as nações vão adorá-lo
Oh, Espírito imortal da Antiguidade.

3

Uma ideia sem execução
é um sonho.

DUQUE DE SAINT-SIMON
(1675-1755), escritor francês

Início das Olimpíadas

O SONHO DO BARÃO VIRA REALIDADE

Os primeiros anos das Olimpíadas foram sinônimo de experimentalismo. Tudo teve de ser reinventado, desde a apresentação de novos esportes, a organização dos Jogos e a premiação dos atletas. A fase também foi marcada pela participação das mulheres, antes proibida, pela força da política internacional no esporte e pela consolidação das tradições olímpicas.

֍ 1896 ֎

❂ Os nove primeiros esportes olímpicos foram: atletismo, ciclismo, esgrima, ginástica, natação, tênis, luta, levantamento de peso e tiro.

❂ Os americanos por pouco não ficaram de fora das Olimpíadas. Os gregos utilizavam o calendário juliano, com quase duas semanas de atraso em relação ao calendário gregoriano, usado no restante do mundo ocidental. Os atletas dos Estados Unidos confundiram as datas e precisaram pegar um barquinho pesqueiro da Itália até a Grécia.

❂ O milionário grego George Averoff bancou a restauração do Estádio Panatenaico, que já tinha sido sede dos Jogos na Antiguidade. As ruínas foram inteiramente reconstruídas em mármore, com capacidade para 80 mil pessoas.

❂ Por um erro de cálculo dos construtores do Estádio Panatenaico, a pista de atletismo, que tinha 203 metros, era inclinada.

❂ De acordo com o código do Amateur Athletic Club, amador era: "todo cavalheiro que nunca tenha participado de uma competição pública; que não haja enfrentado profissionais, por preço ou por dinheiro; e que não seja operário, artesão ou diarista". Isso nada mais era do que uma forma de evitar que as classes trabalhadoras se misturassem aos nobres nas competições. Os ricos podiam competir sem a preocupação de ter como ganhar a vida.

✪ O americano James Connoly, ao vencer o salto triplo, foi o primeiro campeão olímpico da Era Moderna. Mais tarde, Connoly se tornaria um famoso escritor.

✪ As provas de natação nos Jogos Olímpicos de Atenas foram realizadas nas águas da baía de Zea. A temperatura da água durante as provas nunca ultrapassou os 13 °C. Um nadador americano pulou na água e saiu imediatamente, chamando por um médico, pois estava congelando. Hoje, a temperatura da água da piscina deve ser de 25 °C.

✪ A equipe inglesa de tênis precisava de um jogador para completar o time e acabou convocando um turista que chegara para assistir aos Jogos.

✪ Os arremessadores de dardo enfrentavam uma dificuldade a mais: árvores altas impediam que os lançamentos fossem muito longos.

✪ O australiano Edwin Flack era funcionário de uma companhia inglesa e estava passando férias em Atenas na época dos Jogos de 1896. Resolveu inscrever-se na prova dos oitocentos metros e levou a medalha de ouro.

✪ O grego Spiridon Belokas, que chegou em terceiro lugar na maratona, foi desclassificado por ter feito parte do percurso em uma carruagem. O vencedor da prova, o também grego Spiridon Louis, era um pastor de ovelhas e andava até 28 quilômetros por dia para cumprir sua tarefa – além de reforçar o orçamento levando água de sua vila para ser vendida em Atenas. Louis correu o tempo todo acompanhado por seu cachorro. O financiador da Olimpíada, George Averoff, até ofereceu a mão da filha em casamento para o vencedor da maratona, que não quis ficar com a garota. Ao final, Spiridon ganhou um cavalo e uma carroça de presente para facilitar seu trabalho.

✪ Os finalistas dos cem metros alinham-se à espera da ordem de início da prova. Todos se põem de lado para a partida, um braço na frente do outro, o pé esquerdo na linha, o direito mais atrás, certos de que assim terão maior impulsão na largada. Todos, menos o americano Thomas Burke, que prefere se agachar. Ele apoia as duas mãos no solo, estende uma perna para trás, dobra a outra. A posição inovadora de Burke é usada até hoje na saída de todas as provas de curta distância. Ao se retirar do esporte, Burke se tornou advogado e jornalista em Boston.

◎ O ciclista francês Paul Masson venceu três provas no mesmo dia: 333 metros contra o relógio, velocidade de 2 mil metros, e a de dez quilômetros.

◎ O vencedor das barras paralelas, o alemão Alfred Flatow, foi recebido com festa em seu país depois da Olimpíada. Judeu, Flatow morreu em um campo de concentração na Segunda Guerra Mundial.

◎ O pai de Alfred Guttman, outro judeu, morreu afogado no rio Danúbio quando o menino tinha 13 anos. Guttman prometeu que seria um campeão de natação. Por causa dos preconceitos, mudou o sobrenome para Hajos e foi competir em Atenas. Voltou campeão dos cem e dos 1.200 metros.

◎ Nas primeiras edições das Olimpíadas, as duplas de tênis podiam ser formadas por atletas de países diferentes. Em Atenas, a dupla vencedora tinha um britânico e um alemão; a vice-campeã, um egípcio e um grego; em terceiro lugar ficaram um australiano e um britânico.

AS MULHERES CONQUISTAM SEU ESPAÇO

O barão de Coubertin era contra a presença de mulheres nos Jogos Olímpicos. Mas havia uma grande pressão por parte das feministas, cada vez mais atuantes. Em 1900, elas eram seis corajosas tenistas e cinco golfistas, que enfrentaram as recusas dos organizadores. Para acalmar a fúria dessas precursoras, foi criado uma espécie de torneio paralelo. Em 1920, inscreveram-se 65 mulheres nos Jogos de Antuérpia. Elas já somavam 135 em 1924.

Logo na abertura dos Jogos de Amsterdã, em 1928, o barão subiu à tribuna e pediu demissão do cargo de presidente de honra do Comitê Olímpico Internacional. No discurso, acusou seus seguidores de haverem "traído o ideal olímpico, permitindo a presença de mulheres".

♀	PARTICIPAÇÃO FEMININA NOS JOGOS	♀
Atenas (1896) 0,00%		Roma (1960) 11,45%
Paris (1900) 2,21%		Tóquio (1964) 13,16%
Saint Louis (1904) 0,92%		Cidade do México (1968) 14,10%
Londres (1908) 1,84%		Munique (1972) 15,08%
Estocolmo (1912) 1,99%		Montreal (1976) 20,71%
Antuérpia (1920) 2,48%		Moscou (1980) 21,53%
Paris (1924) 4,37%		Los Angeles (1984) 22,93%
Amsterdã (1928) 9,61%		Seul (1988) 26,15%
Los Angeles (1932) 9,46%		Barcelona (1992) 28,90%
Berlim (1936) 8,35%		Atlanta (1996) 34,04%
Londres (1948) 9,50%		Sydney (2000) 38,20%
Helsinque (1952) 10,47%		Atenas (2004) 40,74%
Melbourne (1956) 11,35%		Pequim (2008) 42,38%

༒ 1900 ༒

❂ A Olimpíada de Paris coincidiu com a Feira Mundial e acabou durando cinco meses. Como o governo estava muito mais preocupado com a Feira que com os Jogos, a competição quase foi um desastre completo. Muitos atletas nem sabiam que estavam participando das Olimpíadas e nunca viram a cor da medalha. Em 1912, uma tentativa de estabelecer os resultados de Paris não funcionou. Na década de 1960, quem ainda vivia foi chamado para tentar resolver a questão. Um senhor dizia lembrar de sua segunda colocação em uma prova de ciclismo, e recebeu uma medalha de prata. Depois que ele morreu, entretanto, descobriu-se que a prova a que ele se referia tinha sido a semifinal, não a final da competição.

✪ A prova mais inusitada foi a natação com obstáculos. Todas as competições de natação aconteceram no rio Sena.

✪ Na natação submersa, competição que só foi disputada em 1900, o atleta ganhava dois pontos a cada metro nadado e mais um ponto a cada segundo sob a água.

✪ Os franceses deram um show na prova de florete. Conquistaram do primeiro ao sétimo lugar. Um austríaco terminou em oitavo.

✪ O americano Maxwell Long não entendeu a quantidade de aplausos que recebeu ao vencer a prova dos quatrocentos metros. É que a torcida francesa confundiu a camisa azul e branca da Universidade de Colúmbia, que ele usou na final, com a da França.

✪ O esgrimista cubano Ramon Fonst, de 16 anos, venceu a prova de espada. Na categoria master, o ganhador foi o francês Albert Ayat, seu treinador. Albert Ayat, aliás, pode ser o precursor do banho de champanhe. Foi assim que ele comemorou sua vitória.

✪ O troféu para o ganhador dos duzentos metros no atletismo foi uma réplica do museu do Louvre, e pesava dez quilos.

ROTA SECRETA

Na maratona, o francês Michael Théato, entregador de uma padaria, foi acusado de pegar atalhos, baseado em seus conhecimentos das ruas de Paris, para chegar em primeiro lugar. Apesar das reclamações, Théato ficou com a vitória, mas o COI suspendeu a premiação da maratona em Paris por causa de toda a confusão, envolvendo até a nacionalidade do padeiro, que seria francês ou luxemburguês. Só em 1912 o resultado foi oficializado e Théato foi definitivamente considerado francês.

✪ Um dos maiores mistérios olímpicos aconteceu numa prova de remo. A equipe holandesa substituiu na última hora seu timoneiro por um garoto de aproximadamente dez anos. Ninguém nunca soube seu nome ou sua idade exata. Se fossem confirmados os seus dez anos, ele entraria para a história como o campeão olímpico mais novo.

✪ Um jovem americano de 24 anos, Alvin Kraenzlein, apareceu nas competições de atletismo usando sapatos com pregos na sola. Acabou vencendo os sessenta metros, os cem e os duzentos metros com barreiras e o salto em distância.

✪ A primeira mulher campeã olímpica foi a tenista britânica Charlotte Cooper. Ela venceu o torneio feminino de simples e o torneio de duplas mistas, ao lado do compatriota Reginald Doherty, tetracampeão de Wimbledon, campeão nas duplas com o irmão Hugh e terceiro lugar no torneio de simples (Reginald se recusou a enfrentar o mano mais novo na semifinal e perdeu por WO). As mulheres tiveram o direito de escolher os parceiros de quadra.

✪ A equipe de atletismo norte-americana tinha vários presbiterianos, que desistiram de diversas provas, apesar do favoritismo, porque elas estavam marcadas para um domingo. Dois protestantes americanos, no entanto, deixaram os princípios de lado e foram à final do salto com vara. Lá, Charles Dvorak e Danny Horton ficaram sabendo que a prova tinha sido adiada para o dia seguinte e voltaram para o alojamento. Mas, no mesmo dia, a organização dos Jogos resolveu realizar a final no próprio domingo, sem os dois americanos.

✪ Outro americano, o judeu Myer Prinstein, não participou da final do salto em distância em solidariedade aos colegas protestantes que estudavam na mesma universidade, a de Syracuse. Ele era o favorito e contava com a vitória na prova mesmo sem participar da final, porque as marcas das eliminatórias eram consideradas no resultado. Mas, ao saber que Alvin Kraenzlein tentaria o primeiro lugar na final, Prinstein procurou o adversário para agredi-lo. Kraenzlein não se machucou e, na final, venceu superando por um centímetro a marca que Prinstein havia conseguido na qualificação.

✪ Em Paris, as competições incluíram o tiro ao pombo, o que provocou vários protestos. Apenas quatro atiradores, dos 55 inscritos, participaram da prova. Para aqueles que não quiseram matar pombos vivos, a organização dos Jogos criou o tiro ao prato.

1904

⚙ Mais uma vez os Jogos coincidiram com uma feira, organizada para comemorar o centenário da compra da Louisiana pelos Estados Unidos. A experiência de Paris se repetiu: os Jogos duraram cinco meses, mas dessa vez os organizadores carimbaram de "olímpico" quase todo evento esportivo simultâneo à feira, até mesmo competições reservadas apenas aos meninos da Associação Cristã de Moços.

⚙ Simultaneamente à Feira Mundial e à Olimpíada, foram realizados os chamados "Jogos Antropológicos": povos exóticos, como pigmeus africanos e nativos da Patagônia, tiveram suas despesas pagas pela organização da Olimpíada para participar das competições esportivas. Sua performance, claro, era deprimente. Quando soube da notícia, o barão de Coubertin escreveu uma carta aos organizadores, em que dizia: "O negro, o vermelho e o amarelo ainda aprenderão a correr, a saltar e a arremessar muito melhor que o branco".

⚙ De fato, Saint Louis viu o primeiro negro a conquistar uma medalha olímpica: George Poage foi terceiro nos quatrocentos metros com barreiras.

⚙ A maratona foi quase ganha por Fred Lotz, um "atleta" que havia feito parte do percurso a bordo de um automóvel e acabou desclassificado. O vencedor foi o americano Thomas Hicks, que desmaiou várias vezes e só voltou para a corrida à custa de doses de uísque e estricnina.

⚙ Dos 651 atletas inscritos, 523 eram norte-americanos.

⚙ Apenas seis mulheres competiram, todas no arco e flecha.

> Durante as provas de natação, realizadas em um tanque, os nadadores tiveram a desagradável companhia de peixes e sapos.

✪ No polo aquático, as três medalhas foram para os Estados Unidos. Em primeiro, ficou o time de Nova York; em segundo, o de Chicago; e em terceiro, o de Missouri.

✪ O decatlo foi incluído no programa olímpico pela primeira vez em Saint Louis. Nessa época, as dez provas eram disputadas no mesmo dia. O campeão foi o irlandês Thomas Kiely.

✪ A maratona contou com os dois primeiros africanos a participar dos Jogos. Eram dois guerreiros zulus, que estavam em Saint Louis para uma mostra sobre a Guerra dos Bôeres.

✪ O húngaro Lajos Gonczy trouxe várias garrafas de seu vinho predileto, mas elas acabaram confiscadas por seu treinador. Gonczy terminou num decepcionante quarto lugar.

✪ O ginasta americano George Eyser, ganhador de três medalhas de ouro, duas de prata e uma de bronze, tinha uma perna de madeira.

✪ Apenas um boxeador, George Finnegan, tinha o peso máximo exigido para a categoria mosca, 51 quilos. Então, os organizadores chamaram o galo Miles Burke para uma luta, decidida pelo árbitro logo no primeiro round – em favor de Finnegan, logicamente. Para não deixar clara a marmelada na categoria mosca, Miles Burke foi impedido de lutar em sua verdadeira categoria. Isso deixou Oliver Kirk como o único galo na competição. Como era preciso promover ao menos uma luta, chamaram justamente George Finnegan, que até tentou vencer Kirk, mas acabou derrotado. Kirk não gostou da desorganização na competição de galos e pediu para participar da categoria superior, penas. Acabou vencendo duas lutas e foi o único pugilista a vencer duas categorias em uma mesma edição dos Jogos.

✪ Outro pugilista, o leve Harry Spanger, venceu sua categoria e quis também participar do torneio de meio médio. Ficou em segundo.

ᨒ 1906 ᨓ

✪ Depois de sua vitória no salto triplo, Peter O'Connor subiu no mastro, retirou a Union Jack (bandeira da Grã-Bretanha) e colocou em seu lugar a bandeira da Irlanda.

◎ Para incentivar os gregos na maratona, os comerciantes locais resolveram oferecer a um compatriota que vencesse a prova um grande prêmio: uma estátua do deus Hermes, pão durante um ano inteiro, três xícaras de café por dia também durante um ano, barbeiro grátis para toda a vida e almoço em seis domingos alternados.

☞ **1908** ☜

◎ A confusão de calendário que quase deixou os americanos fora dos Jogos de Atenas se repetiu em Londres. A equipe russa de tiro só chegou à capital inglesa depois da competição. Na Rússia, até a Revolução de 1917, também se usava o calendário juliano.

◎ Na maratona, o italiano Dorando Pietri entrou em primeiro lugar no estádio de White City, em Londres, para ganhar a prova. Chegou tão exausto que precisou ser ajudado cinco vezes por fiscais para conseguir cruzar a linha de chegada. Foi desclassificado. A medalha de ouro ficou com o americano John Hayes, que costumava usar uma camisa com o brasão do dono da rede de lojas Bloomingdale's. O atleta era balconista de uma loja de Nova York e tinha incentivos como férias para treinar e uma pista na cobertura da loja. Ao voltar a Nova York, Hayes recebeu uma promoção.

◎ Dorando Pietri recebeu da rainha Alexandra uma taça de ouro no dia seguinte à maratona. Mas, nos Estados Unidos, era ridicularizado pelo compositor Irving Berlin, que escreveu a canção *Dorando he's a good for not*, ("Dorando não serve pra nada").

◎ A profissão de Alfred Gilbert, atleta norte-americano que ganhou a medalha de ouro no salto com vara, era mágico. Isto é, quando ele não trabalhava com a vara, trabalhava com a varinha.

✪ O sueco Oscar Swahn recebeu medalha de ouro numa modalidade de tiro denominada *running deer* (tiro ao veado, que não existe mais). Na época ele tinha 61 anos de idade. Em 1920, o mesmo Swahn ganhou medalha de prata na Olimpíada de Antuérpia. Ele tinha 73 anos e passou para a história como o mais velho ganhador de medalha dos Jogos.

✪ A disputa do cabo de guerra entre americanos e britânicos quase acaba em pancadaria. Os americanos reclamaram das botas usadas pelos adversários.

✪ O nadador Henry Taylor ganhou a medalha de ouro nos quatrocentos metros livres. Mas, em 1912, acabou sendo banido dos Jogos, acusado de "profissionalismo". Seu erro: ensinar crianças a nadar.

> Pela primeira vez, as provas de natação são disputadas numa piscina-tanque. As piscinas fechadas só iriam aparecer em 1948.

✪ Os remadores belgas estavam tão confiantes na vitória da prova na categoria oito com timoneiro que, antes do início da competição, acenderam charutos e os apagaram nas águas do rio Tâmisa. Acabaram em segundo lugar, poucos centímetros atrás da guarnição britânica do Leander Club.

✪ Apesar de toda a tradição que envolve a competição anual entre as equipes de remo de Cambridge e Oxford, nenhuma das duas conseguiu uma medalha no oito com timoneiro. O melhor resultado foi o quarto lugar de Cambridge.

✪ A competição de golfe tinha 52 inscritos, 51 ingleses e um canadense. Mas todos os britânicos abandonaram a prova por causa de um desentendimento a respeito das regras. A organização deu o ouro ao canadense George Lyon, porém ele recusou o prêmio.

✪ Em 1908, 16 anos antes da primeira Olimpíada de Inverno, houve uma prova de patinação no gelo. Um dos competidores, o russo Nikolai Kolomenkin, se chamava na verdade Nikolai Panin. Ele competia com nome falso por medo do pai, que considerava a patinação coisa de menina.

✪ O neozelandês Reginald Baker, prata no boxe, competia em 29 modalidades diferentes. Ele fez carreira em Hollywood ensinando astros do cinema a nadar, a andar a cavalo e a lutar com espadas.

✪ As competições de tiro tinham um evento em que o alvo ficava a mil jardas (914,2 metros) de distância. Para compensar, o alvo tinha 1,85 X 3 metros, com uma mosca de noventa centímetros de diâmetro.

෴ 1912 ෴

✪ Na Suécia o boxe era proibido e, apesar da insistência do barão de Coubertin e do COI, a modalidade não foi disputada em 1912. Ironicamente, oito anos antes, o barão de Coubertin torcia o nariz para a inclusão do pugilismo nos Jogos de Saint Louis. Coubertin gostava da luta livre e da luta greco-romana, mas desprezava a violência do boxe.

✪ O centroavante Fuchs, da Alemanha, foi um dos jogadores de futebol que mais gols marcou numa só partida nas Olimpíadas. No jogo em que seu time venceu a Rússia por 16 X 0, dez foram dele. Fuchs igualou a marca do dinamarquês Sophus Nielsen na partida Dinamarca 17 X 1 França, quatro anos antes. O czar russo ficou tão bravo com o resultado do jogo que se recusou publicamente a pagar a passagem de volta de seus jogadores.

✪ "Não sei se fiquei nervoso ou se minha munição estava defeituosa. Só sei que dei o máximo de mim mesmo." George Patton ficou em quinto lugar no pentatlo, em razão de sua péssima performance na prova de tiro. Trinta anos depois, ficaria famoso como um dos mais importantes generais americanos da Segunda Guerra. Patton alegou que seu resultado no tiro se devia a um erro dos juízes. Ele teria acertado um tiro na mosca, mas que havia passado por um furo já aberto por outra bala. Se essa tentativa fosse considerada, Patton seria medalha de ouro.

✪ A maratona foi disputada num dia de muito calor. O português Francisco Lázaro não resistiu ao esforço e sofreu um colapso, morrendo com a prova ainda em andamento, mas os organizadores não avisaram sequer a delegação portuguesa. A morte de Lázaro só foi revelada horas depois do fim da competição.

✪ Nas semifinais da luta greco-romana, o combate entre os pesos-médios Martin Klein, da Rússia, e Alfred Asikanien, da Finlândia, durou 11 horas e quarenta minutos. Klein venceu, mas ficou tão exausto que nem apareceu na final.

✪ A luta greco-romana ainda viu outro longo combate em Estocolmo. A final dos meio pesados durou nove horas, mas nem o sueco Anders Ahlgren nem o finlandês Ivar Böhling conseguiram a vitória. A luta foi suspensa e, como a regra da luta greco-romana dizia que o campeão devia vencer todas as lutas, nenhum dos dois ficou com o ouro – ambos levaram uma medalha de prata para casa.

✪ O príncipe havaiano Duke Paoa Kahanamoku, chamado o Pai da Natação, havia se mudado para os Estados Unidos aos 21 anos e treinava com Dick Calvill. Seu estilo, em que o nadador praticamente deslizava na água, era chamado *crawl*. Selecionado para os Jogos de 1912, Duke quase bateu o recorde mundial nas eliminatórias, mas se enganou com os horários das semifinais dos cem metros nado livre e não apareceu. Um atleta neozelandês, Cecil Healy, argumentando que uma final sem Duke não teria graça, propôs uma semifinal extra com o havaiano e outros dois americanos que também haviam cometido o mesmo engano. Nessa semifinal, Duke igualou o recorde mundial e foi para a final, levando o ouro. Healy ficou com a prata.

✪ Em 1912, houve prêmios também em áreas artísticas, como literatura, música e pintura. O poema vencedor da categoria de literatura foi escrito por Georg Horrod – pseudônimo de ninguém menos que o barão de Coubertin.

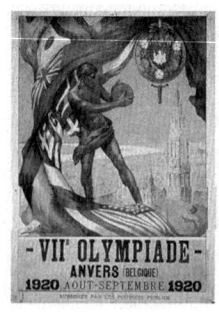

1920

- Dos cerca de 2.500 homens participantes, um terço havia lutado na Primeira Guerra Mundial.

- Os americanos foram para Antuérpia no navio *Princess Matoika*, usado anteriormente para carregar corpos de soldados americanos mortos na Primeira Guerra. As condições não eram das melhores e houve um motim a bordo, liderado pelo recordista mundial do salto triplo, Daniel Ahearn. Ele foi suspenso pelos dirigentes americanos, o que criou nova confusão. Seus colegas do atletismo protestaram, e Ahearn pôde competir. Mas, preocupado demais com as reclamações, o atleta não treinou muito. Resultado: um decepcionante sexto lugar.

VOCÊ SABIA QUE...

... o americano John Kelly, que arrebatou três das cinco medalhas de ouro no remo, seria pai de Grace Kelly? Ela brilharia como atriz em Hollywood, antes de se casar com o príncipe Rainier, tornando-se princesa de Mônaco.

- O inglês Philip John Noel-Baker, medalha de prata nos 1.500 metros, receberia em 1959 o Prêmio Nobel da Paz por sua campanha em favor do desarmamento.

✪ Bevil Rudd, o sul-africano que venceu os quatrocentos metros, passava o dia fumando cachimbo e tomando cerveja, enquanto seus adversários treinavam.

✪ Antes da marcha de 3 mil metros, o italiano Ugo Frigerio entregou algumas partituras para o maestro da banda que estava no Estádio Olímpico. Eram as canções preferidas do atleta, que seriam usadas para controlar as passadas. Depois de ganhar o ouro, Frigerio pegou as partituras de volta, reclamando que o grupo havia tocado as músicas no tempo errado.

✪ Na prova de estrada, o sul-africano Henry Kaltenbrun chegou dois minutos e meio à frente do sueco Harry Stenqvist, mas não levou o ouro. O percurso era cheio de cruzamentos com ferrovias, e os guardas tinham o direito de parar os ciclistas. O sueco havia ficado parado à toa por quatro minutos em uma cancela e, por isso, os organizadores decidiram declarar Stenqvist vencedor.

✪ O hóquei no gelo e a patinação fizeram parte dos Jogos de Antuérpia. Quatro anos depois, os esportes de inverno teriam sua própria Olimpíada.

✪ Os halterofilistas Pietro Bianchi, italiano, e Albert Petterson, sueco, não conseguiam desempatar o segundo lugar da categoria médios, mesmo depois de várias tentativas. Os organizadores sugeriram que a decisão fosse na moedinha, e os atletas, cansados, toparam. Bianchi ficou com a prata.

✪ Os cem metros nado livre tiveram duas finais. Na primeira, o príncipe havaiano Duke Kahanamoku venceu, mas o quinto colocado reclamou que tinha sido atrapalhado pelo quarto. A nova final ocorreu cinco dias depois, e mais uma vez Duke venceu. Em segundo, outro havaiano, Pua Kela Kealoha. O irmão mais novo de Pua, Warren, foi ouro nos cem metros nado de costas.

✪ Na segunda rodada do torneio masculino de tênis, a partida entre o grego Aristóteles Zerlindi e o britânico Gordon Lowe estava tão chata que até os pegadores de bola deram uma escapada para almoçar. Os dois jogadores não saíam do fundo da quadra. A partida foi suspensa e reiniciada, levando dois dias para terminar. Num total de seis horas de bate-bola, Lowe saiu vencedor. Mas o esforço foi inútil, já que o britânico caiu nas quartas de final.

1924

◉ A Olimpíada de Paris foi sucesso de público, mas os torcedores franceses tiveram um comportamento lamentável em várias ocasiões. Na semifinal do torneio de simples do tênis feminino, a pressão da torcida sobre o juiz e sobre a britânica Kathleen McKane — que venceu o primeiro set contra a francesa Didi Vlasto por 6 X 0 e vencia o segundo por 3 X 0 — foi tão grande que McKane se descontrolou e acabou perdendo. Depois da final de rugby, em que os Estados Unidos venceram a França, não foi possível hastear a bandeira dos Estados Unidos nem executar o hino americano. Os atletas receberam as medalhas no vestiário. Um jovem de Illinois, que vibrou com a vitória, foi espancado por outro espectador.

◉ Nesse ano foi produzido o primeiro guia das Olimpíadas, com todos os eventos e cinquenta páginas de anúncios. Os parisienses puderam acompanhar todas as provas por uma rádio de sintonia fixa.

◉ A história do inglês Harold Abrahams na prova dos cem metros foi transportada para o cinema em *Carruagens de fogo*. Os estudiosos, porém, apontaram algumas falhas no roteiro. Uma delas mostra que Abrahams queria vencer os cem metros para se redimir de seu fracasso na prova dos duzentos metros. Na verdade, os cem metros foram disputados antes. Dois irmãos de Harold haviam participado dos Jogos de 1912. "Pense só em duas coisas: o tiro da pistola e a faixa de chegada. Quando ouvir o primeiro, corra feito o diabo até cortar a segunda." Este foi o conselho do técnico Sam Mussabini a Harold Abrahams, antes da prova dos cem metros.

◉ As nadadoras americanas ficaram hospedadas a seis horas de Paris. Preocupados com a moral e os bons costumes, dirigentes americanos resolveram colocar suas atletas bem longe da capital para evitar as tentações parisienses.

✪ O percurso do *cross-country*, vencido por Paavo Nurmi, incluía urtigas, espinheiros e os arredores de uma usina que emitia uma fumaça prejudicial aos competidores. Vários corredores deram o sangue, literalmente, durante a prova. A Cruz Vermelha teve de procurar atletas perdidos. Foi a última vez que houve uma competição de *cross-country* nas Olimpíadas.

✪ Jackie Fields e Joe Salas eram dois amigos boxeadores que viviam juntos em Los Angeles. Quis o destino que eles se encontrassem na disputa pela medalha de ouro na categoria pena. Fields venceu e saiu correndo para o vestiário, onde ficou chorando de tristeza pela derrota do amigo. Fields e Salas eram tão amigos que um morreu apenas oito dias depois do outro, em 1987.

✪ O pugilista americano Fidel LaBarba, medalha de ouro no peso-mosca, deixou os ringues para ser escritor de roteiros em Hollywood.

✪ Lee Barnes, dos Estados Unidos, vencedor do salto com vara, atuou como dublê de Buster Keaton num filme em que o comediante precisava entrar num prédio por uma janela do segundo andar.

> O Brasil quase ficou fora das Olimpíadas de Paris. Mesmo tendo recebido um convite dos organizadores dos Jogos, a inscrição brasileira foi cancelada. Acabou revalidada apenas dois meses antes do início das competições. Na última hora, o Brasil organizou uma delegação de 11 atletas para participar das competições de atletismo. Nenhum passou das eliminatórias. O melhor resultado acabou sendo o quarto lugar dos remadores Edmundo e Carlos Castelo Branco no *double skiff*. Eles não faziam parte da delegação oficial. Inscreveram-se por conta própria, o que era permitido na época.

✪ Depois do escândalo das arbitragens na esgrima, os italianos protestaram formalmente contra um compatriota, Italo Santelli, ex-técnico do time húngaro. Ele testemunhou contra o esgrimista Aldo Boni, o que resultou na desclassificação do time italiano. Em resposta, Santelli, já um sexagenário, desafiou o técnico italiano, Adolfo Contronei, para um duelo. O filho de Santelli, o jovem Giorgio, se ofereceu para lutar no lugar do pai e, logo no começo do duelo, acertou a cabeça de Contronei. A briga parou ali mesmo.

✪ O 14º colocado do levantamento de peso na categoria pena era um turco de apenas 13 anos de idade.

⚙ Entre os remadores americanos que venceram a competição de oito com patrão em Paris estava Benjamin Spock, estudante de medicina. Ele queria ser pediatra e é hoje mais conhecido por ser o autor de *Meu filho, meu tesouro*, um *best-seller* mundial.

☞ **1928** ☜

⚙ O tênis e o tiro não entraram nos Jogos de Amsterdã por causa da ferrenha perseguição do barão de Coubertin ao profissionalismo, mesmo disfarçado. Na época, os grandes tenistas já recebiam raquetes dos produtores de material esportivo, e os atiradores também ganhavam armas e munição.

⚙ Os pastores protestantes holandeses usaram o púlpito para pregar contra a Olimpíada, segundo eles um evento pagão. O governo também não apoiou os Jogos.

⚙ Os franceses não participaram da cerimônia de abertura. Um holandês ficou na entrada do estádio fazendo panfletagem antifrancesa e antialemã, irritando a delegação da França, que ficou no hotel e fez o juramento lá mesmo.

⚙ Os atletas norte-americanos estavam tão confiantes no seu sucesso que, durante a viagem de navio até Amsterdã, descuidaram do peso e comeram demais. Resultado: nas provas de corrida, os Estados Unidos só levaram três medalhas de ouro, nos quatrocentos metros e nos revezamentos 4 X 100 metros e 4 X 400 metros.

⚙ Nas barras paralelas, dois finlandeses – Savolainen e Terasvita – empataram em segundo lugar e os juízes não sabiam a quem dar a medalha de prata. Os atletas conversaram e decidiram que Savolainen tinha sido o melhor. Aos árbitros, restou concordar.

> O remador australiano Henry Pearce enfrentou um desafio diferente para ganhar a prova de *single skiff*. A poucos metros da chegada, uma família de patos cruzou o seu caminho.

◎ Mikio Oda, do Japão, foi o primeiro asiático a conquistar uma medalha de ouro, no salto triplo.

◎ James Ball perdeu a final dos quatrocentos metros para Ray Barbuti ao cometer o erro clássico de virar a cabeça para checar a posição do adversário.

◎ Irritados com a decisão dos juízes do peso-médio, que deu a medalha de ouro a um boxeador italiano que lutou na final contra um tcheco, alguns torcedores ergueram o derrotado, Jan Hermanek, e o jogaram na mesa dos jurados. Só a polícia conseguiu colocar fim à briga.

◎ O equilíbrio marcou a final dos cem metros rasos: apenas dois décimos de segundo separaram o campeão e o sexto colocado.

◎ Um problema com o mecanismo de foto tornou impossível determinar a medalha de bronze nos duzentos metros. Por isso, foi proposta uma corrida de desempate entre o alemão Koernig e o norte-americano Scholz, que estava cansado demais e não aceitou, perdendo a medalha para Koernig.

◎ Fã de Paavo Nurmi, o Homem Cronômetro, o também finlandês Harry Larva corria de relógio na mão. O joalheiro levou a medalha de ouro nos 1.500 metros. Numa eliminatória dos 3 mil metros com obstáculos, Nurmi caiu no fosso com água e estragou o relógio que usava para controlar seu tempo. Mesmo assim, se classificou para a final e levou a medalha de prata. Segundo um rumor, na final dos 5 mil metros, Paavo teria facilitado a vitória de seu compatriota Ville Ritola. Na verdade, os dois finlandeses não se suportavam.

◎ O vencedor da maratona, o argelino Boughera El-Ouafi, foi o primeiro africano de um país colonizado a vencer a prova. Na época, a Argélia pertencia à França.

✪ Medalha de ouro nos quatrocentos metros com barreiras em 1928, David Burghley também foi personagem do filme *Carruagens de fogo*, sobre eventos dos Jogos de 1924. Mas, ao contrário do que aparece na fita, ele não desistiu de correr os quatrocentos metros em Paris para dar a vaga a Eric Liddell. E foi Burghley (e não Harold Abrahams) quem conseguiu dar a volta no pátio da sua faculdade enquanto o relógio batia 12 badaladas. Quando o filme ficou pronto, Burghley atacou o diretor publicamente.

✪ Até os jogos de Amsterdã, o esgrimista francês Lucien Gaudin podia ser considerado um dos atletas mais azarados da história das Olimpíadas. Em Saint Louis (1904), seu país não mandou delegação; em Londres (1908), o florete não estava incluído; em Estocolmo (1912), a equipe francesa de esgrima promoveu um boicote; em Antuérpia (1920), machucou um pé antes da competição; em Paris (1924), ficou com tendinite no meio das provas. Só em 1928, com 42 anos, Gaudin deixou o azar para trás e se tornou campeão olímpico.

✪ A Inglaterra boicotou o torneio de futebol alegando que as seleções sul-americanas tinham profissionais. Para os britânicos, a ajuda às famílias dos atletas, quando eles passavam meses longe de casa, representava o equivalente a um salário. Como o COI se recusou a eliminar a Argentina, o Chile e o Uruguai, a Inglaterra desistiu de jogar.

✪ Uma das surpresas dos Jogos foi a desconhecida seleção de hóquei na grama da Índia. Jogando de turbante, os indianos não levaram nenhum gol em toda a competição e conquistaram o primeiro de uma série de ouros: entre Amsterdã e Melbourne (1956), foram seis medalhas. Só na final de Roma (1960) os indianos perderam sua invencibilidade.

✪ O húngaro Lajos Keresztes, ouro nos leves da luta greco-romana, era veterano da Primeira Guerra Mundial. Ele voltou do conflito com problemas psicológicos e adotou o esporte como terapia.

◉ A campeã dos duzentos metros peito, a alemã Hildegard Schrader, passou por uma situação embaraçosa na sua competição. No meio da final, algumas tiras do seu maiô se rasgaram e a nadadora completou a prova mostrando um pouco mais do que gostaria. Ela ainda precisou ficar dentro da piscina por 15 minutos até que uma amiga costurasse tudo de novo.

◉ Na primeira prova feminina dos oitocentos metros da história dos Jogos, seis das atletas desmaiaram antes de alcançar a linha de chegada. Resultado: as mulheres foram banidas de provas com mais de duzentos metros de extensão até 1960.

☞ **1932** ☜

◉ Los Angeles teve a primeira Vila Olímpica da história dos Jogos, com setecentos chalés, refeitórios, hospital, delegacia, quartel de bombeiros, correios, lavanderia e até loja de suvenires, na região de Baldwinn Hills. No entanto, de acordo com o espírito respeitoso da época, a Vila era exclusivamente masculina. As mulheres ficaram hospedadas em um hotel de luxo na cidade. A Vila Olímpica só foi aberta às atletas em 1956, nos Jogos de Melbourne.

◉ Os Jogos de Los Angeles foram disputados em meio à Grande Depressão, que havia deixado muitos americanos desempregados. Um deles era George Roth, que só entrou nos Jogos porque sabia que na Vila Olímpica não faltava comida. Nos refeitórios, ele pegava mais do que podia comer e levava o alimento para a mulher e a filha pequena, que viviam a alguns quilômetros de distância. Na hora da prova de baliza, dentro do programa da ginástica olímpica, Roth levou um sapatinho da menina como amuleto. Ficou com o ouro.

◉ A delegação brasileira foi a Los Angeles de navio, o *Itaquicê*, cedido pelo governo. Eram 375 pessoas, mas apenas 82 atletas. Os brasileiros levaram na bagagem 50 mil sacas de café, que deveriam ser vendidas nos Estados Unidos e nos portos de escala para pagar parte da viagem. Os atletas brasileiros passaram a ser chamados de "mercadores de café" e tiveram problemas com os organizadores dos Jogos, que viam naquele comportamento um modo de ferir os princípios do amadorismo da época. Durante a viagem do *Itaquicê*, os brasileiros tinham de pagar o pedágio para passar pelo canal do Panamá. Como navios militares passavam de graça, os brasileiros resolveram colocar dois canhões a bordo e evitar o pagamento da taxa. A administração do canal desconfiou e cobrou o pedágio do *Itaquicê*, que teve de ficar parado por alguns dias até o dinheiro chegar do Rio de Janeiro.

> A equipe brasileira de polo aquático foi desclassificada depois de ter aplicado uma surra no juiz da partida contra a Hungria.

❂ O marinheiro brasileiro Adalberto Cardoso, inscrito nos 10 mil metros, viajou de carona de São Francisco até Los Angeles. Chegou ao estádio dez minutos antes da prova, vestiu o uniforme e correu. Ficou em último lugar, mas foi bastante aplaudido pelo público.

❂ Era o tempo da Lei Seca nos Estados Unidos, mas os franceses protestaram, afirmando que o vinho fazia parte da dieta de seus atletas. As autoridades concordaram, desde que eles bebessem com discrição.

❂ Mildred Didrikson, ganhadora dos cem metros com barreiras e do dardo, não teve o mesmo sucesso no salto em altura. Os juízes consideraram que ela havia passado a cabeça antes do corpo sobre a barra. Mais tarde, essa regra foi abolida.

❂ A cidade de Los Angeles gastou dois dólares (!) para receber, hospedar, alimentar e transportar cada atleta que participou dos Jogos.

❂ Pela primeira vez, foi utilizado um sistema elétrico de foto, além de cronometragem automática, que substituía a manual. Outra novidade foi a presença de câmeras de filmagem, que registraram as principais provas.

✪ Apesar dos avanços tecnológicos, a prova dos 3 mil metros com obstáculos teve um erro aritmético. O finlandês Volmari Isso-Hollo precisou dar uma volta a mais para chegar ao ouro. É que o juiz que anotava o percurso passou mal e foi substituído por outro, que errou nas contas.

✪ Nos 5 mil metros, houve grande disputa entre o finlandês Lauri Lehtinen e o americano Ralph Hill. Na última volta, Hill tentou ultrapassar Lehtinen, que fechou o caminho do adversário. Alguns juízes pensaram em desqualificar o finlandês, e o público vaiou a manobra. O juiz principal considerou válido o resultado, enquanto o apresentador pedia calma pelos alto-falantes: "Vamos nos lembrar, por favor, de que essas pessoas são nossas convidadas".

✪ Na final dos cem metros rasos, o americano Metcalfe atingiu primeiro a linha de chegada, mas outro americano, Tolan, cruzou a linha na dianteira. Os fiscais discutiram por horas antes de dar a vitória a Tolan, um atleta negro que usava esparadrapos para manter no lugar seus óculos enquanto corria. Depois disso, foi adotado o critério segundo o qual o vencedor é quem atinge a linha de chegada antes – o que teria dado o ouro a Metcalfe.

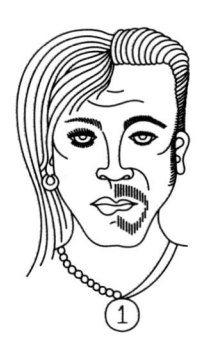

✪ A polonesa Stanislawa Walasiewicz ganhou a medalha de ouro nos cem metros rasos e a de prata na mesma prova quatro anos depois. Antes de 1932, Stanislawa, nascida na Polônia e vivendo nos Estados Unidos desde os quatro anos de idade, competia com o nome Stella Walsh e sob a bandeira americana. O Comitê Olímpico americano tentou naturalizar a moça, mas ela perdeu o emprego e quase se profissionalizou. Uma oferta de emprego do consulado polonês em Nova York salvou Stella, com a condição de que ela voltasse a usar o antigo nome e competisse pela Polônia. Em 1980, Walsh, já naturalizada americana, foi morta a tiros por um assaltante, e na autópsia descobriu-se que ela era, biologicamente, do sexo masculino.

✪ No salto em altura, a canadense Ethel Catherwood protagonizou um drama familiar. Ouro em 1928, ela havia se casado e o marido apresentou um ultimato: ele ou o esporte. Ethel escolheu o esporte, mas nem chegou à final de 1932. Ela voltou para casa e tentou uma reconciliação, mas o marido conseguiu o divórcio.

✪ O japonês Takeichi Nishi, vencedor do Torneio das Nações no hipismo, ficou amigo de várias personalidades de Hollywood e de oficiais de cavalaria americanos. Anos depois, Nishi era coronel das Forças Armadas Japonesas na Segunda Guerra Mundial e enfrentava os americanos em Iwo Jima. Alguns dos inimigos, sabendo da presença do ex-campeão olímpico no campo de batalha, sugeriram que ele se rendesse, mas Nishi optou pelo suicídio.

✪ O policial sueco Ivar Johansson ganhou o ouro na categoria médio da luta livre no dia 3 de agosto. Ele pesava 77 quilos, em uma categoria na qual participavam atletas que pesavam entre 72 e 79 quilos. Mas ele queria mais: disputar a luta greco-romana na categoria meio médio, que têm entre 66 e 72 quilos. O sueco conseguiu perder cinco quilos em 24 horas e ainda levou outra medalha de ouro!

✪ O campeão dos meios pesados na luta livre, o americano Peter Mehringer, aprendeu a lutar em um curso por correspondência.

O QUE É ISSO, SEU GUARDA?

O sueco Johan Oxenstierna resolveu treinar tiro sozinho antes de disputar o pentatlo moderno, mas foi ouvido por um policial, que o prendeu. Depois de muito insistir, o sueco conseguiu que o guarda o deixasse voltar ao local das competições. Ganhou o ouro e acabou solto.

✪ O pugilista argentino Santiago Lovell liderou duas revoltas de atletas de seu país contra chefes de delegação. Ele ganhou o ouro nos pesados, mas, ao desembarcar de volta à Argentina, foi detido. Só a pressão da imprensa conseguiu sua libertação.

✪ A Olimpíada disputada em Los Angeles foi a primeira a adotar a cerimônia do pódio, em que os atletas vencedores assistem ao hasteamento da bandeira e à execução do hino de seu país.

✪ O atleta Carlos Joel Nelli ficou em oitavo lugar no salto com vara, com 3,70 metros. No entanto, conquistaria seu lugar na história do esporte seguindo outra carreira: Nelli se tornou jornalista e, por vinte anos, foi diretor de redação do jornal *A Gazeta Esportiva*.

❧ **1936** ❧

✪ O Estádio Olímpico de Berlim estava pronto desde 1916, ano em que a cidade deveria receber os Jogos, cancelados por causa da Primeira Guerra Mundial.

✪ O Comitê Olímpico alemão, comandado pelos nazistas, não tinha boas atletas para o salto em distância. Obrigou, então, um ex-garçom chamado Hermann Ratjin, que já havia competido entre mulheres, com o nome de Dora Ratjin, a inscrever-se para a competição feminina, certo de que ele poderia vencer a prova. Três mulheres chegaram na frente de Hermann. O embuste do travesti, que terminou em quarto lugar, coberto de vergonha, foi mantido em segredo durante quase três décadas.

✪ A cineasta alemã Leni Riefenstahl foi contratada por Adolf Hitler para rodar *Olympia,* filme sobre os Jogos de Berlim. Ela já havia dirigido *O triunfo da vontade*, que conta a história de um congresso nazista em Nuremberg. Leni foi acusada de ser aliada do nazismo e até de ser amante de Hitler, mas sempre negou as duas coisas. Com a carreira manchada pelas suspeitas, teve dificuldades para se manter na profissão. Morreu em 2003, aos 101 anos.

✪ Reconhecido em 1935 pelo Comitê Olímpico Internacional, o basquete esbarrou no barão de Coubertin para ser admitido nos Jogos de Berlim, no ano seguinte. Ele era contra a entrada de esportes coletivos na competição. "A Olimpíada foi ressuscitada para os atletas individuais", dizia. "Os esportes coletivos não têm lugar." Só que o polo aquático, o hóquei na grama e o futebol já faziam parte dos Jogos. Mesmo com a oposição do barão, o basquete e o handebol se juntaram a eles (o vôlei seria admitido apenas em 1964).

✪ O técnico da equipe de atletismo americana havia escalado os judeus Samuel Stoller e Marty Glickman na equipe do revezamento 4 X 100 metros e deixado Jesse Owens e Ralph Metcalfe de fora. Mas, na véspera da primeira eliminatória, os judeus foram substituídos por Owens e Metcalfe. O treinador refutou as acusações de racismo explicando que, como os dois substitutos eram negros, a vitória americana irritaria Adolf Hitler da mesma forma. De fato, a equipe dos Estados Unidos venceu com folga.

✪ Segundo colocado na prova do salto em distância, o alemão Lutz Long fez questão de abraçar Jesse Owens ainda na pista. Antes, Long tinha dado uma dica preciosa a Owens para ajudá-lo a superar o nervosismo e se classificar para a final. Long morreu em combate durante a Segunda Guerra Mundial.

✪ O jornal nazista *Der Angriff* publicava todos os dias a relação das provas e excluía todas as medalhas conquistadas por atletas negros.

✪ A final feminina dos cem metros teve quatro atletas com o mesmo tempo (11s7). Os juízes analisaram a foto de chegada por quase uma hora e decidiram entregar o ouro para a italiana Trebisonda Valla.

✪ O salto com vara teve uma disputa sensacional pela medalha de prata entre os japoneses Shuhei Nisihida e Sueo Oe. Nisihida ficou com a de prata e Oe, com a de bronze. De volta ao Japão, no entanto, eles fundiram suas medalhas e ficaram, cada um, com uma medalha mista de prata e bronze. Assim surgiram as "Medalhas da Amizade Eterna".

✪ O time de futebol peruano retirou-se dos Jogos devido a uma decisão que anulava sua vitória sobre a Áustria. Em Lima, o presidente peruano acusou os alemães de parcialidade e a embaixada da Alemanha acabou apedrejada.

✪ Como os alemães não haviam construído uma quadra de basquete, as competições da modalidade foram realizadas em uma quadra de tênis descoberta, de saibro. No dia da final, choveu forte e americanos e canadenses disputaram a partida na lama. O resultado foi de apenas 19 X 8 para os Estados Unidos.

✪ O vencedor da maratona foi Kee-Chung Sohn, da Coreia, então ocupada pelo Japão. Ele se recusou a adotar um nome japonês, como lhe foi ordenado.

> A mais jovem campeã olímpica da história dos Jogos é a americana Marjorie Gestring, vencedora no salto ornamental, aos 13 anos e 267 dias.

✪ João Havelange, que já foi presidente da Fifa, fazia parte da delegação brasileira de natação. Na eliminatória dos 1.500 metros livres, Havelange terminou em quinto lugar, e ele também competiu nos quatrocentos metros livres, além de integrar a seleção de polo aquático.

✪ Depois de vencer os cem metros rasos, a americana Helen Stephens foi convidada por Adolf Hitler para passar um fim de semana com o ditador em um castelo. Ela se tornou enfermeira dos fuzileiros navais americanos durante a guerra.

✪ A alemã Gisela Mauermayer, campeã de arremesso de disco, pagou caro por fazer a saudação nazista ao ser premiada. Depois da guerra, ficou anos sem arrumar emprego. Com uma tese sobre o comportamento das formigas, conseguiu se formar em biologia.

✪ No florete feminino, todas as medalhas foram para esgrimistas judias: ouro para a húngara Ilona Schachener, prata para a alemã Helene Mayer, e bronze para a austríaca Ellen Preis. Mayer morava nos Estados Unidos e foi convocada por Hitler para demonstrar tolerância. No pódio, ela surpreendeu Preis e Schachener com um grito de "Heil, Hitler".

✪ O austríaco Josef Manger venceu no levantamento de peso, categoria pesados, mas passou para a história como alemão graças à organização do evento, que resolveu abocanhar um ouro para a Alemanha no halterofilismo depois de sucessivos fracassos nas outras categorias. Só em 1974 a farsa foi revelada e os registros olímpicos, corrigidos.

✪ Na final feminina dos cem metros costas, a holandesa Dina Senff não encostou na borda da piscina na hora da virada e teve de voltar. Ainda chegou três décimos de segundo antes da segunda colocada.

✪ Seis atletas, incluindo o brasileiro José Salvador Trindade, empataram com 266 pontos na segunda colocação da prova de carabina com atirador deitado. O critério de desempate foi o número de balas na mosca, e o brasileiro ficou com o quinto lugar.

◆

4

As vitórias reais e mais duradouras são as da paz, e não da guerra.

RALPH WALDO EMERSON
(1803-1882), poeta e
ensaísta norte-americano

Anos de turbulência

BATALHAS DENTRO E FORA DOS JOGOS

Após a Segunda Guerra Mundial, o mundo se dividiu entre socialistas e capitalistas, e a chamada Guerra Fria também chegou aos Jogos. Os Estados Unidos e a União Soviética disputavam cada medalha e promoviam boicotes às Olimpíadas realizadas em território inimigo. Os organizadores do evento descobriram que os Jogos também eram um ótimo negócio e passaram a lucrar milhões com produtos licenciados e direitos de transmissão.

ᚼ 1948 ᚻ

❊ Arrasada pela guerra, a Inglaterra não teve como construir instalações adequadas para os Jogos Olímpicos de Londres. Os atletas ficaram em alojamentos militares, escolas e casas de família. A pista de atletismo foi criada espalhando-se pó de carvão sobre uma pista de areia onde aconteciam corridas de cavalos.

❊ O lorde Burghley, ex-campeão olímpico, resolveu homenagear o maratonista italiano Dorando Pietri, aquele que, quarenta anos antes, havia caído nos metros finais da sua prova e, ajudado pelos juízes, foi desclassificado. Pietri ficou no castelo do nobre e visitou a rainha Mary. Quando souberam das homenagens pela imprensa, os italianos denunciaram a farsa: o verdadeiro Dorando Pietri havia morrido durante a Segunda Guerra. O falso Pietri terminou preso e deportado.

❊ Bob Mathias, dos Estados Unidos, venceu o decatlo e se tornou o mais jovem ganhador de uma prova de atletismo masculino. Ele tinha 17 anos. "Eu não faria isso de novo nem por 1 milhão de dólares", disse, exausto, ao abraçar o pai depois da prova. Na Olimpíada seguinte, porém, Mathias voltou a competir e venceu novamente. Ele só começou a disputar o decatlo depois que um professor de educação física ameaçou reprová-lo. Bob gostava mesmo era de futebol americano.

❉ A francesa Micheline Ostermeyer ganhou as provas de lançamento de disco e de peso. Forte dentro das pistas; fora delas, Micheline era pianista clássica.

❉ Harrison Dillard, vencedor dos cem metros, já era um promissor atleta aos 13 anos de idade. Tanto que, em 1938, recebeu de Jesse Owens seu primeiro par de sapatilhas de corrida. Owens lhe dera as sapatilhas que havia usado nos Jogos de Berlim, em 1936.

❉ Por causa da guerra, a velocista Francina "Fanny" Blankers-Koen, que era a melhor corredora da Europa, só voltou a participar de uma Olimpíada com mais de trinta anos e já mãe de dois filhos. Ao voltar para a Holanda, com quatro medalhas de ouro, Fanny Blankers-Koen ganhou o apelido de Mamãe Maravilha e foi saudada por milhares de pessoas em Amsterdã. Seus vizinhos lhe deram de presente uma bicicleta, "para que ela não tivesse mais que correr tanto". Em sua primeira Olimpíada, no ano de 1936, tudo o que ela conseguiu foi um sexto e um quinto lugares, e um autógrafo de Jesse Owens.

❉ No jogo de basquete entre Chile e Iraque, o juiz inglês não percebeu a trajetória da bola e acabou atingido. Precisou ser substituído depois de ter sido nocauteado pela bolada.

❉ O belga Etienne Gailly chegou em terceiro lugar na maratona, mas os metros finais foram percorridos a muito custo: com cãibras e falta de ar, o atleta caiu e se levantou várias vezes, empurrado pelos aplausos dos torcedores e da família real. Depois da prova, foi hospitalizado e entrou em coma, mas sobreviveu.

❊ Alice Coachman, dos Estados Unidos, se tornou a primeira mulher negra a conquistar um ouro olímpico. Ela competiu no salto em altura.

❊ Durante a disputa da medalha de bronze do basquete, os cordões do calção do brasileiro Alfredo se romperam, e o atleta ficou em uma situação bastante constrangedora no meio da quadra. Foi para o vestiário sob os aplausos dos torcedores e voltou minutos depois, ajudando o Brasil a vencer a partida.

❊ Na competição individual de estrada, 18 ciclistas terminaram com o tempo de 5h18min16s2, ou seja, em segundo lugar. Isso aconteceu porque se costuma dar o mesmo tempo a todos os ciclistas de um pelotão compacto. Com a ajuda de fotografias, as medalhas de prata e bronze foram para um holandês e um belga, respectivamente.

❊ Em 1949, descobriu-se que o sexto colocado da competição individual de adestramento, o ginete sueco Gehnaell Persson, instrutor de cavalaria do Exército da Suécia, não era um oficial. As regras do hipismo na época só permitiam a participação de militares que fossem tenentes ou de patente superior. Sua desclassificação não afetou as medalhas da prova individual, mas tiraram da Suécia o primeiro lugar por equipes. Depois disso, as provas de hipismo passaram a aceitar a presença de todos — oficiais, não oficiais, civis e mulheres.

❊ A tcheca Marie Provaznikova, da equipe de ginástica olímpica, foi a primeira pessoa de um país comunista a aproveitar um evento esportivo realizado no Ocidente, para pedir asilo político.

❊ Você se lembra do assassino Oddjob, que enfrentava James Bond em *Goldfinger*? Pois ele já foi medalhista olímpico. Harold Sakata disputou o levantamento de peso na categoria meio pesado, e foi prata.

❊ Durante sua segunda luta, o boxeador meio médio tcheco Julius Torma quebrou um osso da mão esquerda. Mesmo assim, escondeu a fratura de todos e disputou mais três lutas. Venceu as três e foi medalha de ouro.

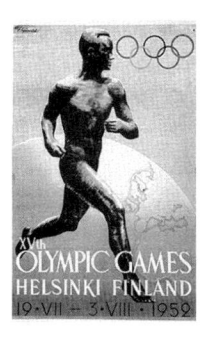

~ 1952 ~

✼ Os países ocidentais não queriam que a União Soviética e os outros países socialistas entrassem nos Jogos, mas o presidente do COI, o sueco J. Sigfrid Edström, foi mais forte.

✼ Apesar de a Ucrânia e a Bielorrússia serem reconhecidas pelo COI como nações indepententes, seus atletas tiveram de competir sob a bandeira da União Soviética.

✼ A União Soviética queria manter seus atletas em solo próprio, já que a Finlândia era vizinha. Mas o COI não aceitou a proposta. Foi preciso achar uma solução intermediária: colocar os soviéticos em uma vila olímpica separada.

> **As Olimpíadas chegam às telinhas: pela primeira vez a televisão faz a cobertura dos Jogos.**

✼ Durante a cerimônia de abertura, uma jovem alemã invadiu a pista. Barbara Player contou aos policiais que só queria pedir a paz mundial.

✼ O time uruguaio de basquete protagonizou brigas homéricas, pancadarias que escandalizaram os finlandeses e acabaram seus últimos jogos com apenas três jogadores. Mesmo assim, a equipe ficou com a medalha de bronze.

✼ Bob Mathias foi o primeiro a saltar com uma vara de fibra de vidro no decatlo. Os atletas de salto com vara só passaram a adotar a novidade quatro anos depois.

✺ Um agente do FBI foi seguido o tempo todo por um soviético. Na prova dos 3 mil metros, o americano Horace Ashenfelter, o tal agente do FBI, não deu chance para o soviético Vladimir Kazantsev, o segundo colocado.

✺ Na final dos cem metros rasos, quatro atletas cruzaram a faixa juntos, com o tempo de 10s4. Depois de analisar a cronometragem, os filmes e as fotografias, a medalha de ouro foi para o americano Lindy Remigino, justamente o competidor que não estava entre os favoritos da prova.

✺ Harrison Dillard, que havia ganho de presente as sapatilhas de Jesse Owens, foi campeão dos 110 metros com barreiras.

✺ Só na Finlândia os americanos descobriram que não tinham levado um atleta meio pesado para as competições de boxe. O escolhido para representar o país foi, então, o peso-pesado Norvel Lee, que precisou emagrecer cinco quilos em uma semana. Ele ainda levou o ouro.

✺ Antes de ser um profissional de sucesso e campeão mundial dos pesos-pesados, o sueco Ingemar Johansson deu vexame na final dos Jogos de 1952. Ele correu do americano Edward Sanders o tempo todo, foi desclassificado e a organização se recusou a dar sua medalha.

✺ Medalha de bronze nos saltos ornamentais-plataforma, a americana Juno Stover-Irwin competiu grávida de quatro meses.

✺ Na etapa de classificação, a equipe feminina de revezamento 4 X 100 metros da Austrália havia batido o recorde mundial. No entanto, o favoritismo não ajudou: na última passagem, Winsome Crips atrapalhou-se com Marjorie Jackson e deixou o bastão cair. Teve de parar e voltar para apanhá-lo, o que rendeu um amargo quinto lugar à equipe.

1956

❃ Foi a primeira versão dos Jogos Olímpicos disputada no hemisfério Sul.

❃ A organização dos Jogos Olímpicos de 1956 determinou que todos os cavalos estrangeiros fossem submetidos a uma quarentena, para manter os animais da Austrália livres de doenças. O COI, então, mudou as competições de hipismo para Estocolmo, na Suécia.

❃ Enquanto levava a tocha olímpica, o australiano Ron Clarke ficou com o braço queimado por causa de um vazamento de querosene. Ainda assim, ele acendeu a pira olímpica. Um dos melhores fundistas do mundo em sua época, Clarke jamais venceu uma prova nos Jogos. Mas ganhou de presente de Emil Zátopek a medalha de ouro que o tcheco conquistou nos 10 mil metros em 1952.

❃ Os jogos de Melbourne foram os primeiros em que a imprensa resolveu manter quadros de medalhas classificados por país, para desgosto do COI, segundo o qual o que importava eram os atletas como indivíduos ou as equipes, e não os países.

❃ O americano Tom Courtney, vencedor dos oitocentos metros, ficou tão exausto com a sua vitória que a cerimônia de premiação precisou ser atrasada em uma hora para que ele pudesse se recuperar.

❃ A primeira medalha conquistada por um atleta da Alemanha Oriental foi no boxe, com o peso-galo Wolfgang Behrendt, um mecânico nascido em Berlim.

❃ Na maratona, o argelino Alain Mimoun (que competia pela França) finalmente conseguiu derrotar Emil Zátopek. Mimoun sempre perdia para o tcheco em todas as competições. Para isso, ele correu com o número 13, seu número de sorte, e acreditava que, em 1956, era a vez de um francês vencer a prova, já que seus compatriotas haviam ganho em 1900 e 1928.

❋ A ginasta húngara Agnes Keleti deu um exemplo do verdadeiro espírito olímpico em Melbourne. Seus pais haviam sido mortos pelas tropas soviéticas que invadiram a Hungria pouco antes dos Jogos, mas mesmo assim a medalhista de prata nos exercícios combinados deu um caloroso abraço na campeã, a soviética Larissa Latynina.

❋ O medalhista de ouro nos meio pesados ligeiros, o halterofilista americano Tamio Kono, era descendente de japoneses e passou um tempo em um campo de concentração nos Estados Unidos durante a Segunda Guerra Mundial.

> O australiano Jon Hendriks foi o primeiro a raspar os pelos do corpo para ter menos atrito com a água. Ele levou a medalha de ouro dos cem metros livres.

❋ Outro nadador, Murray Rose, era chamado de Alga Ambulante por causa de sua alimentação. Como a Vila Olímpica não tinha o prato preferido do australiano, era sua mãe quem preparava suas refeições, em casa, e as levava para Rose. O atleta vegetariano conquistou três medalhas de ouro em Melbourne.

❋ Pela primeira vez houve provas específicas para o nado borboleta, que ganhou um novo movimento de pernas. Até então era considerado uma variante do nado de peito.

❋ As disputas de equitação do pentatlo moderno foram realizadas em Melbourne, ao contrário das outras provas do hipismo. É que no pentatlo os cavalos não vinham de fora do país e foram cedidos pela organização.

❋ Uma das provas semifinais de polo aquático acabou em pancadaria. Não podia ser diferente. Afinal, estavam jogando Hungria e União Soviética, e o clima estava tenso por causa da invasão soviética em novembro de 1956. A briga saiu da piscina e foi para as arquibancadas, e só a chegada de um batalhão da polícia acalmou os ânimos. Os húngaros venceram o jogo e levaram a medalha de ouro.

✺ Ao comemorar sua medalha de prata no dois sem patrão, o soviético Viktor Ivanov jogou seu prêmio para o alto, e a medalha acabou caindo nas águas do lago Windouree. Não houve jeito de recuperá-la, e só no fim dos Jogos o remador recebeu uma medalha de reposição.

✺ O americano Harold Connolly e a tcheca Olga Fitokova se conheceram durante os Jogos e se apaixonaram. Ela só não fugiu com ele porque as autoridades comunistas poderiam prejudicar sua família. Com permissão do governo americano, Connolly foi à Tchecoslováquia no ano seguinte. Eles se casaram em março, e um dos padrinhos foi Emil Zátopek, um dos maiores nomes do atletismo. Em Melbourne, os dois haviam sido medalha de ouro: ele no arremesso do martelo, ela no arremesso de disco.

✺ Novidade na cerimônia de encerramento. Nas edições anteriores, os atletas marchavam divididos por nações, como na abertura dos Jogos. No entanto, por sugestão do aprendiz de carpinteiro John Ian Wing, um jovem chinês que vivia no país, os atletas entraram no estádio e desfilaram juntos, como um símbolo da união global.

✺ Muitos húngaros aproveitaram a festa de encerramento para, escondidos entre atletas de outros países, escaparem da guarda comunista. No fim, metade dos competidores húngaros que foi a Melbourne, entre eles quase toda a equipe de polo aquático, desertou.

◈ 1960 ◈

✺ Na véspera da abertura dos Jogos, o papa João XXIII recebeu os atletas em audiência na praça de São Pedro. As regatas de remo foram realizadas perto da residência papal de Castelgandolfo, no lago Albano. O papa podia acompanhar as competições da janela.

✾ As Olimpíadas de Roma foram as primeiras com um sistema organizado de transmissão televisiva, e quase quarenta países estavam conectados à RAI, a televisão italiana.

> Wyn Essajas era o primeiro – e único – atleta de Suriname a participar das Olimpíadas. Ele se confundiu ao ler a tabela das provas eliminatórias dos oitocentos metros e, na manhã em que deveria estar na pista, ficou dormindo em seu alojamento. Quando acordou, viu a besteira que havia feito, arrumou a mala e voltou para seu país.

✾ A alemã Brunnilde Hendrix era integrante da equipe dos 4 X 100 metros. Ela competiu nervosa sob o olhar da mãe, Marie Dollinger, que, correndo em Berlim no ano de 1936, deixou cair o bastão. A filha aprendeu a lição e ajudou a equipe a conquistar o ouro.

✾ Na prova de cem metros nado livre, uma chegada embolada dos dois primeiros colocados – um americano e um australiano, ambos com o tempo de 55s2 – foi parar nas mãos dos juízes da prova. O nadador australiano ganhou por 2 X 1 numa primeira decisão, enquanto o americano levou a melhor na segunda. Recorreu-se, então, aos relógios eletrônicos da época. Todos davam uma ligeira vantagem para o americano. Mesmo assim, o chefe da equipe de juízes decidiu dar a vitória ao australiano. A polêmica acabou se arrastando ao longo de quatro anos de protestos, sem solução. A única certeza foi a medalha de bronze para o brasileiro Manuel dos Santos.

✾ Ganhador dos 110 metros com barreiras em 1956, o americano Lee Calhoun repetiu a dose em Roma, mesmo tendo passado a temporada de 1958 suspenso por ter aceitado prêmios num *game show* de TV.

✾ O americano Ray Norton já havia perdido os cem e os duzentos metros rasos quando cometeu um erro bizarro no revezamento 4 X 100 metros. Segundo na ordem de corredores, ele começou a correr antes do previsto. Quando Frank Budd chegou com o bastão, Norton já estava fora da zona de passagem. Budd chamou Norton que, em vez de retornar e buscar o bastão, ficou parado. Por fim, depois de conseguir pegá-lo, Norton recuperou parte do tempo perdido e os americanos venceram a corrida. No entanto, foram desclassificados logo depois.

❋ Para disputar a marcha de cinquenta quilômetros no calor romano, o britânico Donald Thompson comprou aquecedores e chaleiras, criando uma sauna em sua casa e andando em volta de uma mesa. A tática deu certo, e Thompson venceu a prova.

❋ O lançador de peso americano Parry O'Brien, o favorito em sua prova, costumava desprezar outro compatriota, William Nieder, que considerava um caipira. Nos Jogos de Roma, no entanto, Nieder venceu O'Brien com mais de meio metro de vantagem e um novo recorde olímpico.

MANIA DE SACI

Se Abebe Bikila venceu a maratona correndo descalço, a romena Iolanda Balas, medalha de ouro no salto em altura, só usava uma das sapatilhas, a do pé de apoio.

❋ No concurso completo por equipes de equitação, o australiano Bill Roycroft sofreu uma queda, teve uma concussão cerebral e trincou uma vértebra do pescoço. Ele não quis ir para o hospital, foi imobilizado da cintura para cima e ajudou a levar sua equipe ao ouro.

❋ A invencibilidade da equipe indiana de hóquei na grama acabou em Roma, na final diante do rival Paquistão. Desde 1928, haviam sido seis medalhas de ouro, trinta vitórias seguidas, 197 gols marcados e apenas oito sofridos.

❋ O halterofilista Yuri Vlasov costumava desprezar a KGB dizendo que podia fugir quando bem entendesse que não seria impedido. Ele competia de óculos e escrevia poemas. Proibido de publicá-los, ele mesmo imprimia e distribuía livretos. Os soviéticos só não o prendiam porque Vlasov era essencial para uma vitória soviética na sua categoria. Posteriormente, ele virou deputado e apoiou a Perestroika de Mikhail Gorbachev.

❉ O soviético Avtandil Koridze não estava conseguindo derrotar o búlgaro Dmitro Stoianov pela categoria leve da luta greco-romana, até que resolveu cochichar algumas coisas para o búlgaro, que foi para o chão logo depois. Eram ameaças de represália usando o Partido Comunista. Mesmo sabendo disso, os juízes da competição não desclassificaram Koridze, que ganhou a medalha de ouro.

❉ A nadadora australiana Lorraine Crapp, rival de Dawn Fraser, tinha um caráter semelhante ao da grande campeã. Crapp havia se casado com um médico de sua equipe na véspera do embarque para Roma e não contou a ninguém. O médico não foi incluído na equipe australiana e viajou por conta própria, hospedando-se em um hotel que Crapp visitava toda noite, fugindo do toque de recolher da Vila Olímpica. Quando ela foi descoberta, os dirigentes australianos a colocaram sob vigilância. Desanimada, ela nadou mal sua parte do revezamento 4 X 100 livre e a Austrália perdeu o ouro para os Estados Unidos.

❉ No encerramento, estava prevista uma salva de tiros de canhão junto com os fogos de artifício. Várias árvores, e os automóveis estacionados sob elas, pegaram fogo.

TOKYO 1964

⇜ 1964 ⇝

❉ Dois anos antes dos Jogos, os americanos colocaram em órbita o satélite Telstar. Graças a ele, vários países puderam acompanhar, ao vivo, as competições de Tóquio. Foram 167 horas de transmissão, um terço delas em cores.

❉ Foi adotada a cronometragem eletrônica, fundamental para definir as posições nas disputas, já que a manual havia provocado vários resultados injustos. Com o novo instrumento, foi possível certificar a medalha de bronze do nadador alemão Hans-Joachim Klein nos cem metros nado livre, um centésimo mais rápido que o americano Gary Ilman.

✻ As 16 garotas da Seleção Japonesa de vôlei feminino treinaram duro por muito tempo para os Jogos de Tóquio. Elas eram operárias e trabalhavam das 7:00 às 15:30 horas. A partir das 16:00 horas, as atletas começavam a treinar. Isso ia até meia-noite. Aos domingos, elas não trabalhavam. Em compensação, ficavam treinando o dia inteiro. Não havia, portanto, tempo para lazer, família e namoro. Quando as japonesas ganharam a medalha de ouro, o imperador pediu ao povo para ajudá-las a encontrar namorados. Depois disso, elas nunca mais tiveram problemas amorosos.

✻ Após ganhar quatro medalhas de ouro nas Olimpíadas de Tóquio e uma de ouro e uma de prata nos Jogos seguintes, no México, o norte-americano Don Schollander anunciou que estava abandonando a natação. "Não posso mais ver água na minha frente", desabafou. "Acho até que vou ficar uns dois anos sem tomar banho."

✻ Sexto colocado na marcha dos vinte quilômetros, Ron Zinin morreu, nove meses depois na Guerra do Vietnã. Ele tinha 26 anos de idade.

✻ O eletricista inglês Ken Matthews tinha o pressentimento de que só conseguiria vencer a marcha de vinte quilômetros se levasse sua mulher, Sheila, a Tóquio. Seus amigos concordaram e fizeram uma "vaquinha" para conseguir as 742 libras da passagem. Matthews cruzou a linha de chegada bem na frente dos adversários. Sheila conseguiu driblar toda a segurança, entrou na pista e deu o beijo de vitória mais longo da história olímpica. Ah, o amor é lindo!

✻ Numa das lutas eliminatórias de boxe, o sul-coreano Dong Kih-Cloh foi desclassificado por atuar com a cabeça muito baixa. Inconformado, sentou-se no meio do tablado, recusando-se a ir embora enquanto o juiz não reconsiderasse sua decisão. Esperou exatos 51 minutos. Em vão.

❊ Quando os alunos de uma escola de segundo grau de Los Angeles souberam que seu professor, Mike Larrabee, ia tentar uma vaga nas Olimpíadas, caíram na gargalhada. Seis meses depois, Mike foi recebido com uma grande festa preparada pelos alunos, com o ouro dos quatrocentos metros.

❊ A inglesa Ann Packer, ganhadora dos oitocentos metros, viu com tristeza seu namorado, Robbie Brightwell, ser derrotado nos quatrocentos metros. Decidiu, portanto, dedicar sua vitória ao amado. No final da prova, Ann recebeu um beijo que entrou para a história olímpica.

❊ Joe Frazier, que chegou a ser campeão do mundo na categoria peso-pesado, conquistou o ouro olímpico em uma espetacular final. Mesmo lutando com uma luxação na mão direita, ele derrotou o soviético Jonas Cepulis.

❊ Dois atletas búlgaros − Diana Yorgova, do salto em distância, e o ginasta Nikolai Prodanov − casaram-se na Vila Olímpica, passaram a lua de mel em Kioto e voltaram a Tóquio para competir. Tiveram péssimos resultados.

❊ Qual foi o país que conquistou a primeira medalha de judô da história? Essa é muito fácil. O título ficou com o japonês Takehide Nakatani na categoria leve. Em compensação, a medalha de ouro na categoria peso absoluto ficou com o holandês Antonius Geesink, que derrotou na final o superfavorito japonês Akio Kaminaga. Foi um dia de luto no Japão.

❊ A arremessadora de peso e disco Tamara Press, da União Soviética, não teve concorrentes nos Jogos de 1960 e 1964. Tamara, porém, nunca mais foi vista num estádio depois que começaram a ser aplicados os testes para confirmar o sexo das atletas.

❊ Vencedor dos 10 mil metros, o corredor americano Billy Mills queria dar a volta olímpica, mas os fiscais não o deixaram comemorar para não atrapalhar os retardatários da prova. Mills só realizou o sonho vinte anos depois, voltando a Tóquio com uma equipe de televisão.

❊ Por pouco os americanos não repetem a confusão na passagem do bastão que lhes custou o ouro no revezamento 4 X 100 metros em Roma. Bob Hayes, que fecharia o revezamento, não apanhou o bastão com firmeza e ele resvalou no braço e no peito do corredor. Mas ele conseguiu pegar o objeto e passou da quinta colocação para a primeira.

Depois, computadores mostraram que Hayes teria feito sua parte do percurso em 8s9.

✼ O italiano Abdon Pamich se sentiu mal aos 38 quilômetros da marcha de cinquenta quilômetros e parou para vomitar. Mesmo assim, ele ainda conseguiu voltar para a pista, recuperar a liderança e ganhar o ouro.

✼ Decepcionada com o quinto lugar no lançamento de dardo, a favorita soviética Elvira Ozolina foi à Vila Olímpica e pediu a um cabeleireiro que raspasse sua cabeça. Como ele se recusou, a atleta pegou uma tesoura e começou o trabalho. O cabeleireiro, então, usou a máquina zero para nivelar tudo.

✼ O judoca japonês Isao Okano estrangulou o francês Lionel Grossain deixando o adversário inconsciente. Ao perceber o que tinha feito, reanimou o francês rapidamente usando uma técnica tradicional.

✼ Medalha de prata no levantamento de peso, o galo húngaro Imre Foldi só tinha quatro dedos na mão direita. Para piorar, paralisou o indicador e teve de usar apenas três dedos nas tentativas restantes. Em Munique, ele enfim levou o ouro.

✼ O ucraniano Leonid Zhabotinsky usou a guerra psicológica para vencer o russo Yuri Vlasov – aquele mesmo que escrevia poemas proibidos – em Tóquio. Em determinado momento, Zhabotinsky admitiu para o rival que não conseguiria superá-lo. Foi quando Vlasov desistiu de ir até o seu limite pessoal na última parte da competição, o arremesso. O ucraniano (na época ambos competiam sob a bandeira soviética), então, bateu o recorde mundial no arremesso, com direito a segurar os halteres no alto além dos dois segundos regulamentares e soltando uma gargalhada.

✼ Uma crise de apendicite acometeu o nadador americano Richard Roth pouco antes das competições dos quatrocentos metros *medley*. A cirurgia o deixaria fora dos Jogos, e qualquer medicação poderia trazer problemas no antidoping. Ele forçou os médicos a achar outra solução: sacos de gelo amarrados ao abdômen do atleta para anestesiá-lo. Roth venceu a prova.

✤ Nervoso com o árbitro de sua luta com um húngaro, o pugilista espanhol Valentin Loren não pensou duas vezes e acertou o juiz. O boxeador foi banido do esporte.

✤ Era comum na história dos Jogos Olímpicos que atletas de países comunistas aproveitassem as competições para fugir para o Ocidente. Nos Jogos de Tóquio, aconteceu o contrário: o taiwanês Ma-Chin Shan, último colocado da prova de pistola de tiro rápido, pediu asilo ao governo da China Comunista. Ele queria reencontrar os pais, que não via desde o fim da Segunda Guerra Mundial.

✤ A equipe feminina da Polônia venceu o revezamento 4 X 100 metros. Uma das integrantes era Ewa Klobukowska, que mais tarde teria seus recordes mundiais anulados em razão de um teste sexual, que constatou a existência de cromossomos masculinos em seu organismo.

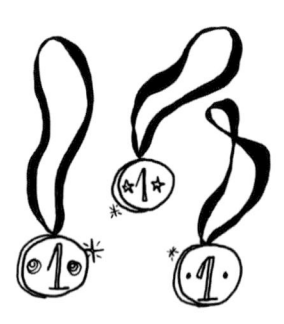

FAMÍLIA QUE GANHA UNIDA PERMANECE UNIDA
O húngaro Deszo Gyarmati ganhou medalhas de ouro no polo aquático em 1952, 1956 e 1964. Levou ainda a de prata em 1948 e a de bronze em 1960. Foi um dos pouquíssimos atletas a conquistar medalhas em cinco Jogos. Sua mulher, Eva Szekely, faturou uma medalha de ouro (1952) e uma de prata (1956) nos duzentos metros nado de peito. Depois disso, a filha do casal Andrea ganhou uma medalha de prata e uma de bronze em natação nos Jogos de 1972. Chega? Não. Andrea casou-se com Mihaly Hesz, também da Hungria. O novo integrante da família trouxe uma medalha de ouro (1968) e uma de prata (1964) em canoagem.

1968

❀ Uma hora e meia depois que o último maratonista havia cruzado a linha de chegada, não se imaginava que ainda pudesse haver alguém competindo. Foi então que John Stphen Akhwari, da Tanzânia, apareceu, com a perna direita enfaixada e manchada de sangue. Ele já havia corrido 41,8 quilômetros e faltava percorrer uma volta completa, ou seja, quatrocentos metros. A plateia começou a marcar suas passadas com aplausos e, ao final, Akhwari foi saudado como campeão. "Meu país não me mandou atravessar 14 mil quilômetros de distância para eu competir só na largada", disse. "Meu país me mandou aqui para completar a prova."

❀ Na noite anterior ao salto histórico de 8,9 metros (até então, o recorde mundial de salto em distância era de 8,35 metros), o norte-americano Bob Beamon teve uma relação sexual na Vila Olímpica – coisa que jamais havia feito na véspera de uma competição. Passou a noite com a consciência pesada, achando que o desgaste iria prejudicar seu desempenho na pista, no dia seguinte. O recorde de Beamon só foi quebrado em 1991, pelo americano Mike Powell (8,95 metros).

❀ Quando a equipe de basquete do México bateu Cuba por apenas um ponto, os fotógrafos voltaram suas lentes para os perdedores. Irritados, os cubanos partiram para a briga, que terminou com alguns feridos.

❀ Recordista e favorita na prova dos oitocentos metros, a iugoslava Vera Nikolic caiu quando faltavam poucos minutos para a sua vitória. Ela saiu do estádio direto para uma ponte. Seu técnico chegou a tempo e a convenceu a desistir do suicídio.

✤ O jogo de futebol Israel 5 X 3 Gana terminou numa grande pancadaria no gramado. Como se isso não bastasse, os jogadores continuaram a briga quando se encontraram na Vila Olímpica. A polícia foi chamada para acabar com a confusão.

✤ A equipe sueca que recebeu medalha de prata na prova de estrada em 1968 era formada por quatro ciclistas irmãos: Erick Petterson, Gosta Petterson, Sture Petterson e Tomas Petterson.

✤ Quatro dias depois de sua vitória nos cem metros, o americano James Hines assinou um contrato com o time de futebol americano Miami Dolphins.

✤ O recorde mundial do salto triplo, que já durava oito anos, foi superado oito vezes durante as finais da prova, duas delas pelo brasileiro Nelson Prudêncio.

> Na Cidade do México, a final da prova de salto com vara durou sete horas e meia.

✤ Resultado da prova dos 10 mil metros: em primeiro lugar, o queniano Naftali Temu; em segundo, o etíope Mamo Wolde; em terceiro, o tunisiano Mohamed Gammoudi. Foi a primeira vez na história olímpica que três africanos ficaram com ouro, prata e bronze numa mesma competição.

✤ Única mulher a participar de seis Olimpíadas seguidas no atletismo, a romena Lia Manoliu conseguiu uma única medalha de ouro. Foi no lançamento de disco.

✤ O governo mexicano bem que avisou, mas não adiantou: a "maldição de Montezuma", uma infecção intestinal provocada pelo consumo de água não tratada, derrubou vários atletas. Um deles, o nadador americano Michael Burton, ainda se recuperou a tempo de vencer os quatrocentos metros nado livre. A favoritíssima Catie Ball teve menos sorte. Ela até chegou à final dos cem metros peito, mas conseguiu apenas o quinto lugar.

✤ Nas seletivas de seu país para os quatrocentos metros com barreiras, o americano Boyd Gittins foi vítima de um pombo de mira excepcional. O ataque aéreo do pássaro atingiu um dos olhos do atleta, que só se qualificou porque os dirigentes resolveram lhe dar uma nova chance. Na Cidade do México, ele se contundiu antes de chegar à final.

✱ O sexto colocado do decatlo, Thomas Waddell, assumiu ser homossexual na década de 1980 e criou os Gay Games. Ele morreu de Aids em 1987.

✱ O jogador de basquete Lew Alcindor não quis participar dos Jogos pela Seleção Americana em protesto contra o racismo. Ele se tornaria um dos maiores jogadores da história da NBA com o nome de Kareem Abdul-Jabbar.

✱ O polonês Jerzy Pawlowski, medalha de ouro no sabre, era amigo de Wojciech Jaruzelski, que se tornaria primeiro-ministro da Polônia. Depois disso, o premiê pediu ao amigo que trabalhasse como espião. Pawlowski se recusou e foi preso por conspiração.

> Pouco antes dos Jogos, a ginasta tcheca Vera Caslavska assinou o "Manifesto das 2 mil palavras", um protesto contra a ditadura comunista. Avisada por amigos de que poderia ser presa, ela fugiu para a casa de parentes e continuou treinando, até que o governo a avisou de que estava perdoada, já que ela era a maior chance de medalha do país nas Olimpíadas. No México, ela levou quatro medalhas de ouro e duas de prata, e ainda aproveitou para se casar com um outro atleta tcheco na catedral da cidade.

✱ O mexicano Felipe Muñoz tinha o apelido de Tíbio, que significa "morno": seu pai era da cidade de Aguascalientes, e sua mãe, de Rio Frio. Muñoz venceu os duzentos metros nado peito de forma surpreendente.

✱ O boxeador inglês Chris Finnegan, um pedreiro, não conseguia entregar aos médicos uma gota de urina sequer para o antidoping, mesmo depois de beber quatro litros de água e três de cerveja. Sempre acompanhado pelos fiscais, foi a um restaurante e, depois de beber mais um pouco, atingiu seu objetivo. Finnegan passou no teste.

✱ A atleta Norma Enriqueta Basilio Satelo foi a primeira mulher a conduzir a tocha olímpica até a pira na história das Olimpíadas.

1972

✼ Na Olimpíada anterior, na Cidade do México, vários americanos haviam aproveitado as medalhas para protestar durante a execução do hino nacional dos Estados Unidos. Em Munique, Vincent Matthews e Wayne Collett, ouro e prata nos quatrocentos metros, ficaram brincando entre si e acabaram suspensos pelo COI.

✼ Outro americano, David Wottle, ouro nos oitocentos metros, quase foi suspenso também. É que ele esqueceu de tirar o boné que sempre usava durante as corridas enquanto o hino nacional era executado. Muitos consideraram sua atitude como uma forma de protesto. Ele esclareceu o mal-entendido, chorando, em uma entrevista.

✼ A alemã, criada no Brasil, Sílvia Sommerlath era chefe das recepcionistas do COI nos Jogos de Munique. Nos intervalos das competições, conheceu o príncipe Carlos Gustavo, que se tornaria rei da Suécia em 1973. Os dois se casaram em 1976 e Sílvia é hoje rainha da Suécia.

✼ As Olimpíadas de 1972 foram as últimas a apresentar a prova de tandem, a bicicleta de dois lugares.

✼ O atirador americano Victor Auer, medalha de prata na prova de carabina em Munique, escrevia o roteiro das séries de TV *Bonanza* e *Gunsmoke*.

✼ Declaração de Ho Minh Thu, do Vietnã do Sul, pouco antes da prova da carabina: "Fico contente de estar num lugar onde atirar é apenas um esporte". Na época, seu país ainda estava dilacerado pela guerra. No entanto, ao tentar encontrar uma explicação para ter ganho o ouro na prova de carabina, o atirador norte-coreano Ho-Jun Li disse: "Eu imaginei que estava atirando em meus inimigos".

✷ O ugandense John Akii-Bua, medalha de ouro nos quatrocentos metros com barreiras, tinha 42 irmãos. É que seu papai era casado com oito mulheres...

✷ Entre 1971 e 1972, a australiana Shane Gould bateu recordes mundiais em todas as distâncias do nado livre: cem, duzentos, quatrocentos, oitocentos e 1.500 metros. Em Munique, ganhou três medalhas de ouro. Abandonou o esporte aos 16 anos, com problemas no ombro direito.

✷ O americano Frank Shorter, vencedor da maratona, comemorou a vitória com três doses caprichadas de gim dentro da banheira em que descansava.

✷ Um ano antes da Olimpíada, o americano Duane Bobick derrotou o cubano Teofilo Stevenson e saiu contando vantagem: "Ele não bate de esquerda". Quando se enfrentaram em Munique, Teofilo deu-lhe uma surra só com golpes de esquerda, que treinou obsessivamente durante oito meses.

✷ Terceiro colocado nos 1.500 metros, o neozelandês Rod Dixon foi para o exame antidoping. Só conseguiu fazer um pouquinho de xixi. Com o vidrinho na mão, ele foi perguntar se já era suficiente. O médico alemão olhou, olhou e respondeu: "Para um medalha de ouro, não. Mas, como você foi bronze, está bom, sim".

✷ Enquanto esperava os vencedores da maratona, o público do Estádio Olímpico de Munique teve a alegria de ver um jovem usando o uniforme alemão entrando na pista para os metros finais. Segundos depois, descobriu-se que o rapaz nem estava inscrito na prova. Ele foi retirado e a torcida ainda estava vaiando o trapaceiro quando o americano Frank Shorter chegou, um tanto confuso por não ouvir os aplausos costumeiros.

✷ Graças à espionagem, a Alemanha Oriental conseguiu copiar o curso das provas de *slalom* da canoagem criado para os Jogos de Munique. Os alemães-orientais levaram todas as quatro medalhas de ouro disponíveis no *slalom*.

✷ O halterofilista soviético David Rigert era o favorito entre os meio pesados, mas falhou. Depois de quase arrancar os cabelos, correu na direção de uma parede e se jogou de cabeça. Tudo diante das câmeras de televisão. Em 1976, ele conseguiria o ouro.

❋ Ouro dos superpesados de Munique e Montreal, outro halterofilista soviético, Vassily Alexeyev, costumava comer duas dúzias de ovos fritos e 350 gramas de carne no café da manhã. Sua mulher se chamava Olympiada.

❋ O nadador brasileiro Rômulo Arantes participou de duas provas em Munique, uma em Montreal e duas em Moscou. Depois ele faria carreira como ator.

❋ Muito antes de o técnico russo Nikolai Karpol gritar com suas meninas, o japonês Joji Kojima já adotava a linha dura com o time de vôlei feminino de seu país. Ele acabou denunciado por uma alemã na Justiça local. O rigor não adiantou. As japonesas ficaram com a prata, derrotadas pelas soviéticas.

❋ Furiosos por perderem a medalha de ouro no hóquei para os donos da casa, os paquistaneses arrumaram briga com os árbitros, a polícia e até o presidente da Federação Internacional de Hóquei, que foi atingido na cabeça.

᚛ 1976 ᚜

❋ Esta foi a única edição dos Jogos Olímpicos em que o país anfitrião não conseguiu nenhuma medalha de ouro.

❋ O Estádio Olímpico de Montreal foi um dos maiores devaneios arquitetônicos da história dos Jogos. Projetado para custar 130 milhões de dólares, acabou consumindo seis vezes mais e ganhou o apelido de o Grande Rombo. As obras atrasaram, e havia operários trabalhando nele inclusive durante a cerimônia de abertura. O teto de lona deveria ser retrátil, mas um cabo quebrou em 1977. O vento fazia buracos na cobertura. Enfim, em 1998, o teto foi substituído por uma estrutura fixa. A torre tem 175 metros de altura e, apesar de não ser a mais famosa, é a mais alta torre inclinada do mundo.

✵ Hasely Crawford, vencedor dos cem metros rasos, transformou-se num herói em Trinidad e Tobago: virou estampa de selo, batizaram um avião com seu nome e seis músicas foram compostas em sua homenagem. Crawford, no entanto, completou os duzentos metros em 1min19s60 contra 20s23 do medalha de ouro. É que ele teve cãibras, mas quis terminar a prova mesmo assim.

✵ Nos 10 mil metros, o haitiano Olimeus Charles precisou de 42 minutos para terminar a prova — 15 minutos a mais que o vencedor. É que o ditador do Haiti, Baby Doc, dispensava as seletivas e escolhia os atletas entre seus amigos.

✵ O judoca Hector Rodriguez, de Cuba, estava feliz com a medalha de ouro na categoria leve. Aos repórteres, contou o curioso motivo que o levou a lutar: "Precisava me defender de meus seis irmãos mais velhos".

✵ No remo, a guarnição de oito com da Alemanha Oriental, que venceu a Grã-Bretanha por dois segundos, era formada por um açougueiro, um funileiro, dois jardineiros, dois mecânicos e dois estudantes.

✵ Malandragem no pentatlo: na prova de esgrima, o soviético Boris Onischenko colocou um transistor em sua espada, que anotava pontos mesmo quando não tocava no adversário. Quando a fraude foi descoberta, Onischenko acabou expulso dos Jogos.

✵ A história olímpica não registra apenas os nomes dos grandes vencedores. Wilnor Joseph, do Haiti, terminou a eliminatória dos oitocentos metros em 2min15s26, um tempo tão ruim que não o classificaria nem para a final da prova em 1900, muito menos em 1976.

✤ Durante os Jogos, o soviético Sergei Nemantsov sumiu e nunca mais se soube de seu paradeiro. Os soviéticos, furiosos, ameaçaram até abandonar Montreal se o nadador não voltasse. O bode expiatório foi um canadense de família ucraniana, que trabalhava no comitê organizador. Ele faria parte de um bando que facilitaria fugas de atletas de países socialistas. O rapaz foi demitido e a URSS continuou a participar dos Jogos.

✤ Graças a um faxineiro distraído, os ciclistas tchecos ficaram sem o guidão e a roda de reserva de todas as bicicletas. Ainda assim, o tcheco Anton Tkac levou o ouro na competição de velocidade.

✤ O ginasta japonês Shun Fujimoto quebrou a rótula nos exercícios de solo, mas não avisou ninguém e foi participar da competição de argolas. Ele conseguiu uma saída perfeita antes de se acabar no chão, levou a nota 9,7 e ajudou o Japão a conquistar o ouro nos exercícios combinados por equipes.

✤ Na cerimônia de encerramento, um estudante invadiu a pista nu e demorou dois minutos para ser contido pelos policiais.

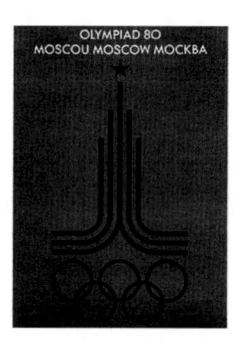

꙳ 1980 ꙳

✤ Vários países desfilaram na abertura com a bandeira do COI, em vez de usar suas próprias bandeiras. Alguns, como a Itália, ainda usaram os anéis olímpicos nas cerimônias de premiação, em vez de os tradicionais vermelho, branco e verde.

✤ Durante as provas de florete por equipes, o soviético Vladimir Lapitsky quase morreu quando a arma de seu adversário polonês rompeu a proteção e entrou em seu peito, passando muito perto do coração do atleta.

❋ O húngaro Karoly Varga venceu a prova de carabina com atirador deitado mesmo depois de ter quebrado a mão que usava para atirar, jogando futebol com outros atletas de seu país.

❋ Somente em 1980 um grego conseguiu medalha de ouro na luta greco-romana. O herói chamava-se Stylianos Mygiakis. O primeiro italiano que venceu a modalidade (Enrico Porro, em 1908) não era romano. Nasceu em Milão.

❋ Na cerimônia de premiação da competição de remo na categoria dois sem timoneiro nas Olimpíadas de Moscou há uma grande supresa. Os gêmeos Bernd e Jorg Landvoight, da Alemanha Oriental, recebem a medalha de ouro. E os gêmeos Yuri e Nikolai Pimenov, da União Soviética, ficam com a medalha de prata.

❋ No final dos oitocentos metros femininos, Nadezhda Olizarenko levou ouro, Olga Mineyeva levou prata e Tatyana Providokhin levou bronze. As três eram soviéticas. Foi a primeira vez na história olímpica que todas as medalhas de uma prova para mulheres ficaram para um só país.

❋ As jogadoras do time de hóquei na grama do Zimbábue receberam um prêmio quando voltaram para seu país com a medalha de ouro. O ministro de Esportes deu um boi para cada uma delas.

❋ Sorteado para fazer o exame antidoping, o nadador brasileiro Jorge Luís Fernandes conseguiu uma incrível marca: demorou quase três horas para fazer o seu xixizinho.

෯ 1984 ෯

❋ Apesar do boicote dos países socialistas, a República Popular da China volta a participar dos Jogos depois de mais de trinta anos. A delegação contava com 223 atletas.

❊ Gina Hemphill, neta do mito olímpico Jesse Owens, foi quem entrou com a tocha no Coliseu de Los Angeles.

❊ Pela primeira vez os organizadores faturaram com o licenciamento de vários produtos envolvendo o logotipo dos Jogos e sua mascote, a águia Sam. O lucro foi de 215 milhões de dólares.

❊ O atleta brasileiro Joaquim Cruz, medalha de ouro nos oitocentos metros, tem a perna direita dois centímetros menor do que a esquerda. Ele competiu com tênis feitos sob medida.

❊ Na fase de treinamento, a equipe de vôlei masculino dos Estados Unidos passou três semanas nas montanhas do estado de Utah, durante o rigoroso inverno. Equipados com esquis, gorros de lã, protetores de orelha, grossas luvas, botas e uma mochila de trinta quilos nas costas, os 18 jogadores caminharam 160 quilômetros sobre a neve. Enfrentaram altitudes de 3 mil metros durante o dia e à noite, dormiram em iglus, padeceram com temperaturas de 15 graus abaixo de zero. Terminaram com a medalha de ouro, derrotando o Brasil na final.

❊ O compositor americano John Williams, autor das trilhas sonoras dos filmes *Guerra nas estrelas* e *E.T.*, compôs o hino oficial dos Jogos Olímpicos de Los Angeles.

❊ Róbson Caetano integrava a forte equipe brasileira de revezamento 4 X 100 metros, que tinha chance de ganhar uma medalha. Na véspera da prova, porém, ele cedeu ao convite de uma assessora contratada pela delegação do Brasil (uma bela loira americana de 24 anos) para jantar fora da concentração. Róbson reapareceu apenas no dia seguinte, pouco antes da prova, e acabou desligado da equipe no próprio estádio.

❊ Pouco antes dos Jogos, o nadador Ricardo Prado enfrentava uma terrível sinusite, que lhe reduzia o fôlego e causava dor. Ele decidiu não tomar antibiótico, que poderia diminuir seu rendimento. Preferiu apostar num vidrinho de óleo de andiroba, um remédio amazonense que outro nadador lhe dera. Ricardo Prado ganhou uma medalha de prata.

DEMOROU, MAS CHEGOU!

A cena mais comovente dos Jogos de Los Angeles foi o gesto de heroísmo da atleta suíça Gabrielle Andersen-Scheiss, uma instrutora de esqui de 39 anos. Ela entrou trôpega, cambaleante e desequilibrada no estádio Coliseu, demorando sete longos minutos para percorrer dramaticamente os últimos quatrocentos metros dos 42 quilômetros da maratona, acompanhada de perto pela equipe médica do comitê organizador. Gabrielle chegou 23 minutos após a primeira colocada. Foi o 37º lugar mais aplaudido da história olímpica.

✺ A chegada de Andersen-Scheiss levou o COI a adotar uma resolução que ficou conhecida como Norma Scheiss: se algum atleta chegasse em condições semelhantes ao estádio no fim da maratona, os médicos poderiam examiná-lo ainda antes da chegada sem que ele fosse desclassificado, como o que havia acontecido com o italiano Dorando Pietri em 1908.

✺ Outra cena bastante lembrada foi a queda da atleta americana Mary Decker na prova dos 3 mil metros. Ela era a grande favorita, mas tropeçou nas pernas de sua jovem rival, a sul-africana naturalizada inglesa Zola Budd, e foi para o chão. Mary Decker quase ficou paralítica.

✺ O português Carlos Lopes, ganhador da maratona, foi atropelado 15 dias antes da prova, enquanto treinava. Richard Mbawa, maratonista da Tanzânia, não teve a mesma sorte. Foi morto por um policial que o confundiu com um ladrão durante um treino.

✺ Michael Gross, o Albatroz, venceu os duzentos metros livres com quase quatro metros de diferença para o segundo colocado. Gross tornou-se o primeiro alemão-ocidental a ganhar uma medalha de ouro olímpica na natação. Ainda adolescente, seu sonho secreto era se tornar piloto da empresa aérea alemã Lufthansa.

❋ A vitória do marroquino Said Aouita nos 5 mil metros empolgou demais o rei Hassan II. Tanto que ele deu o nome do corredor ao trem expresso que faz a ligação entre Rabat e Casablanca.

❋ Carl Lewis faturou quatro medalhas de ouro (cem e duzentos metros, revezamento 4 X 100 metros, e salto em distância). Sua irmã, Carol, não teve o mesmo desempenho. Terminou a prova de salto em distância em nono lugar.

❋ Uma das atitudes mais marcantes do público presente às provas de atletismo foi dedicar uma ovação a todos os atletas que chegavam em último lugar. O haitiano Dieudone Lamothe, último colocado da maratona, não resistiu até o fim apenas pelos aplausos. Ele revelou que a polícia secreta de seu país o ameaçara de morte se ele não terminasse a prova.

❋ A rivalidade e o excesso de confiança marcaram a prova masculina dos quatrocentos metros. Meses antes dos Jogos, o corredor jamaicano Bert Cameron já dizia que a medalha de ouro tinha dono. O americano Antonio McKay prometia arrasar Cameron. No fim, o jamaicano se contundiu na semifinal, e McKay foi surpreendido não só por um compatriota como também por um atleta da Costa do Marfim. Ficou em terceiro lugar.

❋ Em 1984, Edwin Moses manteve sua invencibilidade nos quatrocentos metros com barreiras. Ele não perdia uma corrida sequer desde 1977 e em Los Angeles ganhou todas as eliminatórias e a medalha de ouro. Moses só foi derrotado em 1987, pelo vice de Los Angeles. No total foram 106 vitórias.

❋ Apesar de estar prestes a ser um dos grandes heróis dos Jogos de Los Angeles, o público vaiou Carl Lewis pelo menos uma vez: nas finais do salto em distância. Depois de saltar 8m54, ele desistiu dos três saltos seguintes, já que não era alcançado por ninguém. A torcida, no entanto, queria ver Lewis batendo o recorde mundial, de 8m90, e vaiava sempre que o saltador desistia de uma chance. Lewis só voltou a saltar na quinta tentativa, mas pisou na linha. Também não fez o sexto e último salto. Ele queria se resguardar, pois ainda disputaria – e venceria – outras provas.

✤ Para comemorar sua vitória no decatlo, o britânico Francis Thompson usou uma camiseta que, na frente, agradecia aos Estados Unidos pelos Jogos Olímpicos e, nas costas, criticava a rede de televisão ABC por privilegiar demais os atletas americanos nas transmissões. Pelo menos seu protesto foi exibido para o mundo todo.

✤ A campeã dos duzentos e dos quatrocentos metros rasos, Valerie Brisco-Hooks, teve um bebê e engordou vinte quilos dois anos antes dos Jogos. Incentivada pelo marido (que ficou cuidando do bebê) a voltar a correr, ela passou todo esse tempo treinando oito horas por dia e perdendo peso.

✤ Uma corredora porto-riquenha do revezamento 4 X 400 metros, contundida, resolveu colocar a irmã para competir em seu lugar. A substituição só foi descoberta pelo técnico na pista de corrida. Correto, avisou os fiscais e sua equipe foi eliminada.

✤ Em Los Angeles, nada de boinas para protestar contra o racismo: o índio mohawk Alwyn Morris, canadense do Quebec, vencedor da prova de caiaque duplo, subiu ao pódio com um cocar de penas de águia para homenagear seus irmãos índios dos Estados Unidos.

✤ A chinesa Luan Jujie, ouro no florete individual feminino, foi levada ao esporte por seus pais, preocupados com a adolescente que fugia de casa para aplicar surras nos meninos do bairro.

✤ A ginástica rítmica fez sua estreia em Los Angeles, como modalidade de exibição. Sem medalhas em jogo, o maior adversário das ginastas era o ar-condicionado do pavilhão onde eram realizadas as provas. Com problemas, o sistema às vezes soltava rajadas de vento que desviavam a trajetória dos objetos lançados para o alto. Uma regra da competição tirava pontos das atletas que deixavam as alças dos sutiãs aparecendo por baixo dos maiôs.

✤ O judoca japonês Hitoshi Saito, ouro nos pesados, tinha 145 quilos e havia destruído todos os adversários até a final. O francês Angelo Parisi, medalha de prata, foi o único que sobreviveu, mas só porque fugiu do japonês durante toda a luta.

✻ No pódio da categoria pena do levantamento de peso, pela primeira vez se encontraram um atleta da China comunista e um de Taiwan. Mas, em lugar de rivalidade, o que houve foram demonstrações de amizade, no melhor estilo olímpico.

✻ O finlandês Pekka Niemi acreditava tão pouco nas suas chances que, depois de levantar um total de 367 quilos, o halterofilista meio pesado deixou o ginásio e foi para o Coliseu assistir a algumas competições de atletismo, já que os favoritos de sua categoria ainda não haviam feito suas tentativas, e Niemi estava certo de que acabaria superado por vários deles. No estádio olímpico, o finlandês estava usando um terminal de computador quando um jornalista de sua terra o reconheceu e pediu que o atleta verificasse os resultados do halterofilismo. Niemi viu que havia conquistado o bronze, mas era tarde demais para a cerimônia de premiação. Ele recebeu a medalha no dia seguinte.

✻ Acusados de usar golpes ilegais, os irmãos David e Mark Schultz lutaram em Los Angeles, sempre acompanhados por um juiz extra. Os dois ganharam ouro na luta livre, respectivamente nas categorias meio médio e médio. Mark ainda conseguiu usar um golpe ilegal, justamente o que lhe deu a vitória na final, contra um turco que quebrou o braço e foi parar no hospital. A Turquia protestou, os fiscais concordaram, mas não podiam fazer nada porque a reclamação foi feita mais de meia hora após o término da luta. David, depois dos Jogos, foi morar em um centro de treinamento construído pelo milionário John DuPont, dono da indústria que leva seu nome. Em 1996, David foi assassinado pelo ricaço.

✻ Nenhuma das tecnologias à disposição conseguiu desempatar a final dos cem metros nado livre feminino. A solução foi dar o ouro tanto para Nancy Hogshead quanto para Carrie Steinseifer, ambas com 55s92.

✿ Aos 15 anos, Paul Gonzalez foi acusado de homicídio. Membro de uma gangue de Los Angeles, ele foi salvo pelo policial Al Stankie, que havia recolhido o garoto da rua e o estava treinando como boxeador no momento do crime. Cinco anos depois, Paul seria ouro entre os minimoscas.

✿ O time de remadores franceses do oito com patrão sofreu uma sabotagem na semifinal em Los Angeles: alguém havia serrado o encaixe de um remo. Os organizadores e as outras equipes, então, concordaram em permitir que a França disputasse a final mesmo assim. A equipe francesa, no entanto, ficou sem medalha.

✿ Antes da final feminina de vôlei, o time chinês estava entrando no ginásio quando viu a rede ABC fazendo uma reportagem com as americanas. A reportagem terminava com as atletas dos Estados Unidos exibindo medalhas de ouro, e a capitã das chinesas viu a cena. Ela usou o fato para incentivar as colegas, e a China venceu por 3 X 0.

O SENHOR DA CONFUSÃO
O jornalista Andrew Jennings não tem nenhuma ligação com a obra de J. R. R. Tolkien, mas o seu *Os senhores dos anéis* causam quase tantos problemas quanto os que Frodo e seus amigos têm de enfrentar. Jennings trabalhou por muitos anos como repórter investigativo da BBC e em 1992 lançou *Os senhores dos anéis: poder, dinheiro e drogas nas Olimpíadas modernas*, em que fez revelações bombásticas, como a compra de medalhas nos Jogos, vista grossa aos testes de antidoping e histórias de um Comitê Olímpico Internacional esbanjador, machista, e que raramente considera as opiniões dos atletas.

Mas o alvo favorito da investigação de Jennings parece ser mesmo ninguém menos que Juan Antonio Samaranch, o então presidente do COI, que o jornalista acusava de fascista e simpatizante do generalíssimo Franco até a morte do ditador. As revelações renderam a Jennings uma sentença de cinco dias de prisão na Suíça, sede do Comitê – um episódio que o autor considera o melhor prêmio já recebido por sua obra.

Mesmo com toda a confusão, Jennings ainda lançou a sequência *Os novos senhores dos anéis* em 1996, com mais denúncias de corrupção, drogas e até favores sexuais nos Jogos. Seu livro mais recente sobre o assunto é *A grande falcatrua olímpica* (*The great olympic swindle*).

5

É espantosamente óbvio que
nossa tecnologia tem superado
nossa humanidade.

ALBERT EINSTEIN
(1879-1955), cientista alemão

A vitória da tecnologia

OS JOGOS CHEGAM AO FUTURO

Desde as Olimpíadas de Seul, as questões políticas nos Jogos têm dado cada vez mais espaço à presença dos superatletas, que se valem de equipamentos sofisticados para melhorar sua performance. No entanto, a superação dos limites nem sempre é alcançada da forma mais correta. Ben Johnson, que protagonizou o caso mais polêmico de *doping* da história, que o diga.

1988

◈ Aos 76 anos, Sohn Kee-Chung foi o escolhido para entrar no Estádio Olímpico empunhando a tocha, na cerimônia de abertura da Olimpíada. Ele havia ganho a maratona em Berlim, mas usando nome e uniforme japoneses, já que a Coreia estava ocupada na época. Apenas em 1988 os registros olímpicos foram corrigidos, concedendo a medalha de ouro de 1936 ao coreano Sohn, e não ao "japonês" Kitei Son, nome que ele havia sido forçado a adotar.

> Por causa do alfabeto coreano, a delegação brasileira foi a 73ª a desfilar na cerimônia de abertura.

◈ O judoca brasileiro Aurélio Miguel, medalha de ouro na categoria peso-pesado, trazia a discreta proteção dos pais em seu quimono. Na parte de cima, estava bordado "Aurélio Miguel", sobrenome do pai. Na calça, "Aurélio Fernandez", sobrenome da mãe.

◈ A primeira medalha de ouro foi conquistada pela atiradora soviética Irina Shilova. Já a última, na maratona, ficou com o italiano Gelindo Bordin.

❖ O boxeador galo sul-coreano Byun Jong-Il havia perdido um ponto como punição, quando seu treinador entrou no ringue e agrediu, pelas costas, o árbitro neozelandês Keith Walker. Com o sinal verde, outros membros da equipe sul-coreana se juntaram ao técnico, e Walker, depois de salvo do espancamento e medicado, resolveu abandonar a competição e voltar para casa. O chefe dos árbitros, que tentou ajudar Walker, também levou seus sopapos. Jong-Il, o derrotado, ainda ficou sentado no ringue por quase duas horas. No fim, tudo acabou em pizza (ou churrasco de cachorro), com punições de mentirinha para os baderneiros.

❖ O norte-americano Andre Phillips venceu a final dos quatrocentos metros com barreira e terminou com uma hegemonia que já durava 12 anos. Desde a vitória na Olimpíada de Montreal, em 1976, o também americano Edwin Moses estava invicto em grandes eventos. Em Seul, Moses ficou com a medalha de bronze, atrás de Amadou Dia Ba, do Senegal.

❖ O brasileiro Joaquim Cruz desistiu de disputar as semifinais da prova de 1.500 metros, quatro dias depois de ter conquistado a medalha de prata nos oitocentos. É que ele se envolveu numa celeuma internacional. Em seu boletim olímpico, a CNN — maior emissora de notícias por TV a cabo dos Estados Unidos — repetira uma entrevista que Joaquim dera à Rede Globo, com comentários explosivos sobre duas estrelas do atletismo americano. Cruz chamava Florence Griffith-Joyner (dois recordes mundiais nos duzentos metros, três medalhas de ouro e uma de prata em Seul) de "homem", deixando no ar a dúvida sobre se ela se dopava ou não. Ainda qualificava Jackie Joyner-Kersee (vencedora do heptatlo), cunhada de Florence, de "macaca".

❖ O COI divulgou que o resultado do teste do inglês Linford Christie, terceiro colocado na prova dos cem metros, em que o *doping* de Ben Johnson foi descoberto, havia sido positivo. Só que sua medalha de prata não seria retirada porque a urina fora colhida três dias depois, na prova dos duzentos metros, na qual o brasileiro Róbson Caetano conquistou a medalha de bronze.

❖ As Ilhas Virgens conquistaram a primeira medalha olímpica de sua história.

❖ Em Seul, 130 atletas subiram ao pódio mais de uma vez. O nadador americano Matt Biondi foi o recordista, com cinco medalhas de ouro, uma de prata e uma de bronze. Só que o maior número de medalhas de ouro ficou com a nadadora Kristin Otto, da Alemanha Oriental. Ela pendurou seis delas no pescoço, recorde na natação feminina.

❖ Matt Biondi perdeu a final da prova dos cem metros nado borboleta para o surinamês Anthony Nesty por uma diferença de apenas um centésimo. "Se eu não tivesse cortado a unha na semana passada, conseguiria chegar antes", brincou Biondi.

❖ Até a inesperada vitória de Anthony Nesty, o Suriname contava com apenas 11 piscinas em todo o país – uma de cinquenta metros e outras dez de 25 metros.

❖ Alguns esgrimistas e toda a equipe de vela de Israel não puderam participar das competições marcadas entre o pôr do sol do dia 20 e o pôr do sol do dia 21 – foi o Yom Kippur, Dia do Perdão. Foi a primeira vez que isso aconteceu na história dos Jogos Olímpicos. Uma dupla de velejadores só não levou o ouro na classe Flying Dutchman por causa do feriado religioso. Eles não competiram e terminaram sem medalha nenhuma, mas com a consciência em paz.

❖ A "família" Kim foi a mais bem representada entre os atletas. Nada menos de 115 atletas tinham esse sobrenome. Eram 113 sul-coreanos e dois americanos. Em segundo lugar, apareceram os Lee, com 103 representantes. Apenas para comparar, somente 11 Silva participaram dos Jogos – oito do Brasil e três de Portugal.

❖ Mais uma vez a equipe americana de revezamento trocou os pés pelas mãos, como em Roma e Tóquio. No 4 X 100 metros, Calvin Smith normalmente recebia o bastão do velocíssimo Dennis Mitchell, mas na primeira eliminatória Mitchell, poupado, foi substituído por Lee McNeill, mais lento.

Sem lembrar disso, Smith disparou alguns segundos antes do previsto e pegou o bastão fora da área regulamentar. O ouro fácil ia para o espaço. Pior ainda, quem ganhou a prova foi o time da União Soviética.

❖ Antes dos Jogos de Seul, os dardos foram modificados para atingir distâncias menores. Em 1984, um alemão-oriental havia ultrapassado os cem metros e a prova começava a ficar perigosa para o público. A medalha de ouro em 1988 foi para um finlandês que conseguiu 84m28.

❖ Na prova feminina de estrada, 45 das 53 ciclistas obtiveram o mesmo tempo final, 2h00min52. A fotografia eletrônica decidiu as medalhistas por questão de centímetros.

❖ Depois de derrotar justamente o campeão mundial, o judoca leve brasileiro Luís Onmura perdeu para um inglês. Kerrith Brown seria depois pego no antidoping, mas era tarde demais para o brasileiro, pois a desclassificação ocorreu só dois dias depois de as medalhas já estarem definidas.

❖ Um dos maiores halterofilistas do mundo, o turco Naim Suleymanoglu nasceu na Bulgária, país que o havia forçado até a mudar de nome graças a uma política de perseguição de minorias. Em 1986, numa competição na Austrália, ele conseguiu desertar e pediu asilo na Turquia, que pagou de bom grado 1 milhão de dólares à Bulgária para que o país comunista liberasse Suleymanoglu para competir por sua nova pátria. Ele foi ouro em Seul, Barcelona e Atlanta.

❖ O campeão dos minimoscas de Seul, o pugilista búlgaro Ivailo Hristov, na verdade se chamava Ismail Huseinov. Ele era de etnia turca, como Suleymanoglu, e também teve seu nome mudado – várias vezes. No campeonato mundial de 1982, era Ismail Mustafov. No europeu de 1985, Ivailo Marinov. Depois de 1988, ele parou de lutar.

❖ Ao comemorar o ouro no *skiff* quádruplo, os remadores italianos atiraram seu capitão no rio Han. Não foi uma boa ideia. O rio era cheio de lodo e a medalha de Davide Tizzano ficou por lá. Uma hora depois, um mergulhador encontrou o prêmio.

❖ O tenista brasileiro Luiz Mattar pode ter perdido logo na primeira partida do torneio masculino de simples, mas tem um recorde: levou quase quatro horas para ser derrotado pelo australiano Willy Masur.

❖ Durante os Jogos, dois mesa-tenistas, o coreano Ahn Jae-Hyung e a chinesa Jiao Zhimin, se apaixonaram. O caso não foi adiante por motivos alheios aos dois, mas serviu para dar à Coreia do Sul outro ouro na modalidade, o das duplas femininas. Diz a lenda que Hyun Jung-Hwa também era apaixonada por Jae-Hyung (bronze nas duplas masculinas), e os dirigentes locais mostraram a ela fotos do compatriota trocando carinhos com a chinesa. Na final, a dupla coreana venceu a da China (que tinha Zhimin) por 2 X 1.

❖ O britânico Malcolm Cooper passou um mau bocado em Seul quando um funcionário da rede de televisão BBC destruiu, sem querer, sua arma. Um especialista soviético socorreu Cooper – ou melhor, a arma –, e o britânico faturou medalha de ouro na carabina de três posições.

❖ Nos momentos de folga, o iatista neozelandês Bruce Kendall, ganhador de um ouro, corria a Vila Olímpica fazendo manobras radicais em seu *skate*.

SOPA DE CACHORRO

A sopa de cachorro – um prato que, segundo os coreanos, cura os doentes – foi proibida durante as Olimpíadas. O governo temia que as peças de cachorro expostas nos açougues e nos mercados pudessem assustar os turistas, não acostumados a essa tradição. Em compensação, 64 pastores alemães fizeram parte do esquema de segurança em Seul.

1992

❖ Barcelona realizou o sonho de sediar as Olimpíadas após três tentativas fracassadas: 1924, 1936 e 1972.

❖ Apesar de desfilarem na abertura com a bandeira olímpica, os atletas da Comunidade de Estados Independentes, um grupo de 12 ex-repúblicas soviéticas, tiveram a alegria de ver a bandeira e ouvir o hino de seu próprio país a cada premiação.

❖ O organizadores dos Jogos temiam que a cerimônia de abertura se tornasse palco de manifestação da Catalunha, província que busca independência da Espanha. Surgiram boatos de que o rei Juan Carlos seria vaiado, o que poderia comprometer o tom pacífico da festa. Precavido, o cerimonial do monarca executou os dois hinos e fez com que Juan Carlos aparecesse em seu camarote quando soavam as estrofes do hino catalão. Além disso, a cerimônia foi anunciada em catalão, espanhol, inglês e francês, e o número de bandeiras da Espanha e da Catalunha estava equilibrado.

❖ Os atletas bósnios presentes em Barcelona não estavam preocupados com medalhas, mas em mostrar ao mundo a tragédia da guerra civil. Um exemplo: a corredora Mirsada Buric, de 22 anos, arriscava a vida em meio ao fogo cruzado para treinar nas ruas de Sarajevo.

❖ Linford Christie venceu os cem metros aos 32 anos. É o mais velho campeão olímpico dessa prova em toda a história. Antes dele, o medalha de ouro mais velho dos cem metros tinha sido o inglês Alan Wells, em 1980, com 28 anos.

❖ A grande dama do atletismo mundial, Jackie Joyner-Kersee, conseguiu o que nenhuma outra atleta havia alcançado: vencer pela segunda vez consecutiva a difícil série de sete provas de pista e campo que compõem o heptatlo. Uma semana antes de sua primeira prova, seu marido e treinador Bob Kersee a levou para assistir a uma tourada. "Eu queria lhe insuflar um instinto de matador", disse Bob. Jackie detestou a tourada.

❖ Janet Evans, ex-menina prodígio dos Estados Unidos nos Jogos de Seul, terminou os quatrocentos metros nado livre em segundo lugar. Ficou paralisada com a sua "derrota", tendo de ser convidada pelo juiz de chegada a se retirar da piscina.

❖ Khalid Skah, do Marrocos, levou uma estrondosa vaia ao receber a medalha de ouro dos 10 mil metros. Seu compatriota Hammou Boutalib era retardatário quando se aproximaram dele Skah e o queniano Richard Chelimo. Em vez de dar a passagem aos dois, Boutayeb abriu caminho para Skah e bloqueou Chelimo o máximo possível. Boutayeb foi desclassificado na hora. Skah perdeu o ouro depois da prova, mas a decisão foi revertida e o marroquino foi declarado campeão, com Chelimo em segundo.

❖ Martin Lopez Zubero, recordista mundial dos duzentos metros costas, ganhou a primeira medalha de ouro em natação da história da Espanha. Nascido nos Estados Unidos e portador de dupla nacionalidade, Zubero fora convidado a entrar na equipe americana. Mas preferiu defender as cores da Espanha depois de passar um fim de semana na casa de campo do rei Juan Carlos, que o presenteou com um relógio Rolex com diamantes e rubis. Recebeu também uma generosa ajuda de 100 mil dólares do governo espanhol.

❖ O atleta inglês Derek Redmond nunca imaginou que cruzaria a linha de chegada acompanhado. A 250 metros da chegada na semifinal dos quatrocentos metros, ele sofreu uma lesão num tendão da perna e caiu. Derek ainda conseguiu se levantar e seguiu mancando na pista, quando seu pai, Jim, veio correndo das arquibancadas. Apoiando-se no ombro do pai, o atleta terminou a prova.

❖ O porta-bandeira da delegação espanhola foi o iatista d. Felipe de Bourbon, príncipe das Astúrias, filho do rei Juan Carlos.

❖ O time americano de vôlei masculino ganhou do Japão na quadra, mas perdeu num tribunal esportivo especial. O jogador Samuelson, dos Estados Unidos, já tinha recebido um cartão amarelo na partida quando o juiz decidiu puni-lo com outro cartão amarelo. O placar era de 14 X 13 para o Japão. O jogo continuou e os Estados Unidos venceram. O resultado mudou quando os japoneses protestaram, alegando que o juiz obrigatoriamente deveria ter aplicado um cartão vermelho. Nesse caso, o jogador seria expulso e o time japonês receberia um ponto, vencendo naquele momento a partida. Em protesto, todos os jogadores americanos rasparam a cabeça para enfrentar a Espanha na rodada seguinte.

❖ Excessivamente confiante, o astro Sergei Bubka, da Ucrânia, quis cortar caminho e começar a final do salto com vara diretamente em 5m70, em vez de 5m20, como seus adversários. Não passou a marca em nenhuma das tentativas e foi eliminado.

❖ O britânico Chris Boardman foi a Barcelona com uma bicicleta cheia de inovações tecnológicas e de *design*, criada pela escuderia Lotus de Fórmula 1. Não deu outra: ele foi ouro na perseguição individual.

> Pela primeira vez na história, um ginasta conseguiu completar um salto mortal triplo nos exercícios de solo. Foi o chinês Li Xiaoshuang, que ganhou o ouro da prova.

❖ Quando a final dos meio pesados da luta estilo livre terminou, o finlandês Lasse Toivola comemorou como um louco, pulando no tablado. Ele não era o medalha de ouro: era o árbitro da luta. Chegou a pendurar o apito no pescoço do campeão, Makharbek Khadartsev. É que Toivola estava se aposentando, e ganhou muitos aplausos.

❖ Números gigantescos de Barcelona: foram 2.400 horas de transmissão ao vivo, em 150 canais, que renderam 507 milhões de dólares em direitos de TV. Assim, 3,5 bilhões de pessoas puderam assistir ao desfile dos 10 mil atletas participantes da cerimônia de abertura. A Vila Olímpica abrigou 16 mil pessoas e serviu 2.021.300 refeições, além de 700 mil quilos de frutas, ou seja, 4,6 quilos para cada atleta, por dia. A cobertura dos Jogos foi feita por 11 mil jornalistas e 113.402 pessoas credenciadas, ou seja, havia mais profissionais da imprensa que competidores.

1996

❖ Nos Jogos de 1996, havia a promessa de uma revolução da informação. A IBM havia preparado tudo para levar os resultados em tempo real, mas o fiasco foi total. Em alguns casos, os informes chegavam à imprensa horas depois, no bom e velho papel. No ciclismo, o sistema chegou a dar resultados antes da realização das provas.

❖ A nadadora Claudia Poll, da Costa Rica, quase perdeu a medalha de ouro dos duzentos metros nado livre porque sua touca tinha o logotipo da Pepsi, a maior concorrente da Coca-Cola, patrocinadora oficial dos Jogos e empresa sediada justamente em Atlanta. Enquanto isso, uma nadadora inglesa apenas tatuou o logotipo da Reebok.

❖ A primeira medalha olímpica de Moçambique veio graças a Maria Mutola, bronze nos oitocentos metros. Ela havia detestado seu primeiro treino, na adolescência, mas um vídeo dos Jogos de Los Angeles a fascinou. Desde então ela quis fazer parte das Olimpíadas.

❖ Surpreendentemente, os Estados Unidos não colocaram um atleta no pódio dos cem metros rasos. Descontado o boicote em Moscou, foi apenas a segunda vez que isso aconteceu – a primeira havia sido em 1928. O ouro foi para o Canadá; a prata, para a Namíbia; o bronze, para Trinidad e Tobago.

❖ Atletas que foram homenageados na cerimônia de abertura dos cem anos de Jogos Olímpicos: Dawn Fraser (1956), Bob Beamon (1968), Mark Spitz (1972), Nadia Comaneci (1976), Teofilo Stevenson (1980), Carl Lewis (1984), Greg Louganis (1988) e Vitaly Scherbo (1992). Depois deles, entrou um dos mais velhos campeões olímpicos ainda vivo, Leon Stukelj, então com 97 anos. O ginasta iugoslavo ganhou três medalhas de ouro, uma de prata e duas de bronze, entre as Olimpíadas de 1924 e 1936.

❖ O chefe da missão polonesa, Evgeniusz Pietrasik, de 48 anos, sofreu um ataque cardíaco e morreu durante a cerimônia de abertura. Um dirigente do Tajiquistão também sofreu um ataque do coração e foi hospitalizado.

VOCÊ SABIA QUE...

... em Atlanta, uma equipe da Palestina participou dos Jogos pela primeira vez? A delegação levou apenas três atletas: dois corredores e um boxeador. Além da Palestina, outros oito países fizeram sua estreia em Olimpíadas. Cabo Verde veio com um único atleta, o corredor de 110 metros com barreira, Henry Andrade. Azarado, Andrade sofreu uma lesão no tendão de aquiles às vésperas dos Jogos.

❖ Noventa atletas mudaram de nacionalidade e competiram em Atlanta por seu novo país. Foi o caso, por exemplo, do tenista brasileiro Fernando Meligeni, nascido na Argentina. A Suíça ganhou sua primeira medalha de ouro na ginástica desde 1952 graças a um imigrante asiático. O ginasta Donghua Li, ouro no cavalo com alça, nasceu na China e era casado com uma suíça.

❖ Uma semana antes do início dos Jogos, os iatistas foram retirados às pressas das raias de Savannah, na costa da Geórgia, a quinhentos quilômetros de Atlanta, por causa da ameaça do furacão Bertha, que acabou passando longe dali.

❖ O boxeador Charles Kiiza, de Uganda, foi preso ao passar notas falsas de cem dólares numa compra de roupas íntimas pouco antes do início dos Jogos.

❖ O proeiro do barco de Torben Grael, Marcelo Ferreira, precisou engordar 17 quilos (ficou com 122) para garantir maior estabilidade ao barco nos Jogos Olímpicos.

❖ O corredor Hezekiel Sepeng foi o primeiro sul-africano negro a ganhar uma medalha. Ele levou a de prata nos oitocentos metros, com o recorde nacional de 1min42s74. Até dois anos antes dos Jogos, o atleta atuava como jogador de futebol.

❖ O corredor Michael Johnson, dos Estados Unidos, foi o primeiro atleta da história a conquistar o ouro em duas provas consideradas nobres: a de duzentos e a de quatrocentos metros.

❖ O halterofilista Konstantine Starikovitch foi o primeiro ex-soviético a competir nos Jogos Olímpicos com a nacionalidade americana. Ele trabalhava como engenheiro-chefe do serviço espacial russo. Foi para Nova York em 1991 disputar um torneio e resolveu ficar. Tinha apenas 130 dólares no bolso – mas logo ficou sem 25 dólares, que um malandro americano cobrou para lhe ensinar a usar o telefone. O primeiro emprego de Starikovitch foi de faxineiro na Pizza Hut.

❖ Após vencer pela primeira vez o salto em distância, com 8,50 metros, Carl Lewis conseguiu ganhar a mesma prova quatro vezes consecutivas em Jogos Olímpicos. Antes dele, apenas o americano Al Oerter tinha alcançado idêntica façanha. Em Atlanta, Lewis conquistou sua nona medalha de ouro.

❖ O esquema de transportes em Atlanta era tão ruim que remadores da Ucrânia, Polônia e Grã-Bretanha resolveram sequestrar um ônibus na Vila Olímpica. Com medo de perder a competição, os atletas ignoraram os seguranças e entraram em um ônibus que deveria buscar jogadores de hóquei. Desesperados, obrigaram o motorista a levá-los para a competição.

❖ Os esgrimistas Philippe Omnes, da França, e Elvis Gregory, de Cuba, largaram as armas e partiram para decidir suas diferenças no braço. Tiveram de ser separados por policiais e seguranças. Gregory foi derrotado. Jogou a arma no chão, chutou uma parede e se recusou a apertar a mão do rival. Quando estavam saindo da pista, começou a briga.

❖ Vitaly Scherbo, ginasta da Bielorrússia, ganhou seis medalhas de ouro nos Jogos de Barcelona, em 1992. Pretendia repetir a façanha em Atlanta. Mudou-se para os Estados Unidos em fevereiro de 1993. Um mês depois, nasceu sua filha, Kristina. Em dezembro de 1995, sua mulher, Irina, sofreu um grave acidente de carro. Os médicos que a atenderam disseram que Irina tinha 1% de chance de sobreviver. Vitaly passou o tempo todo no hospital, cuidando da mulher. Para se consolar, bebia doses e mais doses de vodca, o que o deixou cinco quilos mais gordo. Quando Irina despertou, em janeiro de 1996, a primeira coisa que pediu foi que Vitaly voltasse à ginástica. Vitaly não ficou satisfeito com a medalha de bronze na competição geral. Tirou-a assim que desceu do pódio e, ao lhe perguntarem se a dedicaria à mulher, disse: "Ela esperava uma medalha de ouro. Nós não conhecemos medalha de outra cor".

❖ O comitê organizador levou quase dois anos para conseguir reunir os hinos dos 197 países participantes. Todos foram regravados em versões compactas de, no máximo, 75 segundos. Um dirigente de cada país ouviu a versão e assinou um documento aprovando-a.

> O presidente do Iraque, Saddam Hussein, escolheu pessoalmente o atleta que iria carregar a bandeira do país na cerimônia de abertura. O eleito foi o halterofilista Raid Ahmed. Sem conseguir nenhuma medalha olímpica, Ahmed decidiu pedir asilo aos Estados Unidos, alegando que era perseguido por ser muçulmano xiita.

❖ Rasul Khadem Azghadi, do Irã, ganhou a medalha de ouro em luta livre na categoria meio pesado. Foi o suficiente para que o presidente iraniano, Hashemi Rafsanjani, provocasse o eterno inimigo, os Estados Unidos. "É um dia histórico. A bandeira da República Islâmica do Irã foi hasteada na casa do Satã." Estados Unidos e Irã cortaram relações diplomáticas em 1989.

❖ A americana Gwen Torrence, medalha de bronze nos cem metros e de ouro no revezamento 4 X 100 metros, declarou que era tão pobre alguns anos antes que ela e o marido – também seu técnico – não tinham dinheiro para comprar uma pistola para usar na largada em seus treinos. Por isso, eles ensinaram o filho de dois anos a bater dois pedaços de madeira simulando o barulho do tiro.

❖ O zairense Dikembe Mutombo, do time de basquete americano Atlanta Hawks, fez questão de ajudar financeiramente a delegação de seu país. Ele comprou uniformes, material esportivo e até ingressos para os familiares dos atletas. "As medalhas não são tão importantes", disse ele. "O que eu queria mesmo era ver a bandeira de meu país tremulando nas Olimpíadas."

❖ A música escolhida para os exercícios obrigatórios de solo para mulheres foi *O morcego*, de Johann Strauss. Os espectadores ouviram a música ser tocada 110 vezes. Pela primeira vez na história olímpica, foi cobrado ingresso para um treino: 22.373 pessoas pagaram entre 11 e 22 dólares para ver a preparação das ginastas.

❖ Rodrigo Pessoa é filho de Nelson Pessoa Filho, o maior ginete da história do hipismo brasileiro (esteve presente em cinco Olimpíadas, mas nunca venceu nenhuma). Rodrigo nasceu em Paris e vive em Bruxelas. Eles mantêm na capital belga a escuderia Pessoa, uma empresa especializada em administrar a carreira de cavalos de gente rica da Europa. Cada vez que um cavalo vence uma prova, seu preço sobe no mercado. Tom-Boy, o animal irlandês que Rodrigo montou em Atlanta, é um exemplo. Propriedade da suíça Heidi Hauri, estava avaliado em 500 mil dólares.

❖ Mark Phillips, ex-marido da princesa Anne e, portanto, ex-genro da rainha Elizabeth, era um dos treinadores da equipe de equitação dos Estados Unidos.

❖ O custo aproximado do gás consumido para manter acesa a tocha do Estádio Olímpico durante os Jogos foi de 31 mil dólares. O gás seria suficiente para abastecer 68 residências de Atlanta durante um ano inteiro.

❖ A NBC pagou 456 milhões de dólares pela transmissão exclusiva dos Jogos de Atlanta. Em 1964, a Olimpíada de Tóquio custou 1,5 milhão de dólares.

❖ Josia Thugwane, que ganhou a maratona em Atlanta, tornou-se o primeiro atleta sul-africano negro a conquistar uma medalha de ouro olímpica.

❖ "Poderia ter sido pior. Ganhamos em medalhas de Namíbia, Burundi, Usbequistão e Azerbaijão." Texto irônico no *The Sun*, jornal inglês, a respeito das poucas medalhas da Grã-Bretanha.

❖ Cinco atletas armênios foram presos por perturbação da ordem em um prédio na região sul de Atlanta. Segundo informações da polícia, os cinco levantadores de peso pagaram cem dólares pelos serviços de uma prostituta e ela fugiu com o dinheiro. Os armênios a perseguiram até o prédio em que ela se escondeu. O grupo foi solto porque ninguém prestou queixa.

❖ Além de perder a medalha de ouro no futebol, os jogadores argentinos foram roubados no Hotel Howard Johnson, onde estavam hospedados. Os ladrões levaram cerca de 80 mil dólares em dinheiro, cheques, joias e outros objetos de oito atletas. O roubo ocorreu poucas horas antes da final contra a Nigéria, enquanto os jogadores participavam de um treino.

❖ Foi a última Olimpíada em que Hong Kong competiu com as cores da bandeira britânica. Em junho de 1997, a colônia inglesa passou para as mãos da China. A equipe olímpica de Hong Kong, no entanto, continuaria a competir separadamente, sob bandeira e hino próprios, com o nome de "Hong Kong, China".

A HOMENAGEM A MUHAMMAD ALI

O suspense tomou conta do Estádio Olímpico. Todos queriam saber quem acenderia a tocha. O pugilista Evander Holyfield, medalhista de bronze em 1984, correu ao lado da grega Paraskevi "Voula" Patoulidou, medalhista de ouro nos cem metros com barreiras em 1992. Eles passaram, então, a chama para a nadadora Janet Evans. No alto da rampa, finalmente, apareceu a surpresa: o mitológico boxeador Muhammad Ali, 54 anos, medalha de ouro em 1960. Vítima de mal de Parkinson, ele demorou cerca de um minuto para acender a pira.

Dias depois, sob aplausos dos 34,6 mil torcedores que lotaram o ginásio Georgia Dome, o presidente do Comitê Olímpico Internacional, Juan Antonio Samaranch, entregou, no intervalo da final do torneio masculino de basquete entre Estados Unidos e Iugoslávia, uma segunda medalha de ouro ao boxeador Muhammad Ali por sua vitória na Olimpíada de Roma, em 1960. A medalha original Muhammad havia jogado no rio Ohio pois, ao retornar aos Estados Unidos dos Jogos de 1960 (quando ainda não tinha se convertido ao islamismo e se chamava Cassius Clay), fora barrado num restaurante, então restrito a brancos. Após a homenagem, o campeão dos pesos-pesados posou para fotos com o Dream Team, a pedido dos jogadores.

UM SALTO PARA A GLÓRIA

A ginasta americana Kerri Strug, 18 anos, 38 quilos e 1,44 metro, entrou para a história dos Jogos por causa de duas torções no tornozelo esquerdo, produzidas por uma aterrissagem desastrada no primeiro salto. Com lágrimas nos olhos, Kerri partiu rumo ao cavalo. Ela voou, fez a rotação no ar e caiu com os dois pés fincados no colchão amortecedor. Depois de alguns segundos, Kerri levantou a perna esquerda e desabou no chão, chorando de dor. O técnico da equipe dos Estados Unidos, o romeno Bela Karoly, correu até ela e a retirou no colo. Kerri foi ovacionada pelos 32 mil presentes ao ginásio Georgia Dome. Ela ajudou sua equipe a ganhar a medalha de ouro, pondo fim a uma hegemonia russa que durava dez Olimpíadas. Na manhã seguinte, o presidente Bill Clinton telefonou para cumprimentá-la.

EXPLOSÃO NO PARQUE CENTENÁRIO

À 1:25 hora da madrugada de 27 de julho, uma bomba caseira explodiu no Parque Centenário, ao lado do palco em que se apresentava um grupo de música. Foram feridas 110 pessoas. Alice Hawthorne, de 44 anos, morreu depois de ter sido atingida pelos estilhaços. O *cameraman* turco Melih Uzunyol, quarenta anos, também morreu. Ele sofreu um infarto ao correr, com seu equipamento, em busca de imagens do atentado.

A tragédia poderia ter sido maior. Um dos encarregados da segurança, Richard Jewell, descobriu a bomba dentro de uma valise verde, na base de uma torre de som e iluminação, e providenciou a evacuação da área de risco. Mais tarde, porém, o herói se tornou o principal suspeito. Jewell, um subxerife desempregado e abandonado pela mulher, tinha em sua casa ingredientes iguaizinhos àqueles utilizados na bomba. Nada foi provado contra ele.

◈ **2000** ◈

❖ Sydney marcou o centenário da participação das mulheres nos Jogos Olímpicos, que passaram a competir em Paris, em 1900. A presença feminina nas competições só tem aumentado. Na Olimpíada parisiense, as mulheres significavam apenas 2,21% dos atletas. Em 2000, elas já representavam 38,2%.

❖ Foram cunhadas 3.100 medalhas, concebidas pelo escultor polonês Wojcieh Pietranik, que vive em Camberra (Austrália). Decoradas em relevo com os desenhos do Coliseu, uma corrida de biga e Nike, a deusa da vitória, cada uma tinha 6,8 centímetros de diâmetro. No verso, traziam a imagem da tocha, os anéis olímpicos e a Sydney Opera House.

❖ As medalhas de bronze foram feitas com o mesmo material de moedas de um e dois centavos, que saíram de circulação na Austrália. As de prata eram do mesmo metal e, curiosamente, as de ouro continham 99% de prata em sua composição.

❖ O Estádio Austrália, construído especialmente para os Jogos, é o maior da história das Olimpíadas, com capacidade para 110 mil pessoas. Seu ponto mais alto tem a altura de um prédio de 14 andares e sua abertura principal poderia abrigar quatro Boeings 747.

❖ A tocha olímpica de 2000 teve seu desenho inspirado nas linhas da Sydney Opera House e nas curvas de um bumerangue, símbolos do país anfitrião. Cada uma de suas três camadas representava os elementos água, fogo e terra. Esse ano marcou também a primeira vez em que o símbolo olímpico desafiou o ar e o mar. Após viajar dez dias pela Grécia, a tocha foi levada para a ilha de Guam, no Pacífico Sul, em sua primeira viagem de avião. Também foi transportada por baixo d'água, com a ajuda de produtos químicos capazes de fornecer oxigênio à chama, mesmo submersa. A bióloga australiana Wendy Craig Duncan nadou com ela nas mãos por quarenta minutos.

❖ O vice-presidente do Comitê Olímpico Internacional, o australiano Kevan Gosper, quase pediu as contas por causa de uma polêmica com a tocha. Ele mexeu os pauzinhos para que sua filha de 11 anos fosse a primeira australiana a participar da corrida com o símbolo olímpico, honra que estava destinada a uma australiana de origem grega. O mal-estar foi tão grande que Gosper até chegou a anunciar que se aposentaria – mas a ameaça não se concretizou.

❖ As Olimpíadas de 2000 ficaram conhecidas como os Jogos Verdes, por sua preocupação pioneira com o respeito ao meio ambiente. Os organizadores até prepararam cartilhas com dicas ecológicas para os patrocinadores das competições. A Vila Olímpica foi abastecida com energia solar e seus móveis eram todos de madeira reciclada. Os quadros monitores de vídeo de alta resolução do estádio Sydney Super Dome também utilizaram a energia solar.

❖ Outras atitudes ecológicas na Vila: mais de 50% da água usada pelos atletas foi obtida com o tratamento dos esgotos ou captada das chuvas, e a estrutura de tubos e canos das 665 casas foi feita com um tipo de plástico não poluente, em vez do PVC, que é tóxico. Durante os Jogos, houve o uso preferencial de transporte coletivo – menos poluente – e, entre 1998 e 2000, 4 milhões de árvores foram plantadas em toda a Austrália.

❖ Apesar de toda a preocupação ecológica dos Jogos, a Mãe Natureza aprontou uma para o Comitê Organizador dos Jogos Olímpicos. Foram gastos cerca de 600 mil dólares para retirar o excesso de algas que passaram a habitar a raia milionária das provas de remo e canoagem, especialmente construída para as competições. Com a ação das plantas, o nível da água tinha descido 1,5 metro. Além disso, elas poderiam alterar as correntes e prejudicar os atletas, caso se prendessem nas pás.

❖ Com 13 recordes mundiais e 24 olímpicos, a natação foi a grande estrela dos Jogos de Sydney. No entanto, um nadador da Guiné Equatorial conseguiu colocar seu país na história das Olimpíadas com o pior tempo já registrado na natação em uma competição olímpica. Eric Moussambani nunca tinha entrado em uma piscina oficial e, nadando no melhor estilo "cachorrinho", levou 1min52s72 para completar os cem metros livre. O holandês Pieter van den Hoogenband, ganhador da medalha de ouro, realizou o percurso em 47s84.

❖ Hoogenband também entrou para a história da natação ao superar o "torpedo" e ídolo australiano Ian Thorpe nos duzentos metros nado livre, e o lendário Alexander Popov, que até então era o grande campeão dos cem metros livre.

Sandra Pires teve a honra de ser a primeira mulher a desfilar como porta-bandeira da delegação do Brasil em uma homenagem do COB, após ter sido a primeira brasileira a ganhar o ouro olímpico. Ao lado de Jacqueline, Sandra conquistou a medalha de ouro no vôlei de praia nos Jogos de Atlanta, em 1996.

❖ Tricampeão da Copa do Mundo, o cavaleiro Rodrigo Pessoa era tido como favorito para a medalha de ouro, mas não contava com o mico que seu cavalo lhe preparava. Baloubet du Rouet refugou duas vezes no mesmo obstáculo, desclassificando Rodrigo e acabando com a chance do ouro para o Brasil, nos últimos dias da competição.

❖ A campanha brasileira em Sydney foi a primeira sem ouro desde os Jogos de Montreal, em 1976. O país ficou em 52º lugar no quadro de medalhas, a pior colocação do Brasil na história dos Jogos.

❖ Apesar da ausência do ouro para os brasileiros, Sydney nos reservou algumas boas surpresas. O atletismo só perdeu no revezamento 4 X 100 metros livre para os americanos e ganhou a medalha de prata. Os judocas Carlos Honorato e Tiago Camilo também trouxeram a medalha de prata para casa.

❖ Os Jogos não foram muito empolgantes para os torcedores brasileiros, não só pela performance dos atletas que não conseguiram trazer o ouro para casa, mas também por causa do fuso horário: eram 14 horas de diferença! O problema afligiu todo o Ocidente.

❖ O Brasil não foi o único país a decepcionar nas modalidades em que era favorito. A equipe australiana de tênis, com atletas de destaque internacional como Lleyton Hewitt, Mark Philippoussis, Andrew Ilie e Patrick Rafter, não passou nem das quartas de final do torneio de simples, para desespero da torcida.

❖ Se os nadadores fizeram bonito nas piscinas em Sydney, não se pode dizer o mesmo dos competidores nas modalidades de atletismo. Nenhum recorde mundial foi quebrado, o que não acontecia desde os Jogos de 1948, em Londres. O grego Konstantinos Kenteris, que levou o ouro na prova dos duzentos metros, obteve o pior tempo dos últimos quatro campeões olímpicos.

❖ Apesar de um dos piores resultados em mais de cinquenta anos de Jogos Olímpicos, o atletismo em Sydney consagrou a norte-americana Marion Jones, que se tornou a primeira atleta a ganhar cinco medalhas em uma única edição das Olimpíadas. Marion conquistou o ouro nos cem, duzentos e no revezamento 4 X 400 metros rasos, e bronze no 4 X 100 metros e salto em distância. Em 2007, porém, ao admitir o uso de *doping*, Marion teve suas cinco medalhas cassadas.

❖ Os Jogos marcaram o fim dos anos dourados para o tricampeão de luta greco-romana Alexander Karelin, que não perdia havia 13 anos. O lutador russo chegou às finais, mas o ouro ficou com o norte-americano Rulon Gardner.

❖ Duas novas modalidades esportivas fizeram sua estreia: o triatlo, uma combinação de natação, ciclismo e corrida, e o taekwondo, uma arte marcial. Foi a primeira vez também do trampolim na ginástica. O taekwondo apareceu nas Olimpíadas de Seul, em 1988, como esporte de demonstração e, em Barcelona, não valeu pontos no quadro de medalhas. O esporte nem foi incluído nos Jogos de Atlanta, mas voltou com força total em 2000. As Olimpíadas da Austrália não apresentaram nenhum esporte de demonstração.

❖ A tenista Venus Williams, na época com vinte anos, quebrou um jejum de 76 anos ao ganhar o ouro em simples e duplas (com a irmã Serena), o que não acontecia desde a performance de Helen Mills nas Olimpíadas de Paris, em 1924. O ano 2000 foi mesmo o ano de Venus: ela também conquistou os títulos de Wimbledon e do Aberto dos Estados Unidos.

❖ Jogadoras de handebol, a norueguesa Mia Hundvin e a dinamarquesa Camila Andersen se enfrentaram nas quadras, mas não encontraram seus nomes na "biografia dos atletas" preparada pelo COI. O possível motivo? Elas eram casadas havia três anos. As jogadoras protestaram, e a entidade reparou o erro.

O BRASIL NUNCA FOI TÃO VICE

Em Sydney, o Brasil conquistou o segundo maior número de medalhas em sua história – foram 12, perdendo até então apenas para a campanha em Atlanta, com 15, que foi igualada em Pequim. No entanto, o país esperava muito mais ao enviar atletas considerados favoritos em várias modalidades: as duplas Zé Marco e Ricardo e Adriana Behar e Shelda no vôlei de praia, Rodrigo Pessoa no hipismo, Robert Scheidt, Torben Grael e Marcelo Ferreira no iatismo, a Seleção Brasileira de futebol e o ídolo do tênis Guga. No entanto, nenhum deles subiu ao degrau mais alto do pódio, e o Brasil voltou para casa chupando o dedo, com seis medalhas de prata e seis de bronze.

2004

NÓS SOMOS JOVENS!

A média de idade dos competidores nas Olimpíadas de Atenas foi de 23,6 anos. A caçula da delegação brasileira de 2004 foi a ginasta Jennifer Oliveira, de 15 anos.

ALTO E BAIXO

Em Atenas, o atleta mais baixo era Nickson Bryan Lomas, de 14 anos, da equipe de saltos ornamentais da Malásia. Ele, que participou na prova da plataforma de dez metros, media apenas 1,38 metro. Lomas foi também o competidor mais jovem. Ficou em 19º lugar na fase classificatória e não passou para a final. O grandalhão era Yao Ming, da equipe de basquete da China, com 2,29 metros.

> Dos atletas que competiram em Atenas, 57% já tinham participado de pelo menos uma edição dos Jogos.

❖ Para os Jogos de Atenas foram fabricadas 3.122 medalhas (986 de ouro, 986 de prata e 1.150 de bronze). Estima-se que cada uma delas custe em torno de 130 dólares. O gasto com as premiações nos Jogos foi de 520 mil dólares.

❖ A medalha dos Jogos de Atenas tinha, na frente, a representação de Niké (deusa da vitória) e do estádio de Panathinaiko – os dois símbolos foram padronizados em medalhas olímpicas desde Amsterdã (1928). No verso, estavam o símbolo de Atenas 2004, a chama olímpica e o nome do esporte.

❖ Cada uma das medalhas pesava 150 gramas e tinha seis centímetros de diâmetro.

❖ As medalhas de bronze e prata eram feitas do metal puro. A de ouro, no entanto, era composta por uma base de prata, seguida por uma camada de seis gramas de ouro (desde Estocolmo, em 1912, as medalhas de ouro não são feitas do metal maciço). O processo de aplicação da camada de ouro foi feito na Suíça e custou 83 dólares por unidade.

❖ A organização dos Jogos estimou a quantidade de ouro em 13 quilos. Em Sydney (2000), foram usados 10,5 quilos.

❖ Em Atenas, seis países conquistaram medalha de ouro pela primeira vez: Chile, Emirados Árabes, Geórgia, Israel, República Dominicana e Taiwan.

❖ Das 201 delegações, apenas 74 conquistaram medalhas, ou seja, apenas 37% dos participantes. Em Sydney, quatro anos antes, 40% dos países que estiveram nos Jogos subiram ao pódio.

OS ESQUECIDINHOS

• O remador holandês Simon Diederik esqueceu sua medalha de prata em um táxi. A organização deu alerta aos 5 mil taxistas da cidade, e o motorista Yannis Desfos apareceu para devolver a medalha.

• O tenista Nicolás Massu ganhou as duas primeiras medalhas olímpicas da história do Chile. Porém ele esqueceu as medalhas na Vila Olímpica. Por sorte, o técnico da equipe de natação do Chile, Rodrigo Bañados, encontrou as medalhas no quarto do tenista e as devolveu assim que reencontrou Nicolás.

• O espanhol Francisco Fernández ficou em segundo lugar na marcha atlética de vinte quilômetros. Estava tão eufórico que deixou a medalha em cima da mesa da entrevista coletiva e foi embora.

❖ Considerando que o Comitê Olímpico Brasileiro recebeu 158 milhões de reais nos quatro anos de preparação para os Jogos, cada uma de nossas dez medalhas custou 15,8 milhões de reais.

❖ O velejador dinamarquês Niklas Holm atropelou e matou um pedestre grego quando ia para um jogo de handebol da Seleção de seu país. Depois de comprovar que não estava bêbado nem em alta velocidade, foi liberado pela polícia.

❖ A arqueira alemã Cornelia Pfohl disputou as Olimpíadas grávida de sete meses e meio. Em Sydney (2000), a atleta também participou da competição grávida, mas ainda sem saber. Na prova, Cornelia suportava um peso de, aproximadamente, 16 quilos em um dos braços, até uma das cem flechas atiradas por dia ser lançada.

❖ O técnico Gints Bitinis, da Seleção de atletismo da Letônia, foi demitido quando a delegação embarcava para Atenas. Ele chegou ao aeroporto completamente bêbado.

❖ Pela primeira vez na história dos jogos, marido e mulher se enfrentaram em uma mesma prova. Os alemães Bettina e Andrew Hoy disputaram no hipismo o CCE (concurso completo de equitação). Ela, pela Alemanha; ele, pela Austrália. Ao final da prova, Bettina se deu melhor e faturou o ouro. A equipe australiana ficou com o sexto lugar.

❖ A equipe australiana feminina de polo aquático resolveu se distrair fazendo uma aposta diferente. Ganharia quinhentos dólares a primeira atleta que beijasse o jogador de tênis norte-americano Andy Roddick. Uma possível vencedora não se pronunciou até o fim dos Jogos.

HERÓI EM DOSE DUPLA
O remador americano Jason Read estabeleceu um novo recorde mundial na categoria oito com timoneiro. Ele foi um dos bombeiros que trabalhou nas ruínas das Torres Gêmeas, no atentado de 11 de setembro de 2001, em Nova York.

❖ Após ser derrotada na categoria até 48 quilos, a judoca sul-coreana Ye Gue Rin apanhou de seu técnico, Suh Joung Bok. A surra foi gravada pelo circuito interno de TV do ginásio. A Federação da Coreia do Sul expulsou o agressor e fez um pedido oficial de desculpas à Federação Internacional.

❖ A ciclista dinamarquesa Mette Andersen não participou da prova por causa... de uma abelha. Ela foi picada, teve uma reação alérgica e foi medicada.

❖ A primeira medalha de ouro olímpica da alemã Birgit Fischer, da canoagem, foi conquistada em 1980, nos Jogos de Moscou, quando tinha 18 anos. A história se repetiu em Seul (1988) e em Barcelona (1992), quando ganhou dois ouros em cada um dos Jogos. Mais tarde, em Atlanta (1996) e Sydney (2000), levou mais uma medalha de ouro em cada. Em Atenas, Birgit conquistou sua oitava medalha de ouro, 24 anos depois da primeira.

❖ Bertrand Liango, atleta de taekwondo da República Centro-Africana, levou um chute na cabeça durante a luta com o austríaco Tuncay Caliskan e ficou inconsciente. Sem perceber, o juiz da luta abriu a contagem. Mas a equipe de resgate logo levou o lutador ao hospital. A mãe de Bertrand se desesperou na arquibancada. Apesar do susto, o atleta não sofreu nenhuma lesão grave.

❖ Apenas um recorde de atletismo foi quebrado em Atenas. A russa Yelena Isinbayeva, do salto com vara, superou em 31 centímetros o recorde olímpico, estabelecido em 2000. Ela saltou 4,91 metros.

❖ Antes de ser o técnico da Seleção Iraniana de boxe, Maurice Watkins era vendedor de inseticida. Sua história, segundo ele, despertou o interesse de quatro diretores de Hollywood.

❖ Atleta da equipe de nado sincronizado dos Estados Unidos, Tammy Crow foi condenada a três meses de prisão por causar um acidente de carro que matou seu ex-namorado e um aluno dele. Tammy foi liberada para treinar e participar dos Jogos, mas depois teve que cumprir a pena.

❖ A disputa da prova de arremesso de peso foi realizada na cidade de Olímpia, palco dos Jogos da Era Antiga. A vencedora foi a cubana Yumileidi Cumba.

AJUDA HOLLYWOODIANA
A ginasta Mohini Bhardwaj enfrentava dificuldades financeiras para treinar com a equipe americana. Seus pais decidiram vender as entradas para as seletivas olímpicas e contaram com uma ajuda famosa: Pamela Anderson, que já foi ginasta, contribuiu com 25 mil dólares.

DÁ-LHE BRASIL!
❖ A pedido da organização dos Jogos, a Confederação Brasileira de Basquete levou para Atenas um CD com músicas que faziam sucesso no país para os shows realizados durante o intervalo. Foram escolhidos sambas-enredo e músicas dos Tribalistas e de Ivete Sangalo.

❖ A Seleção Brasileira masculina de vôlei desenvolveu rituais durante a preparação e os jogos das Olimpíadas de Atenas. Um deles foi criado por Giovane. Antes dos jogos, o atleta assinava seu nome na lousa colocada no vestiário. Em seguida, cada um dos jogadores fazia o mesmo e deixava mensagens de motivação e força à equipe. Outro amuleto da equipe era a camisa do meio de rede Henrique, o último a ser cortado da Seleção. Ela era responsabilidade de André Nascimento, que deveria levá-la a cada um dos jogos e, na final, a levou ao pódio com toda a equipe.

❖ O jogador brasileiro de vôlei Giba virou papai durante os Jogos. Nasceu Nicoll, filha dele e da também jogadora Cristina Pirv, no dia 18 de agosto, depois da partida entre Brasil e Itália, na primeira fase da competição.

❖ A apresentação da ginasta brasileira Daiane dos Santos teve o maior público na modalidade. Foram vendidos 12.413 ingressos, mesmo com o ginásio suportando 12.402 espectadores. A final feminina vendeu 9.081 entradas.

> **O TIRO QUE SAIU PELA CULATRA**
>
> Matthew Emons era considerado em seu país, os Estados Unidos, um gênio do tiro. Conquistou o título mundial e se classificou para a Olimpíada de Atenas em três categorias diferentes, um marco do esporte no país. Na categoria carabina deitada cinquenta metros, levou o ouro e era favorito também na prova da carabina três posições cinquenta metros, se não fosse por um erro surpreendente.
>
> Emons se classificou para a fase final e estava a apenas três pontos da medalha de ouro. Ele, então, atirou, mas seu alvo continuou intacto. Depois de alguns minutos de muita confusão e dúvida entre os juízes, a explicação: o atleta mirou no alvo errado e atirou no do austríaco Christian Planer. Com o erro, o "golden boy" ficou com nota zero e pulou da primeira posição para a última. Como se não fosse suficiente, seu tiro deu ao austríaco a medalha de bronze, já que foi o melhor no alvo de Planer.

OS ÚLTIMOS SERÃO OS PRIMEIROS

Na prova masculina de salto sincronizado no trampolim de três metros, os chineses eram os favoritos à medalha de ouro, assim como os norte-americanos e os russos, que corriam por fora. Mas nem tudo foi tão previsível assim. Faltando apenas um salto para o fim da prova, um espectador invadiu a área de uma das piscinas que não era utilizada na competição e se jogou na água. A ideia do rapaz era fazer a propaganda de um site, cujo endereço estava escrito em suas costas, mas o resultado de sua peripécia foi desastroso.

Quando a prova foi reiniciada, a equipe norte-americana fez uma péssima exibição, os russos tocaram no trampolim na volta do salto, e um dos atletas chineses simplesmente caiu na piscina de costas, ficando com a nota zero. Com isso, os chineses favoritos acabaram em último lugar, os norte-americanos em sexto e os russos em sétimo. Os primeiros colocados? Os gregos.

2008

❖ Ao todo, seis países conquistaram suas primeiras medalhas olímpicas em Pequim: Afeganistão, Ilhas Maurício, Sudão, Tadjiquistão – no caso, duas: uma de prata e outra de bronze –, Togo e Panamá. Os bareinitas (pessoas que nasceram no Bahrein) também comemoraram sua primeira medalha nas Olimpíadas, mas a alegria virou tristeza: Rashid Ramzi, ouro nos 1.500 metros do atletismo, foi pego no exame antidoping e desclassificado.

❖ Com os eventos do hipismo sendo realizados em Hong Kong, que possui um comitê olímpico próprio, essa foi a terceira vez na história dos Jogos em que dois comitês organizaram o evento. A última ocasião havia acontecido em 1956, quando as provas de hipismo das Olimpíadas de Melbourne foram realizadas na Suécia.

❖ Foi a edição dos Jogos com maior gasto público: estima-se que o governo local tenha investido 42 bilhões de dólares em infraestrutura.

❖ Em 2004, a China ficou três medalhas de ouro atrás dos Estados Unidos no quadro de medalhas, o que gerou grande expectativa de que os anfitriões ficassem em primeiro lugar em 2008. A esperança se concretizou e a China, com 51 ouros, ficou à frente dos Estados Unidos, com 36. Apesar disso, para não admitir a derrota, a mídia norte-americana passou a adotar outro critério para o quadro de medalhas no meio dos Jogos: a maior soma do número de medalhas (110 contra cem).

❖ Com oito ouros em oito provas disputadas, o nadador Michael Phelps se tornou o maior vencedor de uma única edição dos Jogos, desbancando o também nadador Mike Spitz, que tinha vencido sete provas, em 1972.

❖ O jamaicano Usain Bolt ganhou o apelido de Homem Mais Rápido do Mundo após vencer as provas de cem, duzentos e do revezamento 4 X 100 metros, quebrando os recordes mundiais em todas elas. Foi a primeira vez que isso aconteceu em toda a história dos Jogos.

❖ Mesmo após ter garantido a medalha de ouro no salto com vara, a russa Yelena Isinbayeva decidiu continuar saltando para tentar quebrar seu próprio recorde mundial, que era de 5,04 metros. Na última tentativa, conseguiu melhorar a marca em um centímetro.

❖ Pela primeira vez, o futebol teve bicampeões no feminino e no masculino. Enquanto a seleção de homens da Argentina, comandada por Messi, ficou com o ouro, as mulheres dos Estados Unidos derrotaram o Brasil na final e repetiram o feito de Atenas.

❖ A atleta Maurren Maggi, ouro no salto em distância, foi a primeira mulher brasileira a conquistar o lugar mais alto do pódio em um esporte individual.

❖ Detentora de sete medalhas olímpicas, a nadadora Kirsty Coventry, do Zimbábue, foi responsável pelas quatro medalhas de seu país no quadro de medalhas.

❖ Apesar de o regulamento do COI permitir que cada país conte com, no máximo, duas duplas no vôlei de praia, o Brasil teve três na competição masculina. No entanto, Renato Gomes e Jorge Terceiro representaram a Geórgia, e ficaram na quarta colocação. Eles ganharam os apelidos de Geor e Gia — formando o nome do país pelo qual jogaram.

OS RECORDES EM TODOS OS JOGOS

O relógio mecânico foi inventado por volta do século XIII. Mas seu desenvolvimento, durante a Revolução Industrial, há mais de dois séculos, viria a mudar a história das competições. Quando as distâncias, a velocidade e a altura passaram a ser medidas, os atletas deixaram de competir entre si para se lançar numa corrida contra o tempo. A palavra recorde perdeu seu significado original (registro) para virar, na concepção moderna, a "busca pela superação do limite".

Ano	Recordes Mundiais	Recordes Olímpicos
1900	3	11
1904	3	8
1908	9	19
1912	7	18
1920	10	15
1924	15	46
1928	19	50
1932	14	45
1936	15	49
1948	8	43
1952	18	66
1956	22	77
1960	30	76
1964	32	81
1968	27	84
1972	36	63
1976	34	62
1980	21	74
1984	11	45
1988	18	43
1992	11	26
1996	33	122
2000	34	77
2004	27	64
2008	43	132

OS CAMPEÕES DA PERSEVERANÇA

❖ A americana Wilma Glodean Rudolph, apelidada de Gazela Negra, nasceu prematura, com apenas dois quilos, e muitos não acreditavam que sobrevivesse. Ela resistiu e teve uma vida normal até os quatro anos, quando contraiu pneumonia dupla e escarlatina, doenças que quase a mataram. Conseguiu superá-las, mas logo depois foi atingida pela pólio, que atrofiou seu pé e perna direitos. Fez exercícios de correção, usou sapatos e aparelhos especiais e, como parte do tratamento, começou a praticar esportes. Tornou-se excelente jogadora de basquete. Estreou no atletismo nos Jogos de 1956 com uma medalha de bronze no revezamento 4 X 100 metros, aos 16 anos. Seu desempenho foi tão bom que participou dos Jogos Olímpicos de Roma, em 1960, e ganhou três medalhas de ouro – nos cem e duzentos metros, e no revezamento 4 X 100 metros.

❖ Wilma não foi a única campeã olímpica a ter problemas físicos na infância. O grande nadador Johnny Weissmuller, detentor de cinco medalhas de ouro em nado livre nos Jogos de 1924 e 1928, era muito franzino. Aos seis anos, Peter John Weissmuller (1904-84) não tinha aprendido a andar, não falava e apresentava sinais de retardamento mental. Graças à natação, desenvolveu-se e terminou como campeão. Em dez anos, venceu 52 campeonatos norte-americanos e quebrou 67 recordes mundiais.

❖ Ray Ewry, também dos Estados Unidos, ganhou dez medalhas de ouro no salto em distância, em altura e triplo, entre 1900 e 1908. Ele começou a andar somente aos oito anos. Foram os exercícios para superar suas atrofias musculares que o levaram para o esporte.

❖ A americana Elizabeth Robinson venceu a prova dos cem metros em 1928 e voltou a ganhar o ouro no revezamento 4 X 100 metros em 1936. Acontece que, entre uma medalha e outra, Elizabeth sofreu um desastre de avião, teve concussão cerebral, quebrou uma perna e um braço, ficou inconsciente durante sete semanas, perdeu em parte a capacidade de ver e ouvir, e demorou dois anos para voltar a andar normalmente. Ela se recuperou, mas não podia dobrar o joelho direito, o que a impedia de largar agachada. Assim, optou pelas competições de revezamento.

❖ O sargento húngaro Károly Takácz fazia parte da equipe campeã do mundo de tiro em 1938. Naquele ano, realizando exercícios militares, ele teve sua mão direita decepada por uma explosão de granada. Apesar disso, Takácz aprendeu a atirar com a esquerda e, dez anos depois, nos Jogos Olímpicos de Londres, ganhou a medalha de ouro na prova de tiro rápido, batendo o recorde mundial.

❖ Em 1991, a americana Gail Devers mal podia andar. Era vítima de uma doença rara e esteve ameaçada de sofrer a amputação dos pés. Nos Jogos de Barcelona, em 1992, ela venceu os cem metros e só não ficou com o ouro nos cem metros com barreiras porque tropeçou no último obstáculo.

❖ O húngaro Tamas Darnyi ganhou duas medalhas de ouro na natação (duzentos e quatrocentos metros *medley*) e bateu dois recordes mundiais nos Jogos de Seul, em 1988. Tamas era cego do olho esquerdo.

❖ Lis Hartel, uma dinamarquesa de 31 anos, levou a prata na competição de adestramento em Helsinque (1952). Em 1944, na gestação de uma filha, teve poliomielite e suas pernas ficaram paralisadas. Um ano depois, ela já andava com muletas e voltou a montar em 1946. Ainda sem mover os pés e os tornozelos, usava os joelhos para controlar os cavalos. Na premiação, foi carregada até o pódio pelo vencedor, o sueco Henri Saint Cyr.

❖ Aos 17 anos, o neozelandês Murray Halberg jogava rúgbi quando foi atingido por um adversário. Sua coluna foi afetada e ele teve seu braço esquerdo paralisado. Sem poder praticar esportes de contato, decidiu correr. E ganhou a medalha de ouro dez anos depois, nos 5 mil metros dos Jogos de Roma, em 1960.

❖ Quando era pequeno, William Toomey cortou a mão direita, perdeu 75% dos movimentos dos dedos e danificou um tendão permanentemente. Na adolescência, ainda teve mononucleose e hepatite. Apaixonou-se pelo decatlo e, mesmo com os problemas na mão, venceu a prova na Cidade do México, em 1968.

❖ A americana Mary Decker descobriu, em 1977, que os treinamentos haviam desenvolvido seus músculos, mas não os seus tecidos protetores. Ela passou por quatro cirurgias, além de ter sofrido dois acidentes de carro antes de voltar a competir. Em Los Angeles, no entanto, não completou a prova de atletismo ao se envolver em um acidente com Zola Budd – que, aliás, idolatrava Decker.

❖ Jeffrey Blatnick recebeu, em 1982, um diagnóstico de mal de Hodgkin, um tipo de câncer. Perdeu o apêndice e o baço em uma cirurgia. Ele praticava a luta greco-romana e queria uma medalha em Los Angeles para homenagear o irmão mais velho, morto em um acidente em 1977. Apesar dos conselhos contrários dos médicos, Jeffrey treinou e levou o ouro. Em 1985, a doença voltou e ele se aposentou dos tablados.

❖ Quando tinha 18 anos, Bruce Kimball foi atropelado, sofreu fraturas no crânio e na perna esquerda, bem como danos sérios no fígado e no baço. Nove meses depois, voltou a praticar esportes e participou da prova de plataforma dos saltos ornamentais de Los Angeles. Não seria páreo para Greg Louganis, e ganhou a prata.

❖ O ginasta soviético Dmitri Bilozerchev bebeu demais depois de vencer o campeonato europeu de 1985, bateu o carro e teve 43 pequenas fraturas na perna esquerda. A partir daí, os dirigentes esportivos de seu país o deixaram de lado, mas o ginasta se recuperou, voltou a treinar e, em Seul, ganhou três ouros e um bronze.

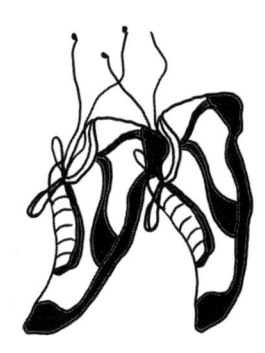

❖ Em janeiro de 1993, a cubana Ana Quirot, grávida de sete meses, sofreu um acidente doméstico: seu fogão explodiu. Ela teve queimaduras de segundo e terceiro graus em 38% de seu corpo, perdeu o bebê e ficou à beira da morte. Foi bicampeã e recordista panamericana nos quatrocentos e oitocentos metros, e medalha de bronze nos oitocentos metros em Barcelona. Apesar de tudo, decidiu voltar a correr. Dois meses após a tragédia, fazia exercícios em uma bicicleta ergométrica. Teve alta do hospital logo depois e, em pouco tempo, voltou a treinar. Passou por dezenas de cirurgias plásticas. Os médicos usavam tecido de suas costas para preservar as pernas da corredora. Ela conquistou o campeonato mundial dos oitocentos metros em 1995 e em 1997, e a medalha de prata da mesma prova em Atlanta. Satisfeita, retirou-se das corridas.

❖ Em 2000, a nigeriana Glory Alozie precisou de muita coragem para ir a Sydney. Duas semanas antes, seu noivo havia morrido atropelado na cidade australiana. A atleta perdeu muito peso antes das provas e seu treinador tinha de colocar a comida em sua boca para que ela se alimentasse. Mesmo assim, Glory conquistou a medalha de prata nos cem metros com barreiras. Especialistas declararam que, se ela não estivesse tão fraca, poderia ter conseguido o ouro.

❖ Os Jogos também marcaram a superação da corredora americana Marla Runyan, que sofre de uma degeneração da retina chamada mal de Stargardt, que a deixou com apenas 20% de sua capacidade de visão. Mesmo não podendo enxergar a linha de chegada, Marla foi a oitava melhor corredora do mundo nos 1.500 metros em Sydney.

EU, TARZAN

❖ A natação dos Jogos Olímpicos abasteceu o cinema de Tarzãs. O mais famoso deles foi Johnny Weissmuller, ganhador de medalhas na natação em 1924 e 1928. Ele fez 19 filmes num período de 17 anos. Na televisão, viveu também o mocinho Jim das Selvas.

❖ O grito de Tarzan salvou a vida de Weissmuller pelo menos uma vez. Em 1959, ele visitava Cuba quando foi raptado pelos guerrilheiros de Fidel Castro. Não pensou duas vezes e soltou seu característico grito. Na hora, os sequestradores o reconheceram e o libertaram – não sem antes lhe pedirem alguns autógrafos.

❖ Outro dos atletas de 1920, Buster Crabbe (quarto colocado nos quatrocentos metros livre – e ouro em 1932), também interpretou Tarzan nos cinemas.

❖ O americano Herman Brix, medalha de prata em 1928, mudou seu nome para Bruce Benett e transformou-se num ator de sucesso. Um de seus primeiros filmes foi *As novas aventuras de Tarzan* (1935).

❖ Na Olimpíada de 1960, outro americano, Donald Bragg, comemorou sua medalha de ouro com um grito de Tarzan. Seu sonho era interpretar o herói no cinema. Chegou bem perto. Em 1964, ele começou a participar das filmagens de *Tarzan e as joias de Opar*. O filme foi suspenso porque os produtores não tinham direitos sobre o personagem. Bragg virou vendedor e depois abriu um acampamento de férias.

> Peter John Weissmuller foi o primeiro homem a nadar cem metros em menos de um minuto (57s4 em 1922) e se tornou o mais famoso Tarzan do cinema.

SANGUE AZUL NOS JOGOS

❖ Nos Jogos de Amsterdã, em 1928, o príncipe herdeiro Olaf estava na equipe norueguesa, medalha de ouro na vela, categoria até seis metros.

❖ O príncipe grego Constantino levou seu país ao ouro na classe Dragon do iatismo, nos Jogos Olímpicos de Roma. Para comemorar, sua mãe, a rainha Frederika, atirou o filho ao mar.

❖ A princesa Anne, filha da rainha Elizabeth II, esteve na equipe britânica do concurso completo na equitação. Foi a pior de seu time.

❖ Em Barcelona, o príncipe Felipe de Bourbon, além de ser o porta-bandeira da delegação espanhola na festa de abertura, participou da classe Soling, mas ficou apenas em sexto lugar.

❖ A princesa Haya, da Jordânia, foi a representante da realeza entre os atletas em Sydney. Porta-bandeira de seu país no desfile de abertura dos Jogos, a amazona foi eliminada na segunda rodada classificatória nas provas de salto. Seu cavalo refugou duas vezes.

OS SACOLEIROS DE MONTREAL

❖ No clima de confraternização entre os povos que reina na Vila Olímpica, é mais do que esperado que os atletas de tantos países diferentes queiram bater um papo para trocar ideias, opiniões e... mercadorias? Em 1976, romenos, russos e outros atletas da ex-União Soviética faziam de tudo para burlar a vigilância cerrada da KGB e trocar produtos típicos com os brasileiros. As "negociações" ficaram mais fáceis com a ajuda de Oleg Moliboga, um jogador de vôlei da ex-URSS, que acabou virando o contato dos muambeiros. Ele passava e, discretamente, mostrava com os dedos o número do quarto onde havia alguém a fim de trocar algum produto. Assim, os brasileiros faziam a festa com um litro de vodca ou um bom caviar, enquanto os russos iam embora contentes com suas camisas novas – recompensas justas para quem conseguiu driblar uma das polícias secretas mais influentes da história.

6

Meu único crime foi ser pego.

BEN JOHNSON
(1961-), corredor canadense e
protagonista do caso de *doping*
mais famoso das Olimpíadas

Piores momentos dos jogos

BOICOTE, GUERRAS E POLÍTICA

Infelizmente, esse capítulo também existe na história dos Jogos. Nem sempre eles foram sinônimo de superação dos limites ou da confraternização entre os povos por meio do esporte. Em suas várias edições, o espírito olímpico deu lugar a disputas políticas, interesses pessoais e trapaças no pódio e fora dele.

⌘ 1896 ⌘

★ Já na primeira Olimpíada, realizada em Atenas no ano de 1896, o barão de Coubertin teve de enfrentar a má vontade da Alemanha. Os alemães, mergulhados em disputas políticas com a França, ameaçaram não participar dos jogos organizados por um francês.

⌘ 1912 ⌘

★ O finlandês Hannes Kolehmainen, que ficou com o ouro nos 5 mil metros, nos 10 mil metros e no *cross-country*, fez um gesto de desagravo ao ver a bandeira da Rússia sendo hasteada. Na época, a Rússia incorporava o território finlandês. "Preferia ter perdido a ver aquela bandeira no alto", ele disse. Sua vitória reforçou o movimento nacionalista que terminaria com a independência da Finlândia.

⌘ 1916 ⌘

★ A Olimpíada de Berlim, na Alemanha, não se realizou em razão da Primeira Guerra Mundial.

⌘ 1920 ⌘

★ As nações derrotadas na Primeira Guerra Mundial não foram convidadas: Áustria, Bulgária, Alemanha, Hungria e Turquia.

ঞ 1924 ৸

★ A partida de rúgbi entre Estados Unidos e França acabou em pancadaria, devido às críticas feitas pelo governo americano à ocupação francesa do vale do Ruhr.

ঞ 1928 ৸

★ A delegação francesa, alegando que sofrera insultos por parte de alguns holandeses pró-germânicos, não compareceu à abertura. Eram sinais da rivalidade entre França e Alemanha, um dos componentes que ajudariam a detonar a Segunda Guerra Mundial.

ঞ 1936 ৸

★ Existe uma lenda que diz que o chanceler nazista Adolf Hitler se recusou a cumprimentar o atleta americano Jesse Owens, vencedor do salto em distância. O incidente aconteceu no dia anterior, quando outro atleta negro, Cornelius Johnson, venceu o salto em altura e o *führer* se retirou antes da premiação. Acabou advertido pelo presidente do COI, Henri de Baillet-Latour. Jesse Owens reclamou, na verdade, por não ter recebido congratulações do presidente americano, Franklin Delano Roosevelt. Owens ainda foi punido por recusar um convite para competir na Suécia após a Olimpíada. A União Atlética Amadora não lhe deu o prêmio Sullivan, oferecido ao melhor atleta do ano. Em 1935, ano em que Owens bateu seis recordes mundiais, o prêmio foi para o golfista Lawson Little. No ano seguinte, depois de sua consagração em Berlim, ele perdeu o prêmio para o decatleta Glenn Morris, medalha de ouro olímpica.

ঞ 1940 ৸

★ A Olimpíada foi transferida de Tóquio para Helsinque (Finlândia) porque os japoneses estavam em guerra contra os chineses. Com o início da Segunda Guerra Mundial, os Jogos foram definitivamente suspensos.

ଊ 1944 ଓ
★ Os jogos de Londres, na Inglaterra, também foram suspensos por causa da Segunda Guerra Mundial.

ଊ 1948 ଓ
★ Alemanha e Japão, perdedores da Segunda Guerra, foram proibidos de participar das Olimpíadas de Londres. A União Soviética mandou apenas uma delegação de observadores.

ଊ 1952 ଓ
★ China e Taiwan, depois de longas discussões com o Comitê Olímpico Internacional, desistiram de participar.

ଊ 1956 ଓ
★ Uma galeria de desistências: Egito, Iraque e Líbano (pelo ataque israelense ao canal de Suez), Holanda e Espanha (pela invasão soviética à Hungria) e China (em briga com Taiwan).

ଊ 1960 ଓ
★ Foi a última Olimpíada de que a África do Sul participou até 1992, em razão dos protestos internacionais contra o *apartheid*.

★ As duas Alemanhas chegaram a um acordo e competiram sob uma bandeira com os cinco anéis olímpicos. Os hinos foram substituídos pela *Ode à alegria*, de Beethoven.

ଊ 1964 ଓ
★ Nos Jogos Asiáticos de 1962, a Indonésia proibiu a presença de Israel e Taiwan, e acabou suspensa pelo COI. Resolveu então patrocinar outro evento, os Jogos das Potências Emergentes, em 1963. O COI determinou que quem

participasse desses jogos estaria fora da Olimpíada de Tóquio. Atletas da Indonésia e da Coreia do Norte (que estiveram no evento de 1963) foram para o Japão, desafiando a decisão dos dirigentes olímpicos, mas não puderam tomar parte na Olimpíada.

೧ಇ 1968 ഇಾ

🟎 Meses antes da abertura dos Jogos, os estudantes mexicanos, revoltados com o que consideravam ser "um inútil desperdício de dinheiro em um país com tanta miséria", deflagraram uma campanha contra o evento, numa espécie de prenúncio do clima político que tomava conta dos Jogos. Faltando dez dias para a cerimônia de abertura, o Exército cercou a praça das Três Culturas, na Cidade do México, e abriu fogo contra uma manifestação estudantil. Morreram 260 pessoas e 1.200 ficaram feridas.

🟎 A explosão do movimento negro entre os americanos teve reflexos nos Jogos do México. Um grupo de atletas dos Estados Unidos, usando boinas e luvas negras, transformou a cerimônia de entrega de medalhas numa demonstração política. Os atletas Tommie Smith e John Carlos – ouro e bronze nos duzentos metros – subiram ao pódio descalços. Nos primeiros acordes do hino americano, ergueram os punhos fechados, na saudação-símbolo do movimento Pantera Negra. Eles eram membros do chamado Projeto Olímpico pelos Direitos Humanos, organizado para protestar contra o tratamento dado aos negros nos Estados Unidos. A equipe do revezamento 4 X 400 metros aumentou ainda mais a confusão. Vincent Matthews, Ronald Freeman, Larry James e Lee Evans não só ergueram os punhos como também cobriram a cabeça com boinas negras. O Conselho Olímpico Americano suspendeu apenas Smith e Carlos, e deu 48 horas para que eles deixassem o México. Mas o gesto no pódio ficou marcado para sempre. Eles forneceram as seguintes explicações:

• o significado do punho fechado era a força e a integração dos negros;
• os pés descalços simbolizavam a pobreza dos negros nos Estados Unidos;
• cobriram a cabeça com as boinas para expressar o sentimento de que as palavras de liberdade do hino americano serviam apenas para os brancos.

∞ 1972 ∽

★ Na madrugada de 5 de setembro, bem no início da competição em Munique, oito terroristas palestinos da organização Setembro Negro invadiram os alojamentos dos atletas de Israel. Mataram dois deles e tomaram outros nove como reféns. Eles exigiam a libertação de 250 extremistas presos em Israel e um avião para a fuga. Já no aeroporto, a polícia alemã decidiu atacá-los. Resultado: os nove atletas foram mortos, além de quatro terroristas e um policial. Pela primeira vez na história, a trégua sagrada era desrespeitada. O filme *Munique* (2005), dirigido por Steven Spielberg, narra a história da operação Cólera de Deus, que aconteceu após o atentado e foi orquestrada pela Mossad, organização de inteligência do governo de Israel, para eliminar os palestinos envolvidos nos ataques durante os Jogos. Por causa desse atentado, passaram a ser tomadas medidas rigorosas de segurança em todas as competições esportivas internacionais, começando na Copa do Mundo de 1974.

∞ 1976 ∽

★ Iraque, Guiana e 28 países africanos ficaram de fora, em protesto contra a participação da Nova Zelândia, cujo time de rúgbi havia excursionado pela África do Sul naquele ano, rompendo o boicote esportivo mundialmente imposto ao país. Camarões, Egito, Marrocos e Tunísia já haviam participado de algumas provas quando resolveram se retirar.

∞ 1980 ∽

★ Os Estados Unidos lideraram um boicote de 62 nações, incluindo Alemanha Ocidental e Japão, para protestar contra a invasão do Afeganistão pela União Soviética, em dezembro de 1979. O presidente americano, Jimmy Carter, ameaçou cassar o passaporte de quem ousasse desafiar o boicote. No entanto, empresas norte-americanas, como Coca-Cola e Kodak, patrocinaram os Jogos, e a rede de televisão CBS pagou 87 milhões de dólares pela transmissão.

∞ 1984 ∽

★ Foi a vez de os soviéticos e seus aliados do bloco socialista darem o troco. Não participaram da competição em Los Angeles, alegando falta de segurança para suas delegações nos Estados Unidos. Só a Romênia mandou seus atletas aos Jogos por causa de uma antiga tradição de relativa independência política com o bloco soviético. Terminou em segundo lugar no quadro de medalhas.

❧ 1988 ☙

★ A Coreia do Norte tentou sediar algumas provas da Olimpíada de Seul, mas enfrentou a oposição da Coreia do Sul e do COI. Por isso, resolveu não participar e foi acompanhada por Cuba, Nicarágua, Madagáscar e Ilhas Seychelles. A Albânia também ficou de fora. Na época, os albaneses não participavam de nenhuma competição em que entrassem os Estados Unidos ou a União Soviética.

❧ 1992 ☙

★ A Iugoslávia, vivendo uma guerra civil desde 1991, foi proibida de participar de esportes coletivos. Seus atletas só puderam se inscrever em modalidades individuais, sem o uso da bandeira nacional. Depois de um afastamento de 32 anos, a África do Sul foi readmitida nos Jogos de Barcelona. Essa volta esteve ameaçada por uma matança de 45 negros, no mês de junho, em Boipatong, idealizada por uma corrente extremista de brancos de ultradireita.

❧ 2000 ☙

★ Felizmente, os Jogos não deixaram boicotes ou atentados em sua história. Os protestos dos aborígines, que exigiam desculpas públicas pelos abusos cometidos por parte dos colonizadores ao longo da história, foram mais frequentes antes do início das Olimpíadas. Manifestantes chegaram a ocupar a ponte da baía de Sydney durante as competições, mas as autoridades simplesmente não ligaram para o protesto. Por outro lado, a cultura aborígine foi um dos principais temas da cerimônia de abertura dos Jogos, e a pira foi acesa por uma atleta aborígine, Cathy Freeman. Na carona do espírito conciliador, a Coreia do Norte e a do Sul se apresentaram sob a mesma bandeira no desfile de abertura, o que não acontecia desde o rompimento das relações diplomáticas entre os dois países após a Guerra da Coreia, que ocorreu entre 1950 e 1953.

↷ 2004 ↶

✭ O judoca iraniano Arash Miresmaeili foi premiado pelo governo de seu país por ter se recusado a lutar com um adversário israelense. O governo do Irã entendeu que o atleta foi fiel à política do país e, por isso, deu a ele 125 mil dólares, o mesmo que um vencedor receberia.

✭ Pouco antes do início dos Jogos, a judoca grega Eleni Ioannou caiu do prédio onde morava, após uma briga com seu namorado. Aos vinte anos, ela foi internada e morreu duas semanas depois.

✭ O maratonista brasileiro Vanderlei Cordeiro de Lima foi atacado pelo ex--padre irlandês Cornelius Horan quando liderava a maratona. O incidente aconteceu na altura do quilômetro 36. Vanderlei foi empurrado por Cornelius e caiu na calçada próximo ao público. Vanderlei retomou a prova graças à ajuda do grego Polyvios Kossivas. Mas não conseguiu se recuperar a tempo e acabou em terceiro lugar. Ao entrar no estádio, nos metros finais, foi saudado pelo público e comemorou imitando um avião. Por seu espírito esportivo, o maratonista foi premiado com a medalha Barão de Coubertin.

✭ O agressor foi condenado a pagar uma fiança de 5 mil euros e ameaçado com um ano de detenção caso voltasse a cometer qualquer crime na Grécia.

✭ Para homenagear Vanderlei, o jogador de vôlei de praia Emanuel ofereceu sua medalha de ouro de presente ao maratonista. Emocionado, Vanderlei devolveu a medalha e afirmou não ter ficado com raiva do agressor.

↷ 2008 ↶

✭ A principal nota negativa durante os Jogos de Pequim foram os protestos no Tibete, região ao sul da China, cuja independência não é reconhecida pelo governo central chinês. Aproveitando que os holofotes da mídia mundial estavam voltados para a região, monges e simpatizantes realizaram protestos no Tibete para que o local fosse reconhecido como independente. O governo chinês, no entanto, repreendeu as manifestações com violência – o que ocasionou ameaças de boicote aos Jogos, não cumpridas. Quatro dias antes da abertura oficial, 16 policiais foram mortos em um ataque terrorista na região de Xinjiang, que tem parte da população muçulmana. Outras 16 pessoas ficaram feridas. Apesar de ter investido bilhões de dólares para garantir que tudo corresse como o esperado, o atentado levantou dúvidas sobre a segurança dos Jogos.

TRAPALHADAS DOS JUÍZES!

Distração, má vontade, racismo, intrigas pessoais, clima da Guerra Fria, pressão da torcida, patriotada pura, vontade de ajudar o time da casa: em muitas competições olímpicas os juízes roubaram a cena – e, pior ainda, medalhas que deviam ter ido para um atleta e não foram ou mudaram de cor. Algumas mutretas olímpicas foram mais descaradas, outras menos. Conheça algumas delas!

★ Se nós, brasileiros, pudéssemos dar uma medalha de ouro na modalidade roubalheira olímpica, premiaríamos a maracutaia que prejudicou João do Pulo, em 1980. Ele era um dos favoritos para a prova do salto triplo em Moscou e podia atrapalhar os planos do soviético Viktor Saneyev: conquistar um histórico tetracampeonato olímpico, como o americano Al Oerter havia feito no arremesso de disco. A mutreta, revelada em 2000 pelo jornal australiano *Sydney Morning Herald*, começou a ser tramada ainda na abertura dos Jogos pelo presidente do COI, o irlandês Lord Killanin. Após o evento, ele ouviu as reclamações do dono da Mizuno, que fabrica artigos esportivos. É que a empresa tinha investido 100 mil dólares para que todos os atletas que levariam a tocha da Grécia até Moscou usassem seus tênis, e Saneyev e Sasha Belov, ídolo soviético do basquete, estavam de Adidas.

★ Então, Killanin, o empresário japonês e o dono da Adidas, o alemão Horst Dassler, se reuniram. Dassler admitiu que havia prejudicado a Mizuno – mas sem querer –, e aceitou a proposta do presidente do COI: Saneyev deveria vencer a qualquer custo e usando a marca japonesa, que poderia empregar o triunfo do soviético em campanhas publicitárias.

Para ajudar Saneyev, os juízes anularam quatro dos seis saltos de João do Pulo, sob a alegação de que ele havia pisado na linha de salto. E acabaram deixando passar a marca de 17m80, que seria um novo recorde olímpico. O melhor salto válido de João foi de 17m22, que lhe deu o bronze. No entanto, mesmo com o brasileiro fora do páreo, a armação não deu certo. Saneyev nem usou Mizuno – após uma confusão, ele saltou usando Asics, outra marca japonesa – e também acabou não levando o ouro. Seu compatriota Jaak Uudmae alcançou a marca de 17m35, 11 centímetros a mais que o tricampeão.

TRÊS SEGUNDOS QUE VALERAM OURO

Os americanos, por outro lado, até hoje estão emburrados com um brasileiro, protagonista de um dos episódios mais famosos das Olimpíadas envolvendo a arbitragem: a final do basquete dos Jogos de Munique, em 1972. A União Soviética vencia por 49 X 48, quando o astro Sasha Belov perdeu a bola. Os soviéticos tiveram de fazer falta em Doug Collins, que acertou os dois lances livres. Com três segundos para virar o placar, o time soviético perdeu a bola novamente quando faltava apenas um segundo. O técnico da URSS, Vladimir Kondrashin, berrava como um louco, alegando que havia pedido um tempo logo depois dos lances livres e não tinha sido ouvido pela mesa de cronometragem. Tanto o árbitro do jogo, o brasileiro Renato Righetto, quanto o chefe dos cronometristas, o francês André Chopard, não deram razão ao técnico. A partida terminaria normalmente, se não fosse a intervenção do inglês William Jones, presidente da Federação Internacional de Basquete. Ele exigiu que o relógio voltasse para três segundos, com posse de bola para a União Soviética. Righetto e Chopard não puderam fazer nada além de obedecer.

> O jogo terminou em 51 X 50 para a União Soviética, com uma cesta de Belov. Era a primeira vez que os Estados Unidos perdiam o ouro da modalidade em Olimpíadas.

Os americanos protestaram, mas novamente o presidente da Federação Internacional de Basquete (Fiba) mostrou sua parcialidade, escolhendo as pessoas que julgariam o pedido americano: um italiano, um porto-riquenho, um polonês e um cubano, com o objetivo de forçar um empate em 2 X 2. O voto de Minerva, então, seria de um húngaro. Os atletas americanos não compareceram à premiação e suas medalhas de prata estão guardadas até hoje, num cofre na sede da Fiba.

O *TOUCHÉ* DO JUIZ HÚNGARO

Outro sério candidato a medalha na lista dos juízes ladrões seria o húngaro Sandor Kovacs. Graças a ele, as competições de esgrima de 1924 foram um verdadeiro escândalo. A equipe italiana era a favorita em várias categorias. Kovacs, o chefe dos fiscais, foi o carrasco dos italianos. No dia 30 de junho, durante a disputa entre França e Itália no florete por equipes, decisões controvertidas dos juízes deram a vitória à equipe local. O esgrimista italiano Aldo Boni não se conteve e berrou com Kovacs, que exigiu desculpas, não oferecidas. Kovacs chamou um veterano italiano, Italo Santelli, que deu razão ao húngaro (detalhe: Santelli fora treinador do time húngaro em 1920). A equipe italiana abandonou a competição de florete, tanto por equipes quanto individual (que seria realizada cinco dias depois), e ambas foram vencidas pelos franceses.

Mas a marmelada não parou aí. No sabre individual, os fiscais colocaram os quatro italianos em uma única chave. Só um seguiria adiante para disputar medalhas. Os atletas aceitaram, e Oreste Puliti venceu a chave. Kovacs, então, acusou os outros três esgrimistas de fraude – eles teriam facilitado a vitória do colega. Puliti, ofendido, foi para cima do húngaro com arma e tudo. Acabou desclassificado, e nenhum dos outros três italianos aceitou a vaga na decisão. A Hungria ficou com o ouro e o bronze; a França, com a prata. Dois dias depois, durante uma festa, Puliti desafiou Kovacs para um duelo, realizado quatro meses depois, sem vencedores.

A "SUPERIORIDADE" ALEMÃ

Na competição por equipes, os juízes alemães dos Jogos de Berlim, em 1936, seriam os favoritos ao ouro. Veja o que eles fizeram para dar uma mãozinha:

★ Os organizadores das provas de hipismo criaram uma pista muito difícil, que era conhecida apenas pelos alemães.

★ Um ciclista alemão bloqueou um holandês na final, em uma manobra ilegal. Em vez de ser punido, foi apenas multado e ficou com o ouro.

★ Antes da eliminatória do salto em distância, Jesse Owens fez um salto, ainda de agasalho, apenas para verificar a pista e controlar as passadas. Logo depois, soube que os fiscais alemães haviam validado o seu salto de teste. Com uma das três tentativas roubada pelos juízes, o negro Owens só se classificou no terceiro salto e terminou triunfando na final.

★ As regras do levantamento de peso dizem que, se dois halterofilistas terminarem a competição empatados, vence o que tem menor massa corporal. Na categoria dos leves, em Berlim, o egípcio Anwar Mesbah e o austríaco Robert Fein ficaram em primeiro, com 324,5 quilos. Pela regra, Mesbah levaria o ouro, mas os juízes ignoraram a regra para que o africano não vencesse o ariano austríaco. Os dois competidores dividiram a medalha de ouro e o COI aceitou a decisão.

★ Empenhados em dar a medalha de ouro ao boxeador peso-mosca alemão, Willi Kaiser, os juízes lhe deram a vitória na semifinal (contra o americano Louis Laurie) e na final (contra o italiano Gavino Matta), mesmo que os oponentes tivessem sido claramente superiores ao alemão. A armação foi tão evidente que, depois da semifinal, até os torcedores alemães vaiaram o resultado.

TRAPAÇAS NO RINGUE
Um dos esportes que mais teve problemas com a arbitragem foi o boxe:

★ Em Paris (1924), alguns juízes passaram dos limites para favorecer os atletas locais. Muito antes de Mike Tyson levar um pedaço da orelha de Evander Holyfield, o peso-médio francês Roger Brousse tinha o hábito de morder os adversários. Após cravar os dentes em um argentino, repetiu a dose com o britânico Harry Mallin, campeão de Antuérpia. Depois do último assalto e antes do anúncio do vencedor, Mallin reclamou e foi ignorado, apesar das evidências no seu peito. O árbitro belga e um juiz italiano deram a vitória ao francês, e tudo teria terminado assim se o britânico não tivesse encontrado um membro da Associação Internacional de Pugilismo, que protestou e conseguiu a eliminação de Brousse. Mallin chegou ao bicampeonato olímpico apesar dos protestos violentos da torcida francesa.

E O VENCEDOR É QUEM MESMO?

Na semifinal dos galos, em Amsterdã, os juízes declararam o sul-africano Harry Isaacs vencedor, embora todos achassem que o norte-americano John Daley tivesse sido muito superior. Os compatriotas de Daley foram pressionar os juízes, até que um deles disse que havia confundido as notas. Na final, Daley perdeu para um italiano.

★ Em Berlim, em sua primeira luta na categoria leve, o pugilista sul-africano Tommy Hamilton-Brown havia sido muito superior ao chileno Carlos Lillo, mas os juízes deram a vitória ao sul-americano. Para afogar as mágoas, Brown se entupiu de carne de porco e cerveja em um restaurante, sem saber que o resultado de sua luta tinha sido invertido à meia-noite, quando um jurado descobriu que tinha confundido os papéis da luta entre Brown e Lillo. O sul-africano continuaria na competição – quer dizer, se tivesse mantido o peso em vez de engordar três quilos. Acabou desclassificado.

★ Nas competições de boxe, em Roma, metade dos jurados foi demitida durante os Jogos por favorecer explicitamente os lutadores de países socialistas. O boxeador brasileiro Waldomiro Pinto vencia com facilidade o soviético Oleg Grigoriev em sua estreia na categoria dos galos, quando escorregou perto do fim da luta. O juiz, no entanto, decidiu que Waldomiro tinha caído, o que virou a luta em favor de Grigoriev, que acabaria com o ouro.

★ Como vingança, os jurados ocidentais dos médios deram, injustamente, a medalha de ouro ao americano Edward Crook contra o polonês Tadeusz Walasek.

★ Os alemães queriam que pelo menos um compatriota levasse um ouro no boxe em Munique. O contemplado foi o médio ligeiro Dieter Kottysch. Para isso, era preciso eliminar o americano Reggie Jones. Ele perdeu por pontos na estreia para o soviético Valeri Tregubov, que saiu da luta sangrando e sem poder abrir um olho. Mesmo a torcida alemã vaiou os jurados por 15 minutos.

★ Apesar de ter sido derrubado duas vezes pelo canadense Shawn O'Sullivan, o americano Frank Tate ainda foi declarado vencedor e medalha de ouro dos médios-ligeiros de Los Angeles por cinco votos a zero. Até os americanos da torcida vaiaram o resultado.

★ O meio pesado Evander Holyfield não ouviu um aviso de interrupção de luta e nocauteou o neozelandês Kevin Barry com um golpe no queixo. Foi desclassificado pelo juiz iugoslavo Novicic. O próprio Barry havia considerado o golpe perfeitamente legal, e Holyfield não tinha como interromper o movimento de braço. Não adiantou. O neozelandês foi para a final contra um iugoslavo e acabou perdendo. Holyfield ficou com o bronze.

★ O sul-coreano Park Si-Hun levou o ouro dos médios-ligeiros em Seul, apesar de ter acertado apenas 32 golpes no americano Roy Jones, que, por sua vez, acertou 86 no coreano. Além disso, Si-Hun abusava dos golpes baixos.

★ A partir de Barcelona, um novo sistema de julgamento pretendeu impedir a roubalheira no boxe: quando considerava um golpe válido, o juiz apertava um botão, azul ou vermelho, de acordo com a cor da roupa do pugilista. Se pelo menos três dos cinco jurados apertassem o botão ao mesmo tempo, seria contado um ponto para o lutador. Não havendo nocaute, o vencedor seria quem conseguisse mais pontos desse tipo. Mesmo assim, na categoria meio médio o irlandês Michael Carruth levou o ouro em uma decisão bastante contestada contra o cubano Juan Hernandez, bem mais técnico que Carruth.

OUTRAS CONFUSÕES OLÍMPICAS ENVOLVENDO JUÍZES

★ Nos saltos ornamentais da Olimpíada de Saint Louis, em 1904, os juízes americanos desprezavam as piruetas dos três atletas alemães e privilegiavam os dois competidores dos Estados Unidos, que faziam saltos sem graça mas tinham entradas perfeitas na água. Os árbitros ainda exigiram um desempate entre o alemão Braunschweiger e o americano Kehoe pela medalha de bronze. O alemão se recusou e foi desclassificado, mas o COI registrou os dois atletas com a terceira posição. O campeão foi o americano George Sheldon, seguido pelo alemão Georg Hoffmann.

★ A prova dos quatrocentos metros da Olimpíada de Londres, em 1908, acabou em confusão por causa dos juízes da prova. O britânico Wyndham Halswelle competiu na final contra três americanos: John Carpenter, Billy Robbins e Johnny Taylor. Carpenter venceu, mas foi desclassificado pelos juízes – britânicos – por ter fechado o caminho de Halswelle em duas ocasiões. Os fiscais de pista ainda tiraram Taylor da prova – literalmente, forçando o atleta a sair da pista. Para desclassificar Carpenter, os juízes invocaram uma suposta regra segundo a qual um corredor não poderia mudar de raia se isso atrapalhasse um adversário. Os americanos diziam que tal regra não existia. Os juízes marcaram uma nova final, com Halswelle, Taylor e Robbins, com as raias separadas por cordões. Os americanos se recusaram a participar, o britânico Halswelle correu sozinho e levou o ouro.

★ Novamente em Londres, novamente no atletismo, os juízes ingleses prejudicaram os americanos para beneficiar sua pátria: em 1948, os Estados Unidos venceram o revezamento 4 X 100 metros com folga, mas foram desclassificados por um árbitro segundo o qual uma das passagens de bastão tinha sido feita fora da área delimitada. Os outros fiscais confirmaram a decisão e o ouro foi parar no peito dos atletas ingleses. Os Estados Unidos apelaram para a Federação Internacional de Atletismo, que analisou o vídeo da prova e constatou que não havia nenhuma irregularidade. Uma nova cerimônia de premiação foi realizada dias depois.

★ As ginastas tchecas que participaram dos Jogos de 1948 nem precisavam de ajuda dos juízes, pois eram superiores às rivais, mas ainda assim eles deram uma mãozinha para a equipe. Uma das atletas, por exemplo, recebeu uma incrível nota: 13,1.

> Nas Olimpíadas de Roma, os juízes da ginástica eram quase todos de países socialistas. Para beneficiar as atletas soviéticas, os árbitros deram à japonesa Keiko Ikeda uma nota tão baixa nas barras assimétricas que as vaias da torcida duraram dez minutos.

★ A soviética Eva Bozd-Morskaya já havia aprontado em Melbourne, mas voltou para julgar a prova dos saltos ornamentais em Roma. Dessa vez, ela seria eliminada logo no começo das competições, ao contrário do que acontecera na Austrália, quatro anos antes, por favorecer descaradamente os soviéticos e outros atletas de países socialistas.

★ A cata-pole, uma vara bem mais flexível e resistente que as comuns, foi motivo de discussão nos Jogos de Munique. Pouco mais de um mês antes do começo das competições, o equipamento foi proibido por causa das reclamações da Alemanha Oriental. Não haveria tempo para os atletas se acostumarem às varas permitidas. Já durante os Jogos, a cata-pole voltou a ser legal, sendo banida novamente poucas horas antes do começo das eliminatórias do salto com vara. Os fiscais fizeram uma verdadeira batida nos alojamentos procurando pelas varas. Os atletas tiveram de usar equipamento antigo, e o campeão foi o alemão-oriental Wolfgang Nordwig, que não gostava da cata-pole.

★ A canadense Sylvie Frechette foi prejudicada na prova individual do nado sincronizado, em Barcelona, por causa de uma distração da brasileira Ana Maria Silveira. Querendo dar uma nota 9,7, a jurada digitou 8,7 e não conseguiu corrigir o erro. Frechette foi medalha de prata.

DOPING

Desde as primeiras Olimpíadas, os atletas procuram uma ajudinha extra para se dar bem nas competições. Thomas Hicks, vencedor da maratona de 1904, tomou algumas doses – moderadas, claro – de estricnina, misturada com clara de ovo ou com *brandy,* durante a corrida. Em 1920, o americano Morris Kirksey tomava xerez e ovo cru antes de correr. Outros três compatriotas seguiram o exemplo. Em 1948, o boxeador argentino Mauro Cia anestesiou a mão direita com uma injeção de cocaína antes de lutar pelo bronze dos meios pesados – tudo com autorização dos jurados! Foi justamente com a mão direita que ele nocauteou um australiano e levou a medalha.

FORÇA EM COMPRIMIDOS

Anabolizantes são medicamentos que alteram o metabolismo. Os esteroides funcionam como os hormônios masculinos naturais. Ajudam a aumentar a massa e a força muscular do atleta. Não possuem, porém, as demais propriedades da testosterona, responsável pelas características masculinas do ser humano, como a voz grossa e os pelos do corpo. Por isso, seu uso é difundido também entre as mulheres que praticam provas que exigem grande potência muscular.

O aumento da força física do atleta ocorre justamente quando a droga é ministrada durante um treinamento físico intensivo e uma reforçada dieta de proteínas. Para produzir os efeitos desejados pelos atletas, o medicamento – indicado durante a convalescença, para acelerar o crescimento ou a recuperação de atrofias musculares – é empregado em doses até vinte vezes superiores às ministradas em seu uso terapêutico. Dessa forma, seu resíduo é detectável no organismo até um ano depois de ter sido usado.

COMO É FEITO O EXAME ANTIDOPING NAS OLIMPÍADAS

❶ Os vencedores das provas individuais e alguns atletas de equipes coletivas, indicados por sorteio, terão colhida a urina para o controle antidoping. A lei também permite a convocação de outros atletas sob suspeita.

❷ O material colhido é separado em dois frascos (prova e contraprova), numerado e encaminhado para o laboratório de análises. A quantidade mínima de urina é de 65 ml.

❸ No laboratório, dois aparelhos – cromatógrafo e espectômetro – são usados para análise da urina. O resultado, em envelope lacrado, é enviado a John Fahey, ex-ministro de Finanças da Austrália e atual presidente da Agência Mundial Antidoping, que substituiu o Comitê Antidoping do COI.

❹ Fahey é o único que tem a lista que relaciona os números de cada amostra aos nomes dos atletas. No caso de algum resultado positivo, ele encaminha ao laboratório o pedido para que a contraprova seja analisada.

❺ Todo o processo se repete. Se a contraprova confirmar o resultado positivo, o nome do atleta será divulgado por Fahey, que também providencia as punições imediatas.

> Haja xixi! Durante os 16 dias dos Jogos de Atlanta, foram feitos 1.773 exames antidoping.

As substâncias que dopam

★ **BETABLOQUEADORES**
Remédios que baixam a pressão sanguínea. Atuam no sistema cardiovascular, diminuindo o número de batimentos do coração. Ajudam em categorias que exigem precisão, como o arco e flecha e o tiro.

★ **DIURÉTICOS**
São usados pouco antes das provas para desidratar o organismo e diminuir o peso dos atletas. Atletas de boxe, luta, judô e halterofilismo podem usar a substância para atuar em categorias de peso inferior ao seu.

★ **ESTIMULANTES**
Agem direto no sistema nervoso, fazendo o atleta ficar mais excitado. A cafeína é o exemplo mais comum. Os velocistas de atletismo conseguiriam melhorar seus tempos com esse tipo de substância.

★ INJEÇÃO DE SANGUE
Alguns atletas injetam até um litro de sangue pouco antes da competição. A transfusão aumenta a quantidade de glóbulos vermelhos, melhorando a capacidade de circulação de oxigênio entre as células em até 5%. A autotransfusão de sangue era incentivada pelo técnico da equipe americana de ciclismo em Los Angeles, Eddie Borysewicz, e em 1984 ainda era legal. Tornou-se *doping* um ano depois.

★ NARCÓTICOS
Usados para combater dores moderadas e agudas. A maior parte tem efeitos colaterais, incluindo transtornos respiratórios em proporção à dose e risco de dependência física e psíquica.

VOCÊ SABIA QUE...
... para usar a cafeína como estimulante, o atleta teria de tomar, num curto espaço de tempo, 36 copos de café?

CURIOSIDADES
★ Foi no Canadá, em 1967, numa prova de ciclismo, que estrearam os testes antidoping oficialmente no esporte amador. No mesmo ano, a comissão médica do COI instituiu um índex de substâncias proibidas.

★ Na Olimpíada de Roma, em 1960, o ciclista dinamarquês Knut Jensen morreu durante a prova de perseguição por equipes. O laudo falava em "insolação", mas a autópsia constatou que ele havia ingerido grandes doses de anfetaminas.

★ A nadadora da antiga Alemanha Oriental Kristiane Knacke, medalha de bronze nos cem metros borboleta, levou oito anos para perder 15 quilos de musculatura gerada por anabolizantes. Sua filha, nascida dois anos depois de ela ter deixado as piscinas, apresenta graves problemas hormonais.

★ O halterofilista russo Kaarlo Kangasniemi, medalha de ouro nas Olimpíadas de 1968, sofreu um grave acidente. Ao erguer uma barra de 160 quilos, ele teve um dos músculos de suas costas (inchado pelo uso de anabolizantes) rompido pelo peso dos halteres. A barra caiu sobre sua nuca, quebrou uma das vértebras e ele ficou paralisado pelo resto da vida.

★ Um quarto dos participantes do pentatlo moderno em Munique usou calmantes antes da prova de tiro. O Valium e o Librium eram proibidos pela Federação Internacional da modalidade, mas não pelo COI. Resultado: ninguém foi desclassificado.

★ O arremessador de discos húngaro Janos Farago morreu em 1984, aos 38 anos, por causa de câncer e inflamação renal provocados por anabolizantes.

Antes dos Jogos de Seul, o halterofilista canadense Jacques Demers chegou a injetar urina alheia na própria bexiga para tentar escapar do exame antidoping. Demers tinha sido preso em 1983 por contrabando de esteroides, mas foi perdoado e levou a prata em Los Angeles. Depois, continuou a usar e a comercializar as substâncias proibidas. Pego em Seul, foi banido do esporte.

★ A alemã Birgit Dressel passou do 33º ao sexto lugar no *ranking* mundial de heptaplo em um ano. Em 1987, aos 26 anos, ela foi hospitalizada às pressas e morreu no mesmo dia. Birgit tinha passado seis anos tomando mais de quatrocentas injeções de diversos produtos dopantes.

★ Em 1991, a velocista alemã Katrin Krabbe estava treinando na África do Sul quando recebeu a visita de uma médica da Federação Internacional de Atletismo para colher a sua urina. O laboratório descobriu que o material tinha sido adulterado. Não foi detectada nenhuma droga, mas verificou-se que a urina de Katrin era idêntica à de outras duas corredoras que forneceram amostras no mesmo dia. A adulteração de material é punida com a mesma severidade de um caso de *doping*.

✯ Antes mesmo do início da competição, o velocista inglês Jason Livingston e dois levantadores de peso da equipe britânica foram desligados da Olimpíada de Barcelona, em 1992. Os três atletas sofreram a punição quando se soube do resultado positivo dos exames de *doping* realizados no início de julho, ainda na Inglaterra, durante o período final de treinamento para os Jogos. A droga usada por Livinsgton chamava-se Methandianono, um medicamento da família dos esteroides anabolizantes.

✯ Nos jogos de Atenas, em 2004, a arremessadora de peso russa Irina Korzhanenko foi flagrada usando a substância estanozol, o mesmo esteroide usado pelo canadense Ben Johnson, em Seul (1988). Dois atletas húngaros – o arremessador de disco Robert Fazekas e o arremessador de martelo Adrian Annus – perderam a medalha de ouro por se recusarem a dar amostras de urina para o exame.

✯ Também em 2004, um caso emblemático aconteceu pouco antes do início dos Jogos. Konstantinos Kenteris e Katerina Thanou, estrelas do atletismo grego, não compareceram aos exames antidoping obrigatórios. Depois disseram ter sofrido um misterioso acidente de moto. Desistiram de participar da competição.

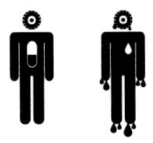

TODOS OS CASOS DE *DOPING* NOS JOGOS OLÍMPICOS

1968
HANS G. LILJENWALL | Suécia | **pentatlo moderno**

Liljenwall foi desclassificado por ter bebido mais que duas cervejas antes da competição.

1972
WALTER LEGEL | Áustria | **halterofilismo**
A. VAN DEN HOEK | Holanda | **ciclismo**
MIGUEL COLL | Porto Rico | **basquete**
JAIME HUELAMO | Espanha | **ciclismo**
RICK DEMONT | Estados Unidos | **natação**
BAKHAAVAA BUIDAA | Mongólia | **judô**
MOHAMAD NASEHI | Irã | **halterofilismo**

Antes dos Jogos, Demont (que era asmático) declarou usar um medicamento chamado Marax, que era prescrito para as crises mais graves e continha efedrina. Ele não sabia disso, e ninguém o avisou. Precisou usar o remédio na véspera da final dos quatrocentos metros livres e foi desclassificado após ter vencido a prova com um novo recorde mundial.

1976
PAUL CERUTTI | Mônaco | **tiro**
DRAGOMIR CIOROSLAN | Romênia | **halterofilismo**
LORNE LEIBEL | Canadá | **iatismo**
DANUTA ROSANI | Polônia | **atletismo** (arremesso de peso)
MARK CAMERON | Estados Unidos | **halterofilismo**
PETR PAVLASEK | Tchecoslováquia | **halterofilismo**
VALENTIN KHRISTOV | Bulgária | **halterofilismo**
ZBIGNIEW KACZMAREK | Polônia | **halterofilismo**
BLAGOI BLAGOEV | Bulgária | **halterofilismo**
ARNE NORBACK | Suécia | **halterofilismo**
PHILLIP GRIPPALDI | Estados Unidos | **halterofilismo**

1984
MIKIYASU TANAKA | Japão | **vôlei**
MAHMOUD TARHA | Líbano | **halterofilismo**
AHMED TARBI | Argélia | **halterofilismo**
TOMAS JOHANSSON | Suécia | **luta olímpica**
EIJI SHIMOMURA | Japão | **vôlei**
ANNA VEROULI | Grécia | **atletismo** (lançamento de dardo)
MARTTI VAINIO | Finlândia | **atletismo** (10 mil metros)
GIANPAOLO URLANDO | Itália | **atletismo** (arremesso de martelo)
GORAN PEFFERSON | Suécia | **halterofilismo**
STEFAN LAGGNER | Áustria | **halterofilismo**
SERAFIM GRAMMATIKOPOULOS | Grécia | **halterofilismo**
VESTEINN HAFSTEINSSON | Islândia | **atletismo** (arremesso de disco)

1988
ALEXANDER J. WATSON | Austrália | **pentatlo moderno**
MITKO GRABLEV (ouro*) | Bulgária | **halterofilismo**

JORGE QUESADA | Espanha | **pentatlo moderno**
FERNANDO MARIACA | Espanha | **halterofilismo**
ANGEL GENCHEV (ouro*) | Bulgária | **halterofilismo**
KALMAN SCENGERI | Hungria | **halterofilismo**
BEN JOHNSON (ouro*) | Canadá | **atletismo** (cem metros)
ANDOR SZANYI | Hungria | **halterofilismo**
ALIDAD | Afeganistão | **luta olímpica**
KERRITH BROWN | Grã-Bretanha | **judô**
(*) As medalhas foram cassadas posteriormente.

1992
WU DAN | China | **vôlei**
MADINA BIKTAGIROVA | CEI | **atletismo** (maratona)
JUD LOGAN | Estados Unidos | **atletismo** (arremesso de martelo)
BONNIE DASSE | Estados Unidos | **atletismo** (arremesso de peso)
NIJOLE MEDVEDIEVA | Lituânia | **atletismo** (salto em distância)

1996
IVA PRANDZEVA | Bulgária | **atletismo** (lançamento de dardo)
NATALYA SHEKHODANOVA | Rússia | **atletismo** (cem metros com barreiras)
ANDREY KORNEYEV (bronze) | Rússia | **natação** (duzentos metros peito)
ZAFAR GULYOV (bronze) | Rússia | **luta olímpica****
RITA RAZNAITE | Lituânia | **ciclismo****
NINA ZHIVANEVSKAYA | Rússia | **natação** (duzentos metros costas)**
MARÍA TRANDENKOVA | Rússia | **atletismo** (cem metros)**

**Todos esses atletas tomaram a mesma substância: o bromantano. Ela produz nos atletas maior capacidade aeróbica e garante melhor desempenho. O medicamento só existe nos países da antiga União Soviética, onde é comercializado no mercado negro. Era usado pelos astronautas soviéticos. No entanto, esses atletas foram "perdoados" porque o bromantano havia sido recém-incluído na lista de substâncias proibidas. Andrey Korneyev e Zafar Gulgov mantiveram suas medalhas.

2000
IVAN IVANOV (prata*) | Bulgária | **halterofilismo**
IZABELA DRAGNEVA (ouro*) | Bulgária | **halterofilismo**
SEVDALIN MINCHEV (bronze*) | Bulgária | **halterofilismo**
ANDRIS REINHOLDS | Letônia | **remo**
ANDREEA RADUCAN (ouro*) | Romênia | **ginástica artística**
ASHOT DANIELYAN (bronze*) | Armênia | **halterofilismo**

FRITZ AANES | Noruega | **luta olímpica**
STIN GRIMSETH | Noruega | **halterofilismo**
ALEXANDER LEIPOLD (ouro*) | ALEMANHA | **luta olímpica**
OYUNBILEG PUREVBAATAR | Mongólia | **luta olímpica**
ANTONIO PETTIGREW (ouro*) | Estados Unidos | **atletismo** (4 X 400 metros)
MARION JONES (três de ouro, duas de bronze*) | ESTADOS UNIDOS | **atletismo** (cem metros, duzentos metros, 4 X 400 metros, salto em distância, 4 X 100 metros)
(*) As medalhas foram cassadas posteriormente.

Andreea Raducan, então aos 16 anos de idade, foi responsável pelo primeiro caso de *doping* na ginástica olímpica. Ela conquistou a primeira medalha de ouro na modalidade para seu país desde o fenômeno Nadia Comaneci, e ainda ganhou outra medalha de ouro na competição por equipes e a de prata no salto sobre o cavalo. No entanto, o teste de Andreea foi positivo para efedrina — a substância estava presente em um antigripal que ela tomou por prescrição do médico da equipe. O doutor foi expulso da delegação e a atleta perdeu o ouro individual.

2004
ALEKSEY LESNICHIY | Bielorrússia | **atletismo** (salto em altura)
KONSTANTINOS KENTERIS | Grécia | **atletismo** (duzentos metros)
EKATERINI THANOU | Grécia | **atletismo** (cem metros)
ANDREW BACK | Grécia | **beisebol**
DEREK NICHOLSON | Grécia | **beisebol**
CIAN O'CONNOR | Irlanda | **hipismo**
MITAL SHARIPOV |Quirguistão | **halterofilismo**
LUDGER BEERBAUM (ouro*) | Alemanha | **hipismo**
LEONIDAS SAMPANIS (bronze*) | Grécia | **halterofilismo**
ADRIAN ANNUS (ouro*) | Hungria | **atletismo** (lançamento de martelo)
ZOLTAN KECSKES | Hungria | **halterofilismo**
ROBERT FAZEKAS (ouro*) | Hungria | **atletismo** (lançamento de disco)
FERENC GYURKOVICS (prata*) | Hungria | **halterofilismo**
ZOLTAN KOVACS | Hungria | **halterofilismo**
PRATIMA KUMARI NA | Índia | **halterofilismo**
SANAMACHA CHANU | Índia | **halterofilismo**
WAFA AMMOURI | Marrocos | **halterofilismo**
NAN AYE KHINE | Mianmar | **halterofilismo**
VIKTOR CHISLEAN | Moldávia | **halterofilismo**
MABEL FONSECA | Porto Rico | **luta livre**
DAVID MUNYASIA | Quênia | **boxe**

IRINA KORZHANENKO (ouro*) | Rússia | **atletismo** (arremesso de peso)
ANTON GALKIN | Rússia | **atletismo** (quatrocentos metros)
ALBINA KHOMICH | Rússia | **halterofilismo**
SAHBAZ SULE | Turquia | **halterofilismo**
OLENA OLEFIRENKO | Ucrânia | **remo**
OLGA SHCHUKINA | Uzbequistão | **atletismo** (arremesso de peso)
(*) As medalhas foram cassadas posteriormente.

2008
MARIA ISABEL MORENO | Espanha | **ciclismo**
KIM JONG SU (prata* e bronze*) | Coreia do Norte | **tiro**
DO THI NGAN THUONG | Vietnã | **ginástica artística**
FANI HALKIA | Grécia | **atletismo** (quatrocentos metros com barreiras)
LYUDMILA BLONSKA (prata*) | Ucrânia | **heptatlo**
IGOR RAZORONOV | Ucrânia | **halterofilismo**
BERNARDO ALVES | Brasil | **hipismo**
RODRIGO PESSOA | Brasil | **hipismo**
CHRISTIAN AHLMANN | Alemanha | **hipismo**
DENIS LYNCH | Irlanda | **hipismo**
TONY ANDRÉ HANSEN (bronze*) | Noruega | **hipismo**
COURTNEY KING | Estados Unidos | **hipismo**
ADAM SEROCZYNSKI | Polônia | **canoagem**
RASHID RAMZI (ouro*) | Bahrein | **atletismo** (1.500 metros)
DAVIDE REBELLIN (prata*) | Itália | **ciclismo**
STEFAN SCHUMACHER | Alemanha | **ciclismo**
VANJA PERISIC | Croácia | **atletismo** (oitocentos metros)
ATHANASIA TSOUMELEKA | Grécia | **atletismo** (marcha atlética vinte quilômetros)
(*) As medalhas foram cassadas posteriormente.

ACREDITE SE QUISER!
★ Em 2004, o exame antidoping feito pela levantadora de peso Olga Shchukina, do Uzbequistão, deu positivo. Só que ela foi a última colocada de sua prova.

★ Também em 2004, o cavaleiro brasileiro Rodrigo Pessoa conquistou o segundo lugar na prova de salto individual. Porém terminou com a medalha de ouro porque o cavalo Waterford Crystal, do irlandês Cian O'Connor, foi pego no exame antidoping.

★ A Grécia foi o primeiro país sede a ter atletas flagrados no exame.

O *DOPING* DE BEN JOHNSON

O atleta canadense Ben Johnson ficou quase uma hora e meia tomando muito líquido para conseguir fazer xixi depois da vitória nos cem metros, em Seul. No dia seguinte, os dois minúsculos frascos marcados com o número 1.237 mostraram a presença de estanozolol, substância que aumenta artificialmente a massa muscular e a competitividade do atleta.

Havia entre os atletas a suposição de que o estanozolol seria indetectável pelos exames. Na verdade, em Seul, foi a primeira vez que ele acabou sendo percebido. A utilização regular do estanozolol provoca, como efeitos colaterais, danos ao fígado e a atrofia dos órgãos genitais masculinos.

Ben Johnson foi excluído dos registros das Olimpíadas de Seul – seu nome e suas marcas não constaram de qualquer estatística oficial dos Jogos. Johnson ficou proibido de disputar qualquer competição internacional por dois anos.

CRONOLOGIA

Junho de 1989 ▶ Pela primeira vez, Ben Johnson confessou que se dopava. Disse que tomava anabolizantes desde 1981 para melhorar seu desempenho.

Agosto de 1990 ▶ O governo canadense, que havia banido o atleta das competições, permitiu que ele voltasse às pistas.

Janeiro de 1991 ▶ Sua primeira prova é a dos cinquenta metros, do Meeting de Atletismo em Ontário, no Canadá. Chega em segundo lugar, atrás do americano Daron Council.

Outubro de 1991 ▶ É condenado a 16 meses de prisão por ter agredido a atleta canadense Cheryl Thibedeau, em dezembro de 1990. Cheryl fora agredida ao criticar o estado físico de Johnson. Ele admitiu a culpa e pôde cumprir a pena em liberdade condicional.

Julho de 1992 ▶ Ben Johnson participa dos Jogos Olímpicos de Barcelona e não consegue classificação para a final dos cem metros. O melhor tempo de sua carreira sem drogas é 10s16. Quando tomava anabolizantes, ele bateu o recorde mundial, com 9s79, invalidado pelo COI. A nota triste: Johnson agrediu um funcionário da Vila Olímpica.

Março de 1993 ▶ Novo exame mostrou que Ben Johnson voltou a tomar anabolizantes. Não teve mais perdão. Foi proibido de correr pelo resto da vida.

OS BRASILEIROS CAEM NA MALHA FINA

★ Em 1986, o velocista Salviano Domingues foi apanhado quando disputava o Meeting Internacional de Atletismo de São Paulo. Na mesma competição, seis anos depois, a velocista Berenice Ferreira acabou caindo na malha fina do antidoping.

★ O caso mais comentado, porém, foi o da lançadora de dardo Sueli Pereira dos Santos. Em 1994, ela conseguiu a marca de 65,96 metros e ficou entre as dez melhores do mundo. Um exame de surpresa realizado em janeiro de 1995 constatou a presença da droga. Sueli recebeu uma suspensão de quatro anos.

★ A corredora Fabiane dos Santos, especialista nos oitocentos metros, foi a primeira atleta brasileira a ser banida do esporte mundial por causa de *doping*, no final de 2002. Em 1995, ela já havia testado positivo para o esteroide nandrolona durante o Troféu Brasil, e reincidiu no erro em 2001, dessa vez com testosterona epitetosterone ratio – um hormônio masculino que aumenta a força e a potência muscular –, no GP Brasil.

★ Em agosto de 2003, a atleta Maurren Maggi, que vinha alcançando bons resultados no salto triplo e no salto em distância, foi pega em um exame antidoping também durante o Troféu Brasil, em São Paulo. Os resultados apontaram a presença de clostebol, um anabolizante que, segundo Maureen, foi causado por uma pomada cicatrizante que o contém, usada após uma sessão de depilação a laser.

★ Inicialmente, Maurren havia sido punida com uma suspensão de dois anos, o que a deixou de fora dos Jogos Pan-Americanos de Santo Domingo, no mesmo ano. Depois, a atleta foi absolvida pelo Superior Tribunal de Justiça Desportiva (STJD), mas, alegando problemas físicos e psicológicos, decidiu não disputar as Olimpíadas de Atenas.

★ A atleta decidiu voltar aos treinos em 2006, após ter dado à luz Sofia, sua filha única do casamento com o piloto de stock car Antonio Pizzonia. Foi ouro nos Jogos Pan-Americanos do Rio de Janeiro e, depois, deu a volta por cima também nas Olimpíadas: ouro em Pequim.

O TRUQUE

Ao contrário dos estimulantes, que para fazer efeito devem ser tomados uma única vez às vésperas das competições, os anabolizantes são ingeridos em época de treinamentos, por períodos contínuos, que variam entre três e seis meses. O tratamento é interrompido de duas a três semanas antes das provas, tempo suficiente para o organismo eliminar traços das substâncias proibidas e permitir a passagem pelo exame antidoping. Para escapar dessa artimanha, desde 1993 a Federação Internacional de Atletismo realiza exames surpresa nos melhores atletas do mundo.

O exame de sangue seria muito mais eficiente no controle antidoping, mas não é permitido pelo Comitê Olímpico Internacional. A entidade teme o protesto de alguns países, que alegarão motivos religiosos para evitar que seus atletas tirem sangue.

7

A força não vem da capacidade física. Vem de uma vontade indomável.

MAHATMA GANDHI
(1869-1948), líder pacifista indiano

Heróis olímpicos

DEZ ATLETAS QUE FIZERAM HISTÓRIA

Correr sem sapatos, pedalar com pesos nos pés, vencer a resistência da família e o descrédito de seus compatriotas: essas são apenas algumas das façanhas desses atletas que não conheciam obstáculos – nem limites – e tiveram seus nomes registrados para sempre na história dos Jogos.

❶ Abebe Bikila (1932-1973)

O etíope Abebe Bikila, ex-pastor de ovelhas e capitão da Guarda Real do imperador, foi o primeiro homem a vencer duas maratonas olímpicas consecutivas. Em 1960, ele correu descalço pelas ruas de Roma, pois estava acostumado a treinar assim e ficou com medo que os tênis novos lhe fizessem bolhas nos pés. Chegou quatro minutos na frente do segundo colocado e declarou que tinha fôlego para suportar mais dez quilômetros. A prova contou com 69 participantes e pela primeira vez foi disputada à noite, com guardas italianos segurando tochas ao longo do caminho. O plano de corrida de Bikila foi bastante curioso. Ao fazer o reconhecimento do trajeto, alguns dias antes, ele observou o obelisco de Axum, que tinha sido retirado da Etiópia por tropas italianas. O obelisco estava a 1,5 quilômetro da linha de chegada, bem no ponto em que o maratonista devia dar a arrancada final.

Quatro anos depois, em Tóquio, Abebe Bikila passou por uma operação de apêndice 35 dias antes da competição. Venceu novamente, só que calçando sapatilhas, por imposição dos juízes. Em sua terceira tentativa, na Cidade do México, ele teve uma contusão no joelho e desistiu depois de 17 quilômetros.

Na verdade, seu nome era Bikila Abebe. Os italianos do credenciamento dos Jogos de Roma colocaram primeiro o sobrenome e depois o nome, como de hábito, mas esqueceram da vírgula que os separa. A mudança pegou e nunca mais Abebe Bikila seria chamado pelo nome correto.

Em 1969, sofreu um acidente com o Volkswagen que ganhou do governo e ficou tetraplégico, confinado a uma cadeira de rodas, mas continuou vencendo provas para atletas deficientes. Morreu, aos 41 anos, em 1973. Uma multidão de 70 mil pessoas acompanhou o enterro do seu herói.

> **HINO ERRADO**
> Na cerimônia de premiação, em 1964, os organizadores japoneses esqueceram de providenciar as partituras com o hino da Etiópia. A banda aproveitou a oportunidade e tocou o hino do Japão enquanto Abebe Bikila recebia sua medalha.

❷ Carl Lewis (1961-)

Frederick Carlton Lewis, o Carl Lewis, nasceu numa família de esportistas do estado do Alabama, Estados Unidos. Sua mãe foi campeã americana numa prova de oitenta metros com barreiras, em 1950, enquanto seu pai jogava futebol americano. Carl despontou nos Jogos Pan-Americanos de 1979, ao receber uma medalha de bronze no salto em distância. Sua carreira tomou impulso e ele acabou sendo apontado como o Atleta da Década de 1980.

Disputou quatro Olimpíadas e ganhou nove medalhas de ouro e uma de prata. Em Los Angeles, ganhou quatro medalhas de ouro no atletismo (cem e duzentos metros, salto em distância e revezamento 4 X 100 metros), as mesmas recebidas pelo lendário Jesse Owens, em 1936. Nos Jogos de Barcelona, ficou com o primeiro lugar no salto em distância e no revezamento 4 X 100 metros.

Ele repetiu o feito no salto em distância em 1996, em Atlanta, igualando o recorde do arremessador de disco Al Oeter: um tetracampeonato olímpico em uma mesma prova. Foi assim, com glórias, que Lewis encerrou sua carreira profissional. Depois, participou de algumas provas de exibição e parou de vez. Em 1999, ele e Fanny Blankers-Khoen foram eleitos pela Federação Internacional de Atletismo como os atletas do século.

Lewis lançou uma marca de roupas com seu nome, abriu uma produtora de vídeos institucionais e mantém uma fundação beneficente, além de atuar no cinema de vez em quando.

❸ Dawn Fraser (1937-)

A australiana Dawn Fraser foi a primeira nadadora a ganhar a mesma prova olímpica – no seu caso, os cem metros livres – em três Jogos consecutivos (1956, 1960 e 1964). Na primeira delas, Dawn dedicou a medalha a seu irmão, que morrera um pouco antes, de leucemia. Em sua última Olimpíada, ela estava com 27 anos, enquanto suas companheiras beiravam os 14. Ganhou o apelido de Vovó. Sete meses antes, Dawn se envolvera num acidente de carro. Sua mãe morreu, uma irmã ficou ferida e ela machucou o pescoço.

Fraser bateu 27 vezes o recorde mundial (e outros 12 em provas de revezamento) e foi a primeira mulher a baixar de um minuto a marca dos cem metros livres.

O temperamento rebelde de Fraser lhe rendeu muitos problemas nos Jogos de Roma, em 1960. Ela foi comemorar sua vitória nos cem metros livres com vinho e macarrão, e voltou tarde à Vila Olímpica. Repreendida na manhã seguinte, acertou uma travesseirada em uma colega. Resolveu sair para fazer compras e apareceu com um vestido de noiva. Mesmo com seus títulos, passou a ser ignorada pelas outras nadadoras australianas, que não falavam mais com Fraser e nem conversavam entre si se ela estivesse por perto.

Dawn ficou famosa também por sempre beber um martíni seco antes do jantar, e de cinco a seis cervejas em festas. Sua carreira acabou de forma abrupta. Em 1965, ela foi suspensa por dez anos em razão de três incidentes ocorridos nos Jogos um ano antes:

• Dawn participou da cerimônia de abertura apesar da ordem em contrário, já que competiria no dia seguinte;

• recusou-se a usar o maiô oficial da equipe;

• atravessou o fosso ao redor do Palácio Imperial, de madrugada, para roubar uma bandeira japonesa como suvenir. Foi surpreendida pela polícia. Reconhecida, foi liberada e pôde até ficar com a bandeira. As autoridades australianas, no entanto, não a perdoaram.

Entre 1988 e 1991, Dawn Fraser ainda tentou a carreira política, na Assembleia Legislativa do estado de Nova Gales do Sul.

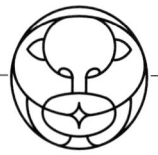

A HORA DO PESADELO

Dawn Fraser conta que, na noite anterior à final dos cem metros, em 1956, ela teve um pesadelo. Sonhou que seus pés ficaram grudados no bloco de partida por causa do mel que alguém tinha colocado ali. Depois de conseguir se livrar desse incômodo, Dawn mergulhou na piscina. Em vez de ter água, a piscina estava cheia de espaguete.

❹ Emil Zátopek (1922-2000)
Da primeira corrida em 1941 até a aposentadoria em 1978, o tcheco Emil Zátopek bateu 18 recordes mundiais em distâncias de 5 mil a 30 mil metros. Ele venceu os 10 mil metros nos Jogos de 1948 e arrebatou outras três medalhas de ouro (5 mil, 10 mil e maratona), em 1952. Participou também da maratona de 1956 e terminou em sexto lugar. Seis semanas antes, ele tinha apresentado um problema de hérnia e foi operado. Recomendaram-lhe que ficasse dois meses sem correr. Ele voltou a treinar um dia depois de ter deixado o hospital.

Nos seus primeiros anos no Exército, Zátopek treinava à noite, calçando botinas e carregando uma lanterna. Certa vez, a caminho de uma prova, ele ficou cinco horas de pé numa viagem de trem, alimentando-se apenas de cerveja e biscoitos. Adormeceu no bonde que o levava para a pista. Foi acordado apenas na hora de competir — e quebrar o recorde dos 10 mil metros. Em 1955, Zátopek fazia noventa *sprints* de quatrocentos metros todos os dias. Costumava andar de bicicleta com pesos amarrados nos pés.

A superioridade de Zátopek era tão evidente que o tcheco se permitia brincar com os adversários. Na final dos 5 mil metros em Londres (1948), disputada sob chuva, Zátopek fez um gesto de reverência e deixou que o belga Gaston Reiff e o holandês Willem Slijkhuis passassem à sua frente e tivessem certa vantagem. Na última volta, começou um *sprint*, certo de que ultrapassaria os dois atletas e venceria. Mas uma poça d'água traiçoeira acabou com as esperanças de Zátopek, que ficou com a prata, dois segundos atrás de Reiff.

Zátopek chegou ao posto de tenente-coronel do Exército. Em 1968, assinou o "Manifesto das 2 mil palavras", apoiando um governo liberal no país. Quando os tanques russos invadiram a Tchecoslováquia e esmagaram a Primavera de Praga, em 1968 ele foi demitido, expulso do Partido Comunista e passou a pular de um emprego a outro.

Tornou-se gari, e as pessoas que o reconheciam o ajudavam a carregar o lixo na rua. Percebendo que, assim, Zátopek havia se transformado num símbolo de resistência, o governo lhe deu um emprego melhor, no Instituto de Pesquisas Geológicas, e depois no Centro de Informações Esportivas, como zelador.

Zátopek venceu a corrida de São Silvestre, em São Paulo, no ano de 1953.

Ele e sua mulher, Dana (medalha de ouro no arremesso de dardo em 1952), nasceram na mesma cidade (Koprivnice) da Tchecoslováquia, no mesmo dia, no mesmo mês e no mesmo ano: 19 de setembro de 1922.

Zátopek morreu em 22 de novembro de 2000, após meses adoecido, na cidade de Praga. Até hoje, ele é o único atleta a possuir uma estátua no Museu Olímpico, em Lausanne (Suíça).

❺ Jesse Owens (1913-1980)

Quando Pelé foi eleito o Atleta do Século, em 1981, o americano Jesse Owens terminou a votação em segundo lugar. Neto de escravos, James

Cleveland Owens, seu nome completo, é o maior herói do atletismo olímpico de todos os tempos. Antes de se destacar no esporte, trabalhou na lavoura algodoeira e, ao se mudar do Alabama para Ohio, virou até ascensorista numa repartição pública. Aos nove anos, na escola, começou a se interessar pelo atletismo. Casou-se aos 16 anos com Ruth (viveram juntos por 49 anos e tiveram três filhas).

Numa de suas primeiras competições, a Big Ten, em 25 de maio de 1935, mesmo com dores nas costas, ele estabeleceu cinco novos recordes mundiais e empatou mais um num período de 45 minutos. Foi convocado para a equipe olímpica e começou a se tornar um mito.

Nos Jogos de 1936, em Berlim, foi o primeiro atleta a ganhar quatro medalhas de ouro e quebrou dois recordes olímpicos. Mais que isso: sepultou as teorias nazistas a respeito da superioridade da raça ariana. Ao retornar de Berlim, Jesse Owens foi trabalhar num parque de diversões, por não encontrar emprego melhor. Para sustentar a família, fazia exibições públicas, apostando corridas com motocicletas, cachorros e cavalos. Finalmente, as proezas de Owens foram valorizadas e ele passou a dar palestras em convenções, chegando a faturar 75 mil dólares por ano. Foi enviado aos Jogos de 1956 e 1972 como representante do presidente dos Estados Unidos.

Morreu em 31 de março de 1980, de câncer. Nos últimos trinta anos de sua vida, Jesse foi fumante inveterado. Uma rua nas proximidades do Estádio Olímpico de Berlim, na Alemanha, ganhou o seu nome.

❻ Jim Thorpe (1888-1953)

O americano que ganhou as medalhas de ouro de decatlo e pentatlo em Estocolmo, Jim Thorpe, era neto de índios e foi saudado pelo rei Gustavo V, da Suécia, como "o melhor atleta do mundo". Thorpe já surpreendera a América por sua incrível versatilidade em vários esportes: atletismo, beisebol, futebol americano e corridas. Voltou em triunfo para Nova York, recebido até com uma chuva de papel picado na Broadway.

Um ano mais tarde, no entanto, Thorpe recebeu a notícia de que suas medalhas haviam sido cassadas porque a União dos Atletas Amadores Americanos descobriu que ele não era um verdadeiro amador. Thorpe ganhara 25 dólares para jogar beisebol numa equipe semiprofissional da Carolina do Norte. Os segundos colocados no pentatlo e no decatlo, Ferdinand Bie e Hugo Wieslander, se recusaram a receber as medalhas de ouro, num belo gesto de solidariedade.

Thorpe terminou na miséria. Nem o filme produzido pela Warner Bros. sobre sua vida, com Burt Lancaster, rendeu-lhe algum dinheiro. Somente em outubro de 1982 o COI reconheceu o erro, recolocando suas marcas no livro olímpico e entregando as medalhas de ouro a seus filhos. Thorpe morrera trinta anos antes.

UM HOMEM DE BRONZE
Um fato curioso é que Avery Brundage, presidente do COI entre 1952 e 1972, e que sempre se recusou a rever o caso de Thorpe, havia sido justamente derrotado pelo índio no pentatlo e no decatlo nos Jogos Olímpicos de Estocolmo em 1912.

❼ Mark Spitz (1950-)
O nadador americano Mark Andrew Spitz, que nasceu na Califórnia, Estados Unidos, e passou a infância no Havaí, estreou internacionalmente nas Macabíadas, em Israel, no ano de 1965. Ganhou quatro medalhas de ouro. Nos Jogos Pan-Americanos de Winnipeg, no Canadá, dois anos depois, arrebatou outras cinco. Em junho de 1967, bateu seu primeiro recorde mundial, nos quatrocentos metros nado livre.

Por causa desse currículo, Spitz chegou às Olimpíadas de 1968 prevendo que iria faturar seis medalhas de ouro. Terminou com duas de ouro (ambas em provas de revezamento), uma de prata e uma de bronze. Para qualquer um poderia ser um resultado e tanto. Para Mark Spitz foi uma tragédia.

Quatro anos depois, nos Jogos de Munique, ele entrou para a história ao arrebatar o número recorde de sete medalhas de ouro — a marca só seria superada em 2008, quando o nadador Michael Phelps conquistou uma medalha dourada a mais.

Spitz havia decidido que ganharia todas as provas de que participasse. Já tinha vencido cinco e só faltavam os cem metros livres e o revezamento 4 X 100 *medley*. Se nesta última prova o ouro era garantido, na outra havia um compatriota que, por estar menos cansado, poderia estragar a festa de Spitz. Seu técnico tentou convencê-lo a desistir. Ganhar cinco ouros em cinco provas, para Spitz, seria melhor que ganhar seis ouros em sete provas. Mas o nadador não se abalou e ainda bateu os recordes olímpico e mundial dos cem metros livres.

Cerca de 300 mil pôsteres de Spitz, capa da *Sports Illustrated*, de sunga e com as sete medalhas, foram vendidos. Fez contratos publicitários que lhe garantiram 5 milhões de dólares ao ano. Virou uma celebridade.

Depois da Olimpíada, Mark Spitz, dono de dez recordes mundiais e 28 recordes nacionais, se aposentou. Em 1973, casou-se e comprou um veleiro de 65 mil dólares para passear pelo mundo.

NOSSOS COMERCIAIS, POR FAVOR!

Durante a cerimônia de premiação dos duzentos metros nado livre, em 1972, Mark Spitz resolveu comemorar sacudindo seu par de tênis para o público (e diante das câmeras de televisão). Foi chamado em seguida pelos representantes do Comitê Olímpico Internacional. E conseguiu ser convincente o bastante para explicar que aquilo tinha sido apenas um ato de exibicionismo e euforia, e não publicidade.

⑧ Nadia Comaneci (1961-)

Nas Olimpíadas de 1976, a romena Nadia Comaneci – uma garota de 15 anos, de 1,49 metro e 39 quilos – conseguiu uma proeza tida como impossível: a nota máxima (dez) em sete das oito provas de ginástica olímpica. Ao desembarcar de regresso a Bucareste, onde era esperada por uma multidão, Nadia chorava porque esquecera sua boneca no avião.

Filha de um mecânico e de uma faxineira, Nadia tinha seis anos quando despertou a atenção do casal de treinadores Marta e Bela Karoly (que fugiram para os Estados Unidos em 1981, onde se naturalizaram americanos). Passou a ser submetida a cinco horas de treino por dia e deixou de ir à escola. Conquistou mais duas medalhas de ouro para a Romênia nos Jogos de 1980, antes de encerrar sua carreira, quatro anos depois.

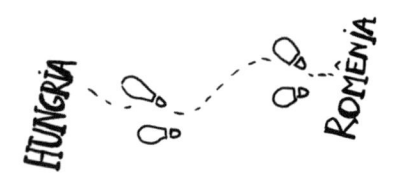

A FUGA DE NADIA

Nadia Comaneci ganhou do ditador romeno Nicolae Ceaucescu um carro, um confortável apartamento e o título de Heroína do Trabalho Socialista. Em compensação, era obrigada a aparecer a seu lado em solenidades oficiais. Nicu, filho do ditador, começou a assediá-la insistentemente e a jovem ginasta tornou-se sua amante.

As coisas se complicaram no final de 1983, quando Nadia iniciou um namoro com o centroavante Geolgau, um dos maiores craques do futebol romeno. Nicu apareceu na festa de noivado dos dois, em abril de 1984, à frente de uma tropa de agentes da Securitate, a temível polícia secreta de Ceaucescu. Todos os convidados foram espancados e Nadia teria sido violentada em público por Nicu. Tempos depois, durante uma viagem ao Canadá, a ginasta teria tentado fugir, mas foi capturada pela Securitate e obrigada a voltar.

Na noite de 27 de novembro de 1989, ela e um grupo de seis romenos finalmente escaparam a pé da Romênia para a Hungria, driblando os guardas da fronteira e seus cães treinados para perseguir fugitivos. Saiu da Hungria com passaporte falso e ficou escondida na embaixada americana em Viena (Áustria). Após três dias, ela desembarcou em Nova York, aceita pelos Estados Unidos como refugiada política. O ditador Ceaucescu foi derrubado do poder um mês depois.

A NOVA VIDA
Nos primeiros tempos, Nadia enfrentou um problema de bulimia, uma disfunção que provoca um apetite voraz. Chegou a ficar com setenta quilos. Depois de três meses de romance com seu ex-treinador, Constantine Panait, que largara a mulher e quatro filhos, ela se casou com Mihai Vasilescu, um namorado que havia deixado para trás em Bucareste.

Mudou-se para o Canadá e, para ganhar a vida na América, passou a fazer publicidade. Posou (pouco à vontade) para uma propaganda de sutiã e calcinha.

Nadia se casou novamente em 1996, agora com outro ex-ginasta, o americano Bart Conner. Hoje, ela e o marido têm uma academia nos Estados Unidos. Nadia ainda participa de campanhas para ajudar órfãos romenos.

❾ Paavo Nurmi (1897-1973)
O finlandês Paavo Johannes Nurmi foi o maior ganhador de medalhas enquanto competiu — atualmente, está em terceiro na lista, só sendo superado pelo nadador norte-americano Michael Phelps e pela ginasta da antiga União Soviética Larissa Latynina. Somou nove medalhas de ouro e três de prata, entre os Jogos de 1920 e 1928. Mais velho dos cinco filhos de um carpinteiro, Nurmi começou a correr aos nove anos. Seu pai morreu quatro anos depois e ele foi obrigado a trabalhar, o que retardou um pouco seu progresso no esporte. Tornou-se vegetariano e deixou de tomar café, chá e bebidas alcoólicas. No caminho para o trabalho, Nurmi costumava apostar corridas com bondes e trens.

Em 1919, servindo o Exército, ele participou de uma corrida carregando um rifle e uma mochila com cinco quilos de areia nas costas. Chegou tão na frente que foi acusado injustamente de ter pego um atalho. No ano seguinte, conquistou o seu primeiro título, numa prova de 1.500 metros. A primeira medalha olímpica veio na prova dos 10 mil metros em 1920, depois de ter ficado em segundo lugar nos 5 mil metros três dias antes. Sua nona e última medalha de ouro veio nos mesmos 10 mil metros, em 1928.

Em 1924, as finais dos 1.500 e dos 5 mil metros estavam programadas para o mesmo dia, com um intervalo menor que uma hora entre as disputas. Quando Nurmi soube disso, meses antes dos Jogos, começou a se preparar para as duas provas, inclusive simulando as competições seguidas. Nos Jogos, não só venceu os 1.500 e os 5 mil metros, como também bateu os dois recordes olímpicos. Um dos atletas mais completos do século XX, tinha o coração do lado direito do peito.

Nurmi era chamado de Homem-Cronômetro. Em treinos e competições, sempre usava, na mão direita, um relógio velho, herdado do pai. Enquanto o carpinteiro ainda vivia e fazia exercícios em Turku, o pequeno Paavo o acompanhava e controlava seus tempos com o relógio.

Nurmi poderia ter ganho mais duas medalhas em 1932 (pretendia correr os 10 mil metros e a maratona), mas foi proibido de competir pouco antes, acusado de exercer o atletismo de forma profissional. Encerrou a carreira em 1933, com um total de 29 recordes mundiais em 16 diferentes provas, dos 1.500 aos 20 mil metros. Abriu uma empresa de construção civil e uma loja de roupas masculinas.

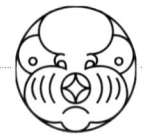

UM GESTO DE OURO

Nos Jogos de 1928, em Amsterdã, Paavo Nurmi disputou a prova dos trezentos metros com obstáculos. Mas, com todo o seu ímpeto de vencer, ele acabou caindo no obstáculo com água, no primeiro salto, e foi ajudado a se levantar pelo francês Lucien Duquesne. Depois disso, no meio da prova, Nurmi chegou a ficar para trás apenas para incentivar o francês. No final da prova, Nurmi recuperou algumas posições e terminou com a medalha de prata. Duquesne chegou em sexto.

> "O tempo, e não outro homem, é o meu maior adversário." (Paavo Nurmi)

CHAMA O HUUUUUGO!
Embora a primeira vitória de Paavo Nurmi (10 mil metros, em 1920) não tenha sido a mais difícil, foi a mais nojenta. O francês Joseph Guillemot, segundo colocado, sentiu-se mal e vomitou em cima de Nurmi assim que cruzou a linha de chegada. O motivo do mal-estar de Guillemot foi a mudança do horário da prova em cima da hora. Ele tinha acabado de almoçar quando soube que o horário havia sido mudado de 17 horas para 13:45 horas, a pedido do rei da Bélgica. Guillemot não teve tempo de fazer a digestão.

⑩ Fanny Blankers-Koen (1918-2004)
Nas Olimpíadas de Londres, em 1948, com trinta anos e dois filhos, só a própria Fanny acreditava que seria capaz de cumprir a promessa feita a si mesma mais de dez anos antes: seria campeã olímpica.

Ela havia iniciado sua carreira em Berlim, onde o máximo que conseguira foi o sexto lugar no salto em altura e um autógrafo do ídolo americano Jesse Owens. Logo depois, casou-se com o treinador, Jan Blankers, teve filhos e continuou melhorando, batendo recordes mundiais um atrás do outro em várias provas. Fanny teria tudo para estourar nos Jogos seguintes, mas a Segunda Guerra Mundial atrapalhou seus planos.

Sua chance chegaria nas Olimpíadas de 1948. Como as regras permitiam que as mulheres se inscrevessem em apenas três provas individuais no atletismo, ela teve de escolher: optou pelos cem e duzentos metros rasos e os oitenta metros com barreiras. E, ainda, foi selecionada para a equipe holandesa do revezamento 4 X 100 metros.

A vitória nos cem metros foi fácil. A dos oitenta metros com barreiras foi decidida apenas no *photo finish*. Já duas vezes campeã, ela temeu o cansaço e pensou em desistir dos duzentos metros, mas seu treinador-marido a estimulou e, depois de muita choradeira, lá foi a "mamãe maravilha" ganhar mais uma prova. E, no dia seguinte, pegou o bastão em quarto lugar e levou a Holanda ao ouro no revezamento.

Fanny ainda voltaria a correr em Helsinque, apenas nos oitenta metros com barreiras, mas não foi para a final. Nem precisava. Ela já havia inscrito seu nome entre as grandes atletas de todos os tempos. No total, além das medalhas olímpicas, foram 16 recordes mundiais em oito provas diferentes; cinco títulos europeus; e 58 campeonatos holandeses. Ganhou estátua em Amsterdã e, em 1999, foi eleita atleta do século, ao lado de Carl Lewis, pela Federação Internacional de Atletismo.

MICHAEL PHELPS

O nadador foi o atleta que mais ganhou medalhas em duas edições dos jogos, em 2004 e 2008. Em Atenas, ele levou seis ouros e dois bronzes. Em Pequim, ele superou o recorde de Mark Spitz ao vencer oito provas – seis individuais e duas por equipe. Logo em sua primeira competição, Phelps quebrou o recorde mundial da prova – que pertencia a ele próprio – em quase dois segundos. Entre a quarta e a quinta final, teve menos de uma hora de descanso, o que não o impediu de vencer novamente. Ao todo, Phelps quebrou sete recordes de tempo (olímpicos ou mundiais) durante a competição em Pequim.

DEZ BRASILEIROS OLÍMPICOS

❶ Adhemar Ferreira da Silva (1927-2001)
Foi o primeiro brasileiro bicampeão olímpico. Adhemar Ferreira da Silva conquistou as medalhas de ouro no salto triplo em 1952 e 1956. Começou a competir em 1947 e não conseguiu um bom resultado nos Jogos de Londres. Antes de ir a Helsinque, aprendeu algumas palavras em finlandês. Já chegou impressionando, cumprimentando os policiais da alfândega com a saudação tradicional "Terve!". Depois disso, sua simpatia e algumas canções típicas conquistaram o apoio dos finlandeses. Em Helsinque, Adhemar bateu o recorde

mundial, com a marca de 16,22 metros. Antes da prova, pediu a uma cozinheira finlandesa, que conhecera, um prato especial para sua volta: bife com salada. Ao voltar, encontrou o prato e um bolo com a inscrição "16,22" em cima.

Quando voltou da Finlândia, um jornal resolveu dar uma casa para a mãe de Adhemar.

Mas, se ele aceitasse o presente, poderia ser considerado profissional. Acabou recusando a oferta, com apoio da família, e continuou sua carreira, para o bem do atletismo brasileiro.

> Nos Jogos de 1956, dois dias antes da prova, uma dor de dente terrível ameaçou o desempenho do atleta brasileiro. Uma providencial ida ao dentista para uma punção, e tudo ficou resolvido.

Em virtude de problemas pulmonares não diagnosticados pelos médicos, ele nem passou das eliminatórias em Roma, nos Jogos de 1960.

Culto e poliglota, Adhemar fez carreira diplomática e artística depois de deixar as pistas. Conseguiu três diplomas universitários: direito, relações públicas e educação física, além de técnico em escultura. Foi adido cultural da Embaixada do Brasil na Nigéria. Fez parte do elenco da peça *Orfeu da Conceição*, de Vinicius de Moraes, ainda em 1956. E esteve até no filme *Orfeu do Carnaval*, inspirado na peça, e que levou um Oscar de melhor filme estrangeiro.

Adhemar morreu em janeiro de 2001, com problemas respiratórios. Seus saltos inauguraram a mitológica tradição brasileira nas provas de salto triplo. Depois dele surgiram Nelson Prudêncio, dono de uma medalha de prata e outra de bronze, e João Carlos de Oliveira, bronze em Montreal e Moscou.

❷ Ricardo Prado (1965-)

O primeiro grande ídolo da natação brasileira batia recordes quando o esporte ainda não era tão popular no país. Nascido em Andradina, no interior de São Paulo, Ricardo começou a nadar no clube da cidade aos quatro ou cinco anos, meio por acaso, só para acompanhar os quatro irmãos mais velhos. Aos sete, se tornou campeão brasileiro nos cinquenta metros borboleta. Com 11, ganhou em Buenos Aires seu primeiro título internacional e, quatro anos depois, venceu o campeonato estudantil em Turim, na Itália. Na mesma época, o nadador mudou-se para os Estados Unidos, onde participou de competições universitárias, ao mesmo tempo em que estudava economia. "Especializado" em todos os estilos da natação (livre, peito, borboleta e costas), bateu o recorde mundial dos quatrocentos metros *medley* em Guaiaquil, Equador, em 1982.

Rick, como era conhecido nos Estados Unidos, voltou para o Brasil em 1984, com um esquema de treinamento novo na bagagem para as Olimpíadas de Los Angeles: eram mais de vinte quilômetros por dia, em seis horas dentro d'água, sob a tutela de Daltely Guimarães, técnico da Seleção Brasileira de Natação e do Flamengo. Nos Jogos, o nadador encarou o desafio de vencer o canadense Alex Baumann na mesma prova que lhe valeu o recorde. O brasileiro era mais veloz no nado borboleta e no costas, mas acabou perdendo tempo para o adversário nos cinquenta metros do nado peito. Por 1s4, Ricardo acabou ficando com a prata. "Foi a única prova em que eu não consegui chegar ao meu objetivo. Acho que por isso ele (Baumann) pode ser considerado meu principal adversário", elogiaria, mais tarde.

O nadador quebrou dois recordes sul-americanos, nos duzentos metros e quatrocentos metros *medley*, e um recorde brasileiro nos duzentos metros golfinho. Após se aposentar das piscinas, Ricardo começou a trabalhar como treinador e comentarista de provas de natação. Em 2003, levou um susto ao ser transportado para o hospital para a implantação de duas pontes de safena e duas de artérias mamárias. Felizmente, a cirurgia foi um sucesso.

❸ Maria Lenk (1915-2007)

Os pais de Maria vieram da Alemanha em 1912 e, ao contrário dos brasileiros nativos, que ainda viam o esporte com olhos suspeitos (e faziam mais cara feia ainda para mulheres esportistas), encaravam a atividade física com mais naturalidade. Além disso, nadar seria bom para resolver o problema de pneumonia da pequena Maria – bons tempos em que o rio Tietê em São Paulo não era poluído. Foi assim que, aos 17 anos, ela participou dos Jogos de Los Angeles, em 1932, sendo a primeira sul-americana a participar de uma Olimpíada. Serviu até de intérprete, quando um cartola brasileiro quis trocar dinheiro nos Estados Unidos. Em Los Angeles, foi às semifinais dos duzentos metros peito.

Em Berlim, em 1936, chamou a atenção por seu novo modo de nadar, que ela havia descoberto lendo revistas estrangeiras sobre o esporte: a pernada característica do nado peito, mas os braços fora da água. Este era o precursor do nado borboleta, que só décadas depois seria regulamentado. Mas Maria não conseguiu repetir em Berlim os resultados que obtinha no Brasil e, mais uma vez, não chegou a nenhuma final.

Depois de bater os recordes mundiais dos duzentos e quatrocentos metros peito em 1939, ela estava cotada para o ouro em 1940, mas a Segunda Guerra Mundial acabou com seus sonhos. Maria foi estudar nos Estados Unidos, voltou para o Brasil, onde deu aulas e fundou a Escola Nacional de Educação Física. Em 1988 ela entrou para o International Swimming Hall of Fame. Maria Lenk ainda disputou competições para Masters e, em agosto de 2003, foi campeã americana nos duzentos metros costas e duzentos peito, com outras quatro medalhas de prata.

Maria Lenk faleceu aos 92 anos. A atleta teve um mal súbito quando treinava na piscina do Clube de Regatas do Flamengo.

❹ João do Pulo (1954-1999)

Quando João Carlos de Oliveira nasceu, o país já se deslumbrava com os saltos de Adhemar Ferreira da Silva. Ele estava destinado a continuar a tradição brasileira no salto triplo, e foi a Montreal como a salvação da delegação brasileira. Afinal, era o recordista mundial, assombrosos 17,89 metros conseguidos no ano anterior. Mas João não levou o ouro: ficou atrás do soviético Viktor Saneyev, que se tornava tricampeão olímpico, e de um americano. Seu melhor salto foi de 16,90 metros.

Moscou seria a chance da redenção – se não fosse pela conspiração internacional montada para prejudicar João e dar o título a Saneyev (o primeiro objetivo foi cumprido; o segundo, não). Várias de suas tentativas foram anuladas e João repetiu o bronze.

Em dezembro de 1981, João do Pulo sofreu um grave acidente de carro na rodovia Anhanguera – seu carro bateu em outro que vinha na contramão. Depois de meses tentando evitar a amputação da perna direita, esmagada na colisão, não houve jeito. Ainda tentou a carreira política, como deputado estadual, em São Paulo, em 1986, mas não se reelegeu. Em 1991, desistiu do Brasil e foi para a Austrália, onde chegou a entregar pizzas. Voltou e rendeu-se à bebida, que acabou por levá-lo à morte por cirrose hepática, em 29 de maio de 1999 – um fim solitário e melancólico, indigno do respeito que um herói olímpico mereceria.

◆ **Conheça mais sobre João do Pulo na página 159.**

❺ Torben Grael (1960-)
É o único brasileiro, até hoje, que tem medalhas olímpicas de todas as cores: são duas de ouro, uma de prata e duas de bronze.

A aventura olímpica começou em 1984, mas Torben já colecionava títulos bem antes disso: havia sido campeão mundial das classes Snipe Jr. (1978) e Snipe (1983). Em Los Angeles, Torben foi parte da tripulação de prata na classe Soling, ao lado de Daniel Adler e Ronaldo Senfft, e atrás apenas do time americano. Entre Los Angeles e Seul, mais um campeonato mundial de Snipe (pena que a classe não fosse olímpica). Nos Jogos de 1988, o ouro esteve muito perto: Torben e Nelson Falcão lideraram a competição da classe Star até a última regata, quando o quarto lugar era suficiente para o ouro. Estavam em terceiro quando o mastro quebrou. Chegaram em oitavo e caíram para terceiro lugar na classificação geral.

> Em 1990 veio outro campeonato mundial, na classe Star, a mesma em que Torben disputou os Jogos de Barcelona. Dessa vez, menos sorte e apenas o 11o lugar, com Marcelo Ferreira.

Enfim, nas águas de Savannah, em 1996, o ouro que insistia em fugir: novamente ao lado de Marcelo Ferreira, a vitória na classe Star. A repetição da dupla rendeu mais duas medalhas: bronze em Sydney, em 2000, e ouro em Atenas, em 2004.

❻ Oscar Schmidt (1958-)

Foram cinco Olimpíadas: Moscou, Los Angeles, Seul, Barcelona e Atlanta. Ele foi o cestinha em três delas. Somando as cinco edições, foram 1.093 pontos, recorde dos Jogos. Mas Oscar, o Mão Santa, infelizmente nunca levou uma medalha para casa.

Oscar Schmidt nasceu no Rio Grande do Norte e conheceu o basquete aos 13 anos, em Brasília, para onde a família tinha se mudado. Não demorou muito para ele entrar na Seleção Brasileira juvenil. A primeira aparição na seleção principal foi em 1977. Em Moscou, ajudou o Brasil a ficar na quinta posição, marcando 169 pontos.

Entre as décadas de 1980 e 1990, Oscar jogou na Itália, onde continuou batendo recordes. Mas a pátria chamava e o Mão Santa voltou a defender as cores do Brasil. Em Los Angeles, novamente 169 pontos, o nono lugar e o interesse de times da NBA, para onde o Mão Santa nunca foi. Em Seul, foi pela primeira vez cestinha dos Jogos com 338 pontos e bateu o recorde de pontos em um único jogo – 55, contra a Espanha. Mas ainda assim ficamos apenas em quinto lugar. Em Barcelona, 198 pontos (novamente cestinha). Depois que acabaram os Jogos, Oscar foi jogar na Espanha e anunciou que deixaria a Seleção.

Mas em 1996 ele estava de volta, tanto aos Jogos quanto ao Brasil. Seus 219 pontos fizeram dele o único atleta a superar os mil pontos no basquete olímpico. Ficamos com o sexto lugar. Uma das camisas que ele usou está no Hall da Fama do Basquete, em Springfield, estado de Massachusetts, nos Estados Unidos.

❼ Amauri Ribeiro (1959-)
Foi o único a fazer parte das primeiras grandes conquistas do vôlei brasileiro. Em 1984, ele e seus colegas da geração de prata fizeram do vôlei o segundo esporte mais popular do Brasil. E o meio de rede ainda estava na Seleção, agora como veterano, quando o país colheu os frutos do trabalho de Renan, Montanaro, Bernard e companhia ao conquistar o nosso primeiro ouro em Barcelona.

Amauri Ribeiro começou a gostar de vôlei no colégio estadual onde estudava, e no fim da década de 1970 já estava defendendo o Brasil. Além das medalhas olímpicas, ainda fez parte do time vice-campeão mundial em 1982, campeão pan-americano em 1983. Amauri também defendeu o Brasil nos Jogos de Moscou e Seul e jogou algumas temporadas na Itália.

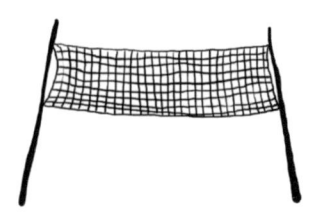

O atleta deixou as quadras em 1993, quando o vôlei nacional continuava em alta com a conquista da Liga Mundial, e foi trabalhar no time do Banespa, como auxiliar técnico do time principal e treinador da equipe juvenil. Hoje, trabalha como *personal trainer* em clínicas de vôlei, além de dar aulas do esporte para crianças carentes no mesmo bairro onde começou o aprendizado que o consagrou, em Pirapora do Bom Jesus, interior de São Paulo.

❽ **Aurélio Miguel** (1964-)

O Brasil é grato a Aurélio Miguel Marin – não o judoca, mas o catalão que forçou o pequeno Aurélio, com apenas três aninhos, a colocar um quimono e, aos sete anos, começar a participar de torneios dos quais o menino fugia como podia.

Ele se acostumou ao tatame e começou a ganhar campeonatos e participar de torneios no exterior: foi vice no mundial universitário por equipes, campeão mundial júnior, vice nos Jogos Pan-Americanos de 1983, mas não foi selecionado para Los Angeles por desavenças com Joaquim Mamede, dirigente da Confederação Brasileira de Judô. Em seu lugar, Douglas Vieira levou uma medalha de prata. Aurélio fez estágios no Japão, levou outro ouro no Pan de Indianápolis, e conseguiu a vaga olímpica para Seul. Lá, não decepcionou. Venceu um britânico, um islandês, um italiano, um tcheco e, na final, ganhou do alemão Marc Meiling, e levou o ouro.

Voltou a brigar com o cartola Mamede, mas fez um acordo e foi para Barcelona lutando pelo Brasil, pois houve ofertas para que Aurélio defendesse a Espanha, já que o atleta possui dupla cidadania. Na terra de seu pai, Aurélio não foi bem por causa de problemas no ombro e perdeu para o húngaro Antal Kovacs, também um dos melhores do mundo, nas quartas de final.

Depois de ter passado por uma cirurgia no ombro, em 1992, e uma no joelho, em novembro de 1994, Aurélio voltou aos Jogos, em Atlanta. Tudo ia bem até o encontro, nas semifinais, com o polonês Pawel Nastula. Aurélio tinha vantagem e a luta parecia ganha quando Nastula pediu socorro médico, aparentemente contundido. Era apenas jogo de cena para que o polonês recuperasse o fôlego e acabasse vencendo. Aurélio levou o bronze. Quer dizer, quase. No verso de sua medalha, lia-se: "meio pesado" e "72 kg". Era a medalha de bronze do feminino. Por conta própria, ele procurou a verdadeira dona do prêmio, a italiana Ylenia Scapin, que estava com o bronze do masculino, a medalha de Aurélio.

Em Sydney, Aurélio ficou de fora. O judoca Mário Sabino representou o Brasil entre os meio médios. Em 2002 candidatou-se a deputado federal, mas não conseguiu se eleger — em 2005, tornou-se vereador na cidade de São Paulo, e se reelegeu no mandato seguinte.

❾ Joaquim Cruz (1963-)

O único brasileiro até hoje a ganhar uma prova de pista nos Jogos Olímpicos nasceu em Taguatinga (DF), filho de um operário que ajudou a construir Brasília. Único homem entre quatro irmãs, Joaquim começou no basquete, mas passou para o atletismo. Correu descalço até que seu pai, depois de muitas horas de trabalho, conseguiu comprar um par de tênis para o filho.

Aos 18 anos, o talento do rapaz era evidente: ele havia acabado de quebrar o recorde mundial juvenil dos oitocentos metros. Taguatinga — e o Brasil — ficavam pequenos demais para Joaquim, que se mudou para os Estados Unidos em 1981, depois da morte do pai. Após uma passagem pelo estado de Utah, onde teve problemas de adaptação, Joaquim foi para Eugene, no Oregon. Foi lá que ele descobriu que sua perna direita era dois centímetros mais curta que a esquerda — consequência de uma fratura aos cinco anos. Depois de uma cirurgia, que não adiantou, Joaquim ganhou tênis feitos especialmente para ele.

Em 1984, Joaquim Cruz venceu os oitocentos e os 1.500 metros no campeonato universitário americano e chegou a Los Angeles entre os favoritos, embora a maior parte da atenção fosse para os britânicos Sebastian Coe, o recordista mundial, e Steve Ovett, respectivamente prata e ouro em Moscou. Joaquim foi melhorando o tempo a cada corrida e venceu a final com o novo recorde olímpico, três metros à frente de Coe. O Brasil subia ao degrau mais alto do pódio pela primeira vez desde 1956. Uma gripe o deixou fora dos 1.500 metros, mas a essa altura o ouro olímpico dos oitocentos já era nosso.

Em Seul, Joaquim estava preparado para mais uma vitória. Correria os oitocentos e os 1.500 metros. Na prova mais curta, até os últimos metros da final, parecia que o brasileiro repetiria os feitos de Adhemar Ferreira da Silva. Porém, o queniano Paul Ereng surgiu do nada em uma arrancada final e acabou com a festa do brasileiro, que ficou com a prata. Mas havia chance nos 1.500 metros, ainda mais porque o marroquino Said Aouita estava contundido. No entanto, a televisão americana conseguiu um vídeo de uma entrevista que Joaquim dera à Rede Globo acusando a estrela Florence Griffith-Joyner de correr dopada. A repercussão foi péssima, e o brasileiro, abalado, desistiu de disputar a semifinal.

Sempre que vinha ao Brasil, Joaquim trazia na mala vários pares de tênis usados por ele e pelos colegas nos Estados Unidos, que eram distribuídos a jovens atletas da região de Brasília. Até que um dia a Polícia Federal apreendeu a bagagem e quase prendeu o campeão olímpico por contrabando.

⑩ Gustavo Borges (1972-)
Nascido no ano em que Mark Spitz dominava a natação dos Jogos de Munique, Gustavo começou a nadar aos dez anos em Ituverava, São Paulo, a cidade onde cresceu – na verdade, praticava várias modalidades de esporte, mas a natação era a mais organizada em sua cidade. Fez o último ano do ensino médio em Jacksonville, na Flórida, e se formou em economia na Universidade de Michigan. Nos Estados Unidos, desenvolveu suas habilidades como nadador e se tornou um dos nadadores brasileiros de ponta em 1991, com duas medalhas de ouro, duas de prata e uma de bronze nos Pan-Americanos de Havana.

Entre os Jogos de Barcelona, em que quase ficou sem a medalha de prata por causa de uma falha nos dispositivos eletrônicos, e o de Atlanta, Gustavo bateu três recordes mundiais de piscina curta, ganhou mais ouros no Pan de Mar Del Plata e foi campeão mundial dos duzentos metros livres em piscina curta. Em Atlanta, ele não carregava mais o fardo de ser o centro de todas as esperanças, o único nadador brasileiro com chances: Fernando Scherer estava na equipe. Nas piscinas de Atlanta, Gustavo ganhou mais duas medalhas: prata nos duzentos metros livres e bronze nos cem metros.

Aliás, foi com Scherer, Carlos Jayme e Eduardo Valério, que Gustavo conquistou sua quarta medalha olímpica, no revezamento 4 X 100 metros livres, em Sydney.

A heroína sem medalha

Para Aída dos Santos, o salto em altura era diversão, e seu pai achava que esporte era coisa de quem não tinha mais o que fazer. Já tinha até dado uma surra na filha por causa disso. Meses antes dos Jogos Olímpicos de 1964, ela conseguiu, sem saber, o índice olímpico, 1,65 metro. Mas, como outra atleta havia feito 1,71 metro, os dirigentes resolveram fazer uma seletiva. Aída levou a vaga para Tóquio.

Aída foi sozinha para o Estádio Olímpico – não tinha treinador, médico ou massagista, como as adversárias – e, como se não bastasse o que já ouvia dos pais, ainda teve de aguentar um dirigente tirando sarro: "Esperamos você para o almoço". Ela não voltou para almoçar, porque havia se classificado para a grande final da modalidade saltando 1,70 metro, acima de seu recorde pessoal. Se os brasileiros não acreditavam em Aída, outros botavam fé, como o peruano Roberto Abogatas, que lhe deu dicas valiosas antes dos saltos, e os médicos cubanos, que a ajudaram quando ela torceu o pé depois do primeiro salto. No fim, ela atingiu a marca de 1,74 metro, conquistou o quarto lugar e o recorde sul-americano.

Em 1968, Aída participou das Olimpíadas do México mas, quando foi saltar para uma foto, acabou torcendo o pé e precisou ser internada. Aída não teve dúvidas: fugiu do hospital para voltar à Vila Olímpica. Acabou com o 20º lugar no pentatlo, mas quebrou o recorde sul-americano. Nos Jogos seguintes, a atleta foi cortada por ter "falado demais", quando contou as dificuldades que tinha passado no Japão a um programa de televisão.

8

Um homem pode ser um ingrediente crucial em uma equipe, mas um homem não faz um time.

KAREEM ABDUL-JABBAR
(1947-), ex-jogador da NBA

Esportes coletivos

UNIDOS VENCEREMOS!

Atualmente são disputadas nove modalidades esportivas coletivas nas Olimpíadas. Saiba mais sobre suas regras e como o Brasil se saiu.

Beisebol

O objetivo do jogo é fazer com que o jogador do time atacante percorra as quatro bases do campo, que tem formato de diamante, e marque um ponto. Para isso, ele deve rebater a bola jogada pelo lançador do time adversário e correr para as bases, antes que a bola seja interceptada pela defesa. Cada equipe conta com nove jogadores e uma partida tem nove *innings*, ou entradas, que são divididos em duas partes. Na primeira, um time ataca com seus rebatedores, até que três deles sejam eliminados. Depois, esse time vai para a defesa e outra equipe parte para o ataque.

Basquete

Esporte de demonstração nas Olimpíadas de 1904, em Saint Louis, o basquete até hoje faz jus à sua origem – foi criado por um professor canadense no estado norte-americano de Massachusetts – e à sua estreia nos Jogos: o domínio dos americanos se consolida a cada competição. Após a admissão de atletas profissionais, em 1992, ficou praticamente impossível tirar o ouro das mãos dos Estados Unidos. Veja os resultados:

MASCULINO

1936 | Berlim

1º Estados Unidos
2º Canadá
3º México
Decisão da medalha de ouro: Estados Unidos 19 X 8 Canadá
Decisão da medalha de bronze: México 26 X 12 Polônia
★ O Brasil terminou em nono lugar.

Os jogos do Brasil
Brasil 17 X 24 Canadá
Brasil venceu a Hungria por WO.
Brasil 18 X 23 Chile
Brasil 32 X 14 China
Brasil 25 X 33 Polônia

> Um dos juízes do primeiro jogo de basquete nas Olimpíadas foi o americano Avery Brundage, mais tarde presidente do Comitê Olímpico Internacional. James Naismith, criador do basquete, entregou as medalhas aos vencedores.

1948 | Londres

1º Estados Unidos
2º França
3º Brasil
Decisão da medalha de ouro: Estados Unidos 65 X 21 França
Decisão da medalha de bronze: Brasil 52 X 47 México

Os jogos do Brasil
Brasil 45 X 41 Hungria
Brasil 36 X 32 Uruguai
Brasil 76 X 11 Inglaterra
Brasil 57 X 35 Canadá
Brasil 47 X 31 Itália
Brasil 28 X 23 Tchecoslováquia
Brasil 33 X 43 França
Brasil 52 X 47 México

1952 | Helsinque

1º Estados Unidos
2º União Soviética
3º Uruguai
Decisão da medalha de ouro: Estados Unidos 36 X 25 União Soviética
Decisão da medalha de bronze: Uruguai 68 X 59 Argentina
★ O Brasil terminou em sexto lugar.

Os jogos do Brasil
Brasil 57 X 55 Canadá
Brasil 71 X 52 Filipinas
Brasil 56 X 72 Argentina
Brasil 75 X 44 Chile
Brasil 49 X 54 União Soviética
Brasil 53 X 57 Estados Unidos
Brasil 59 X 44 França
Brasil 49 X 58 Chile

1956 | Melbourne

1º Estados Unidos
2º União Soviética
3º Uruguai
Decisão da medalha de ouro: Estados Unidos 89 X 55 União Soviética
Decisão da medalha de bronze: Uruguai 71 X 62 França
★ O Brasil terminou em sexto lugar.

Os jogos do Brasil
Brasil 78 X 59 Chile
Brasil 89 X 66 Austrália
Brasil 68 X 87 União Soviética
Brasil 51 X 113 Estados Unidos
Brasil 73 X 82 Bulgária
Brasil 89 X 64 Chile
Brasil 52 X 64 Bulgária

1960 | Roma

1º Estados Unidos
2º União Soviética
3º Brasil
Houve um quadrangular final e a pontuação ficou assim:
Estados Unidos: 6 pontos; União Soviética: 4; Brasil: 2; Itália: 0.

Os jogos do Brasil
Brasil 75 X 72 Porto Rico
Brasil 58 X 54 União Soviética
Brasil 80 X 72 México
Brasil 78 X 75 Itália
Brasil 77 X 68 Polônia
Brasil 85 X 78 Tchecoslováquia
Brasil 62 X 64 União Soviética
Brasil 63 X 90 Estados Unidos

1964 | Tóquio

1º Estados Unidos
2º União Soviética
3º Brasil
Decisão da medalha de ouro: Estados Unidos 73 X 59 União Soviética
Decisão da medalha de bronze: Brasil 76 X 60 Porto Rico

Os jogos do Brasil
Brasil 50 X 58 Peru
Brasil 68 X 64 Iugoslávia
Brasil 92 X 65 Coreia do Sul
Brasil 61 X 54 Finlândia
Brasil 80 X 68 Uruguai
Brasil 53 X 86 Estados Unidos
Brasil 69 X 57 Austrália
Brasil 47 X 53 União Soviética
Brasil 76 X 60 Porto Rico

1968 | Cidade do México

1º Estados Unidos
2º Iugoslávia
3º União Soviética
Decisão da medalha de ouro: Estados Unidos 65 X 50 Iugoslávia
Decisão da medalha de bronze: União Soviética 70 X 53 Brasil
★ O Brasil terminou em quarto lugar.

Os jogos do Brasil:
Brasil 98 X 52 Marrocos
Brasil 75 X 59 Bulgária
Brasil 60 X 53 México
Brasil 88 X 51 Polônia
Brasil 91 X 59 Coreia do Sul
Brasil 84 X 68 Cuba
Brasil 65 X 76 União Soviética
Brasil 63 X 75 Estados Unidos
Brasil 53 X 70 União Soviética

1972 | Munique

1º União Soviética
2º Estados Unidos
3º Cuba
Decisão da medalha de ouro: União Soviética 51 X 50 Estados Unidos
Decisão da medalha de bronze: Cuba 66 X 65 Itália
★ O Brasil terminou em sétimo lugar.

Os jogos do Brasil
Brasil 110 X 55 Japão
Brasil 110 X 84 Egito
Brasil 72 X 69 Espanha
Brasil 54 X 61 Estados Unidos
Brasil 83 X 82 Tchecoslováquia
Brasil 69 X 75 Austrália
Brasil 63 X 64 Cuba
Brasil 83 X 87 Porto Rico
Brasil 87 X 69 Tchecoslováquia

1976 | Montreal

1º Estados Unidos
2º Iugoslávia
3º União Soviética
Decisão da medalha de ouro: Estados Unidos 95 X 74 Iugoslávia
Decisão da medalha de bronze: União Soviética 100 X 72 Canadá
★ O Brasil não participou.

1980 | Moscou

1º Iugoslávia
2º Itália
3º União Soviética
Decisão da medalha de ouro: Iugoslávia 86 X 77 Itália
Decisão da medalha de bronze: União Soviética 117 X 94 Espanha
★ O Brasil terminou em quinto lugar.

Os jogos do Brasil
Brasil 72 X 70 Tchecoslováquia
Brasil 88 X 101 União Soviética
Brasil 137 X 64 Índia
Brasil 94 X 93 Cuba
Brasil 81 X 110 Espanha
Brasil 90 X 77 Itália
Brasil 95 X 96 Iugoslávia

1984 | Los Angeles

1º Estados Unidos
2º Espanha
3º Iugoslávia
Decisão da medalha de ouro: Estados Unidos 96 X 65 Espanha
Decisão da medalha de bronze: Iugoslávia 88 X 82 Canadá
★ O Brasil terminou em nono lugar.

Os jogos do Brasil
Brasil 72 X 76 Austrália
Brasil 91 X 82 Egito
Brasil 78 X 89 Itália
Brasil 85 X 98 Iugoslávia
Brasil 75 X 78 Alemanha Ocidental
(torneio de consolação)
Brasil 100 X 86 França
Brasil 86 X 76 China

1988 | Seul

1º União Soviética
2º Iugoslávia
3º Estados Unidos
Decisão da medalha de ouro: União Soviética 76 X 63 Iugoslávia
Decisão da medalha de bronze: Estados Unidos 78 X 49 Austrália
★ O Brasil terminou em quinto lugar.

Os jogos do Brasil
Brasil 125 X 109 Canadá
Brasil 130 X 108 China
Brasil 87 X 102 Estados Unidos
Brasil 138 X 85 Egito
Brasil 110 X 118 Espanha
Brasil 105 X 110 União Soviética
(torneio de consolação)
Brasil 104 X 86 Porto Rico
Brasil 106 X 90 Canadá

1992 | Barcelona

1º Estados Unidos
2º Croácia
3º Lituânia
Decisão da medalha de ouro: Estados Unidos 117 X 85 Croácia
Decisão da medalha de bronze: Lituânia 82 X 78 CEI
★ O Brasil terminou em quinto lugar.

Os jogos do Brasil

Brasil 76 X 93 Croácia
Brasil 100 X 101 Espanha
Brasil 76 X 66 Angola
Brasil 83 X 127 Estados Unidos
Brasil 85 X 76 Alemanha
Brasil 96 X 114 Lituânia
Brasil 86 X 84 Porto Rico
Brasil 90 X 80 Austrália

O TIME DOS SONHOS

Até 1992, o regulamento do basquete nos Jogos Olímpicos excluíra a participação de times não amadores, o que afastava os craques da NBA. Os Estados Unidos eram representados pelos jogadores das equipes universitárias.

O Dream Team (Time dos Sonhos) nasceu um pouco antes da Olimpíada. No mês de julho, a equipe disputou o Torneio das Américas, do qual sairiam os quatro classificados do continente para a disputa em Barcelona.

> A primeira cesta foi feita pelo lendário Larry Bird na vitória de 136 X 57 contra Cuba.

O técnico do supertime era Chuck Daly, do Detroit Pistons e, à época, todos os jogadores ganhavam, juntos, 73 milhões de dólares por ano!

OS CRAQUES DO PRIMEIRO DREAM TEAM

Atletas | Camisa	Time na época	Posição	Data de nascimento	Peso e altura
CHARLES BARKLEY | 14	Philadelphia 76ers	ala	20/2/1963	113,5 kg e 1,98 m
CHRIS MULLIN | 13	Golden State Warriors	ala	30/7/1963	98 kg e 2,01 m
CHRISTIAN LAETTNER | 4	Duke University (o único não profissional)	ala	17/9/1969	107 kg e 2,11 m
CLYDE DREXLER | 10	Portland Trail Blazers	armador	22/6/1962	101 kg e 2,01 m
DAVID ROBINSON | 5	San Antonio Spurs	pivô	6/8/1965	107 kg e 2,16 m
ERVIN "MAGIC" JOHNSON | 15	Los Angeles Lakers	armador	14/8/1959	100 kg e 2,06 m
JOHN STOCKTON | 12	Utah Jazz	armador	26/3/1962	79 kg e 1,85 m
KARL MALONE | 11	Utah Jazz	ala	24/7/1963	116 kg e 2,06 m
LARRY BIRD | 7	Boston Celtics	ala	7/12/1956	100 kg e 2,06 m
MICHAEL JORDAN | 9	Chicago Bulls	armador	17/2/1963	90 kg e 1,98 m
PATRICK EWING | 6	New York Knicks	pivô	5/8/1962	109 kg e 2,13 m
SCOTTIE PIPPEN | 8	Chicago Bulls	armador e ala	25/9/1965	95 kg e 2,01 m

TRATAMENTO VIP

Em Barcelona, os jogadores do Dream Team causaram a maior ciumeira. Ficaram alojados em um hotel de luxo, com direito a acompanhante da família, enquanto os demais atletas dos Estados Unidos, com uma ou outra exceção, tiveram de aguentar os quartos sem ar-condicionado da Vila Olímpica. O Comitê Olímpico Americano justificou que a presença dos astros na Vila causaria tumultos diários.

Todos os jogos do Dream Team em Barcelona
Estados Unidos 116 X 48 Angola
Estados Unidos 103 X 70 Croácia
Estados Unidos 111   X 68 Alemanha
Estados Unidos 127 X 83 Brasil
Estados Unidos 122 X 81 Espanha
Estados Unidos 115 X 77 Porto Rico
Estados Unidos 127 X 76 Lituânia
Estados Unidos 117 X 85 Croácia

1996 | Atlanta

1º Estados Unidos
2º Iugoslávia
3º Lituânia
Decisão da medalha de ouro: Estados Unidos 95 X 69 Iugoslávia
Decisão da medalha de bronze: Lituânia 80 X 74 Austrália
★ O Brasil terminou em sexto lugar.

Os jogos do Brasil
Brasil 101 X 98 Porto Rico
Brasil 87 X 89 Grécia
Brasil 101 X 109 Austrália
Brasil 82 X 101 Iugoslávia
Brasil 127 X 97 Coreia do Sul
Brasil 75 X 98 Estados Unidos
Brasil 80 X 74 Croácia
Brasil 72 X 91 Grécia

O brasileiro Oscar Schmidt alcançou dois recordes nos Jogos de Atlanta. Foi sua quinta Olimpíada e ele chegou também à marca dos mil pontos. Faltavam 13min21 para o final do primeiro tempo, no jogo contra a Coreia do Sul, quando Oscar acertou uma bola de três pontos, chegando à marca histórica. O cestinha brasileiro teve seu uniforme requisitado pelo Hall of Fame, o museu dos maiorais do basquete mundial, situado em Springfield, no estado de Massachusetts. Até então, apenas dez jogadores não americanos haviam recebido a honraria. Oscar é o único que nunca jogou na NBA.

Os craques da NBA em 1996
✳ David Robinson foi o primeiro jogador de basquete americano a disputar três Olimpíadas seguidas. Quando tinha seis meses, Robinson caiu do berço

e ficou inconsciente durante muito tempo. Seus pais chegaram a imaginar que ele estivesse morto.

✽ Karl Malone completou 33 anos no dia da partida contra a Lituânia. Antes do jogo, ganhou do time adversário uma bola toda autografada. Em retribuição, marcou 14 pontos na vitória de 104 X 82.

✽ Durante os Jogos, Shaquille O'Neal participou do lançamento de seu filme, *Kazaam*.

✽ Hakeem Olajuwon, uma das estrelas do Dream Team, começou sua carreira como jogador de handebol na Nigéria, sua terra natal.

2000 | Sydney

1º Estados Unidos
2º França
3º Lituânia
Decisão da medalha de ouro: Estados Unidos 85 X 75 França
Decisão da medalha de bronze: Lituânia 89 X 71 Austrália
★ O Brasil não participou.

O fim do Dream Team?
O basquete norte-americano cumpriu seu papel e conseguiu levar o ouro para casa, mas para quem não deixou as quadras em 1992 e 1996 com pelo menos 22 pontos de vantagem, a campanha do novo Dream Team foi decepcionante até mesmo para seus compatriotas, que esperavam pelo show dos Jogos anteriores. Apesar de contar com astros da NBA como Jason Kidd, Vin Baker e Gary Payton, os Estados Unidos quase tiveram que se contentar com o bronze com o apertadíssimo placar contra a Lituânia. Na final, apanharam para ganhar da França – que não é exatamente um país com tradição nesse esporte. Kidd chegou a afirmar que, caso perdessem, todo o time se exilaria na Nova Zelândia. Será que eles teriam alguma chance nas quadras de lá?

2004 | Atenas

1º Argentina
2º Itália
3º Estados Unidos
Decisão da medalha de ouro: Argentina 84 X 69 Itália
Decisão da medalha de bronze: Estados Unidos 104 X 96 Lituânia
★ O Brasil não se classificou no pré-olímpico.

2008 | Pequim

1º Estados Unidos
2º Espanha
3º Argentina
Decisão da medalha de ouro: Estados Unidos 118 X 107 Espanha
Decisão da medalha de bronze: Argentina 87 X 75 Lituânia
★ O Brasil não participou.

FEMININO

1976 | Montreal

1º União Soviética
2º Estados Unidos
3º Bulgária
Pontuação final: União Soviética: 10 pontos; Estados Unidos: 6; Bulgária: 6
★ O Brasil não participou.

1980 | Moscou

1º União Soviética
2º Bulgária
3º Iugoslávia
Decisão da medalha de ouro: União Soviética 104 X 73 Bulgária
Decisão da medalha de bronze: Iugoslávia 68 X 65 Hungria
★ O Brasil não participou.

1984 | Los Angeles

1º Estados Unidos
2º Coreia do Sul
3º China
Decisão da medalha de ouro: Estados Unidos 85 X 55 Coreia do Sul
Decisão da medalha de bronze: China 63 X 57 Canadá
★ O Brasil não participou.

1988 | Seul

1º Estados Unidos
2º Iugoslávia
3º União Soviética
Decisão da medalha de ouro: Estados Unidos 77 X 70 Iugoslávia
Decisão da medalha de bronze: União Soviética 68 X 53 Austrália
★ O Brasil não participou.

1992 | Barcelona

1º CEI
2º China
3º Estados Unidos
Decisão da medalha de ouro: CEI 76 X 66 China
Decisão da medalha de bronze: Estados Unidos 88 X 74 Cuba
★ O Brasil terminou em sétimo lugar.

Os jogos do Brasil
Brasil 85 X 70 Itália
Brasil 88 X 95 Cuba
Brasil 64 X 76 CEI
Brasil 62 X 74 Tchecoslováquia
Brasil 86 X 83 Itália

1996 | Atlanta

1º Estados Unidos
2º Brasil
3º Austrália
Decisão da medalha de ouro: Estados Unidos 111 X 87 Brasil
Decisão da medalha de bronze: Austrália 66 X 56 Ucrânia

Os jogos do Brasil
Brasil 69 X 56 Canadá
Brasil 82 X 68 Rússia
Brasil 100 X 80 Japão
Brasil 98 X 83 China
Brasil 75 X 73 Itália
Brasil 101 X 69 Cuba
Brasil 81 X 60 Ucrânia
Brasil 87 X 111 Estados Unidos

2000 | Sydney

1º Estados Unidos
2º Austrália
3º Brasil
Decisão da medalha de ouro: Estados Unidos 76 X 54 Austrália
Decisão da medalha de bronze: Brasil 84 X 73 Coreia do Sul

Os jogos do Brasil
Brasil 76 X 60 Eslováquia
Brasil 70 X 81 Austrália
Brasil 82 X 48 Senegal
Brasil 70 X 73 França
Brasil 60 X 61 Canadá
Brasil 68 X 67 Rússia
Brasil 52 X 64 Austrália
Brasil 84 X 73 Coreia do Sul

2004 | Atenas

1º Estados Unidos
2º Austrália
3º Rússia
Decisão da medalha de ouro: Estados Unidos 74 X 63 Austrália
Decisão da medalha de bronze: Brasil 62 X 71 Rússia
★ O Brasil terminou em quarto lugar.

Os jogos do Brasil
Brasil 128 X 62 Japão
Brasil 87 X 75 Grécia
Brasil 67 X 77 Rússia
Brasil 82 X 63 Nigéria
Brasil 66 X 84 Austrália
Brasil 67 X 63 Espanha
Brasil 75 X 88 Austrália
Brasil 62 X 71 Rússia

2008 | Pequim

1º Estados Unidos
2º Austrália
3º Rússia
Decisão da medalha de ouro: Estados Unidos 92 X 65 Austrália
Decisão da medalha de bronze: Rússia 94 X 81 China
★ O Brasil terminou em 11º lugar.

Os jogos do Brasil
Brasil 62 X 68 Coreia do Sul
Brasil 65 X 80 Austrália
Brasil 78 X 79 Letônia
Brasil 64 X 74 Rússia
Brasil 68 X 53 Bielorrússia

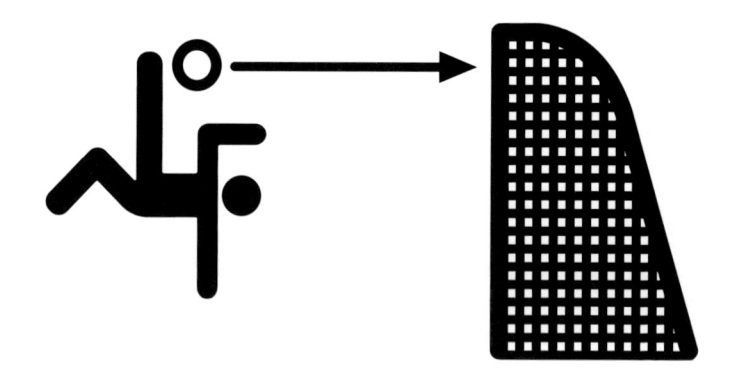

Futebol

Apesar de valerem apenas uma medalha para os países campeões na tabela geral, os esportes coletivos acabam recebendo mais atenção da cobertura esportiva e dos torcedores que os individuais. Mas quando o assunto é futebol, os fãs brasileiros tiveram poucas boas surpresas, mesmo que a Seleção Canarinho seja sempre considerada a favorita. A estreia do Brasil aconteceu com um quinto lugar em Helsinque, em 1952, e a primeira medalha, de prata, só chegou em 1984. O ouro ainda está nos sonhos dos jogadores e da torcida. Enquanto a medalha não vem, acompanhe todos os jogos do futebol olímpico da história.

MASCULINO

1908 | Londres

Participantes: 6 (a França entrou com dois times)
1º Grã-Bretanha
2º Dinamarca
3º Holanda
★ O Brasil não participou.

Artilheiros: Sophus Nielsen (Dinamarca): 11 gols
V. Wolfhagen (Dinamarca): 8 gols
Stapley (Grã-Bretanha): 6 gols

TODOS OS JOGOS
Dinamarca 9 X 0 França B; Grã-Bretanha 12 X 1 Suécia
Semifinais: Dinamarca 17 X 1 França A – foi o maior número de gols já marcados nos Jogos Olímpicos; Grã-Bretanha 4 X 0 Holanda
Decisão do 3º lugar: Holanda 2 X 0 Suécia
Final (24/10/1908): Grã-Bretanha 2 X 0 Dinamarca

1912 | Estocolmo

Participantes: 11
1º Grã-Bretanha
2º Dinamarca
3º Holanda
★ O Brasil não participou.

Artilheiros: Gottfried Fuchs (Alemanha): 10 gols
Harold Walden (Grã-Bretanha): 9 gols
Vos (Holanda): 8 gols

TODOS OS JOGOS
Holanda 4 X Suécia 3; Áustria 5 X 1 Alemanha; Itália 2 X 3 Finlândia
Segunda fase: Grã-Bretanha 7 X 0 Hungria; Holanda 3 X 1 Áustria; Finlândia 2 X 1 Rússia; Dinamarca 7 X 0 Noruega
Semifinais: Dinamarca 4 X 1 Holanda; Grã-Bretanha 4 X 0 Finlândia
Decisão do 3º lugar: Holanda 9 X 0 Finlândia
Final (4/7/1912): Grã-Bretanha 4 X 2 Dinamarca

RODADA DE CONSOLAÇÃO*

Suécia 0 X 1 Itália; Alemanha 16 X 0 Rússia; Áustria 1 X 0 Noruega
Semifinais: Hungria 3 X 1 Alemanha; Áustria 5 X 1 Itália
Final: Hungria 3 X 0 Áustria

* Já que os times não jogavam por grupos e alguns foram eliminados após um ou dois jogos, foi realizado um "torneio de consolação" para os desclassificados. No entanto, os três primeiros colocados não ganharam medalhas.

1920 | Antuérpia

Participantes: 14
1º Bélgica
2º Espanha
3º Holanda
★ O Brasil não participou.

Artilheiros: Herbert Karlsson (Suécia): 7 gols
Janda (Tchecoslováquia): 6 gols
Groosjohan (Holanda): 5 gols

TODOS OS JOGOS
Espanha 1 X Dinamarca 0; Holanda 3 X 0 Luxemburgo;
Suécia 9 X 0 Grécia; Itália 2 X 1 Egito; Noruega 3 X 1 Grã-Bretanha;
Tchecoslováquia 7 X 0 Iugoslávia
Segunda fase: Bélgica 3 X 1 Espanha; Holanda 5 X 4 Suécia; França 3 X 1 Itália; Tchecoslováquia 4 X 0 Noruega
Semifinais: Bélgica 3 X 0 Holanda; Tchecoslováquia 4 X 1 França
Final (2/9/1920): Bélgica 2 X 0 Tchecoslováquia

A Tchecoslováquia abandonou o campo aos 39 minutos do primeiro tempo e foi desclassificada. Aconteceram, então, jogos extras para determinar o 2º e 3º lugares:

Itália 2 X 1 Noruega; Espanha 2 X 1 Suécia; Espanha 2 X 0 Itália
Decisão do 2º lugar: Espanha 3 X 1 Holanda

RODADA DE CONSOLAÇÃO
Egito 4 X 2 Iugoslávia (o torneio foi interrompido, houve apenas uma partida)

1924 | Paris

Participantes: 22
1º Uruguai
2º Suíça
3º Suécia
★ O Brasil não participou.

Artilheiros: Pedro Petrone (Uruguai): 8 gols
M. Abbeglen (Suíça): 6 gols
Sturzenegger (Suíça) e Pijl (Holanda): 5 gols

TODOS OS JOGOS
Uruguai 7 X 0 Iugoslávia; Estados Unidos 1 X 0 Estônia;
Hungria 5 X 0 Polônia; Itália 1 X 0 Espanha;
Tchecoslováquia 5 X 2 Turquia; Suíça 9 X 0 Lituânia
Segunda rodada: Uruguai 3 X 0 Estados Unidos;
França 7 X 0 Letônia; Holanda 6 X 0 Romênia;
Irlanda 1 X 0 Bulgária; Suécia 8 X 1 Bélgica;
Egito 3 X 0 Hungria; Itália 2 X 0 Luxemburgo;
Suíça 1 X 1 Tchecoslováquia;
Suíça 1 X 0 Tchecoslováquia (nova partida)
Terceira rodada: Uruguai 5 X 1 França; Holanda 2 X 1 Irlanda;
Suécia 5 X 0 Egito; Suíça 2 X 1 Itália
Semifinais: Uruguai 2 X 1 Holanda; Suíça 2 X 1 Suécia
Decisão do 3º lugar: Suécia 1 X 1 Holanda; Suécia 3 X 1 Holanda
Final (9/6/1924): Uruguai 3 X 0 Suíça

1928 | Amsterdã

Participantes: 17
1º Uruguai
2º Argentina
3º Itália
★ O Brasil não participou.

Artilheiros: Domingo A. Tarasconi (Argentina): 9 gols
Ferreyra (Argentina) e Baloncieri (Itália): 6 gols
Mokhtar (Egito) e Yermo (Espanha): 5 gols

TODOS OS JOGOS
Rodada preliminar: Portugal 4 X 2 Chile
Primeira rodada: Uruguai 2 X 0 Holanda; Alemanha 4 X 0 Suíça; Itália 4 X 3 França; Espanha 7 X 1 México; Egito 7 X 1 Turquia; Portugal 2 X 1 Iugoslávia; Bélgica 5 X 3 Luxemburgo; Argentina 11 X 2 Estados Unidos
Segunda rodada: Uruguai 4 X 1 Alemanha; Itália 1 X 1 Espanha; Itália 7 X 1 Espanha (nova partida); Egito 2 X 1 Portugal; Argentina 6 X 3 Bélgica
Semifinais: Uruguai 3 X 2 Itália; Argentina 6 X 0 Egito
Decisão do 3º lugar: Itália 11 X 3 Egito
Final (10 e 13/6/1928): Uruguai 1 X 1 Argentina; Uruguai 2 X 1 Argentina

RODADA DE CONSOLAÇÃO
Holanda 3 X 1 Bélgica; Chile 3 X 1 México
Final: Holanda 2 X 2 Chile*
* A Holanda foi declarada campeã por sorteio.

Uruguai e Argentina fizeram a primeira final sul-americana na história do futebol olímpico. Os dois times se encontraram novamente menos de dois anos depois, na final da primeira Copa do Mundo, em Montevidéu, e o Uruguai foi novamente campeão.

1932 | Los Angeles

O futebol não constava do programa dos jogos de Los Angeles, pois, com a criação da Copa do Mundo, o Comitê Olímpico Internacional ainda não havia conseguido estabelecer os padrões de amadorismo para os jogadores nas Olimpíadas.

1936 | Berlim

Participantes: 16
1º Itália
2º Áustria
3º Noruega
★ O Brasil não participou.

Artilheiros: Annibale Frossi (Itália): 7 gols
T. Fernandez (Peru): 6 gols
Arne Brustad (Noruega) e Gerard Wodarz (Polônia): 5 gols

TODOS OS JOGOS
Itália 1 X 0 Estados Unidos; Japão 3 X 2 Suécia;
Alemanha 9 X 0 Luxemburgo; Noruega 4 X 0 Turquia;
Polônia 3 X 0 Hungria; Grã-Bretanha 2 X 0 China;
Peru 7 X 3 Finlândia; Áustria 3 X 1 Egito
Segunda rodada: Itália 8 X 0 Japão; Noruega 2 X 0 Alemanha
Polônia 5 X 4 Grã-Bretanha;
Áustria 2 X 4 Peru (nova partida oferecida pela Fifa)*
Áustria WO Peru (o time peruano não entrou em campo)

* O time da Áustria reclamou à Fifa da invasão de campo da torcida peruana após o gol de Villanueva, no último minuto da prorrogação. Assim, o país exigiu um novo jogo. No entanto, o time peruano não entrou em campo, pois sua delegação já havia voltado para casa, em protesto à decisão.

Semifinais: Itália 2 X 1 Noruega; Áustria 3 X 1 Polônia
Decisão do 3º lugar: Noruega 3 X 2 Polônia
Final (15/8/1936): Itália 2 X 1 Áustria

1948 | Londres

Participantes: 18
1º Suécia
2º Iugoslávia
3º Dinamarca
★ O Brasil não participou.

Artilheiros: John Hansen (Dinamarca) e Gunnar Nordahl (Suécia): 7 gols
Rosen (Suécia), Carlsson (Suécia) e Pernigo (Itália): 5 gols
Bobek (Iugoslávia): 4 gols

TODOS OS JOGOS
Rodada preliminar: Holanda 3 X 1 Irlanda;
Luxemburgo 6 X 0 Afeganistão
Primeira rodada: Suécia 3 X 0 Áustria; Coreia 5 X 3 México;
Dinamarca 3 X 1 Egito; Itália 9 X 0 Estados Unidos;
Grã-Bretanha 4 X 3 Holanda; França 2 X 1 Índia;
Turquia 4 X 0 China; Iugoslávia 6 X 1 Luxemburgo
Segunda rodada: Suécia 12 X 0 Coreia;
Dinamarca 5 X 3 Itália; Grã-Bretanha 1 X 0 França;
Iugoslávia 3 X 1 Turquia
Semifinais: Suécia 4 X 2 Dinamarca; Iugoslávia 3 X 1 Grã-Bretanha
Decisão do 3º lugar: Dinamarca 5 X 3 Grã-Bretanha
Final (13/8/1948): Suécia 3 X 1 Iugoslávia

> Com o avanço do futebol profissional e o status da Copa do Mundo, o número de amadores qualificados para os jogos ficava cada vez menor. Assim, 1948 marcou o início do domínio dos países do Leste Europeu, que tinha seus melhores jogadores oficialmente como amadores, no futebol olímpico.

1952 | Helsinque

Participantes: 25
1º Hungria
2º Iugoslávia
3º Suécia
★ O Brasil terminou em quinto lugar.

Artilheiros: Rajko Mitic (Iugoslávia) e Branco Zebec (Iugoslávia): 7 gols
Kocsis (Hungria): 6 gols
Bobrov (União Soviética): 5 gols

TODOS OS JOGOS
Rodada preliminar: Hungria 2 X 1 Romênia;
Itália 8 X 0 Estados Unidos; Egito 5 X 4 Chile;

Brasil 5 X 1 Holanda; Luxemburgo 5 X 3 Grã-Bretanha;
Dinamarca 2 X 1 Grécia; Polônia 2 X 1 França;
União Soviética 2 X 1 Bulgária; Iugoslávia 10 X 1 Índia
Primeira rodada: Hungria 3 X 0 Itália;
Turquia 2 X 1 Índias Holandesas (atuais Antilhas Holandesas);
Suécia 4 X 1 Noruega; Áustria 4 X 3 Finlândia;
Alemanha Ocidental 3 X 1 Egito; Brasil 2 X 1 Luxemburgo;
Dinamarca 2 X 0 Polônia; Iugoslávia 5 X 5 União Soviética;
Iugoslávia 3 X 1 União Soviética (nova partida)
Segunda rodada: Hungria 7 X 1 Turquia; Suécia 3 X 1 Áustria;
Alemanha Ocidental 4 X 2 Brasil; Iugoslávia 5 X 3 Dinamarca
Semifinais: Hungria 6 X 0 Suécia;
Iugoslávia 3 X 1 Alemanha Ocidental
Decisão do 3º lugar: Suécia 2 X 0 Alemanha Ocidental
Final (2/8/1952): Hungria 2 X 0 Iugoslávia

1956 | Melbourne

Participantes: 11
1º União Soviética
2º Iugoslávia
3º Bulgária
★ O Brasil não participou.

Artilheiros: Todor Veselinovic (Iugoslávia), Milanov (Iugoslávia)
e D'Souza (Índia): 4 gols
Mujic (Iugoslávia), Papec (Iugoslávia), Kolev (Bulgária)
e Laybourne (Grã-Bretanha): 3 gols

TODOS OS JOGOS
União Soviética 2 X 1 Alemanha Ocidental;
Grã-Bretanha 9 X 0 Tailândia; Austrália 2 X 0 Japão

Segunda fase: Iugoslávia 9 X 1 Estados Unidos;
União Soviética 0 X 0 Indonésia;
União Soviética 4 X 0 Indonésia (nova partida);
Bulgária 6 X 1 Grã-Bretanha; Índia 4 X 2 Austrália
Semifinais: Iugoslávia 4 X 1 Índia; União Soviética 2 X 1 Bulgária
Decisão do 3º lugar: Bulgária 3 X 0 Índia
Final (8/12/1956): União Soviética 1 X 0 Iugoslávia

1960 | Roma

Participantes: 16
1º Iugoslávia
2º Dinamarca
3º Hungria
★ O Brasil foi eliminado na primeira fase.

Artilheiros: M. Galic (Iugoslávia): 7 gols
H. Nielsen (Dinamarca) e B. Kostic (Iugoslávia): 6 gols
Albert (Hungria), Dunai (Hungria), Gorocs (Hungria),
R. Brown (Grã-Bretanha) e Pohl (Polônia): 5 gols

TODOS OS JOGOS
Grupo 1: Iugoslávia 6 X 1 UAR*; Bulgária 3 X 0 Turquia;
Turquia 0 X 4 Iugoslávia; Bulgária 2 X 0 UAR;
Turquia 3 X 3 UAR; Iugoslávia 3 X 3 Bulgária (a Iugoslávia foi declarada vencedora por sorteio)

* Em 1960, as federações de futebol do Egito e da Síria se associaram e competiram nos Jogos de Roma e Tóquio, assim como nas eliminatórias para as Copas de 1962 e 1966, sob o nome de UAR. Era a sigla para United Arab Republic (República Árabe Unida).

Grupo 2: Itália 4 X 1 Taiwan; Grã-Bretanha 3 X 4 Brasil;
Itália 2 X 2 Grã-Bretanha; Brasil 5 X 0 Taiwan;
Grã-Bretanha 3 X 2 Taiwan; Itália 3 X 1 Brasil
Grupo 3: Dinamarca 3 X 2 Argentina; Polônia 6 X 1 Tunísia;

Dinamarca 2 X 1 Polônia; Tunísia 1 X 2 Argentina;
Polônia 0 X 2 Argentina; Dinamarca 3 X 1 Tunísia
Grupo 4: Hungria 2 X 1 Índia; França 2 X 1 Peru;
Hungria 6 X 2 Peru; França 1 X 1 Índia; Índia 1 X 3 Peru;
Hungria 7 X 0 França
Semifinais: Itália 1 X 1 Iugoslávia;
(novamente, a Iugoslávia foi declarada vencedora por sorteio);
Dinamarca 2 X 0 Hungria
Decisão do 3° lugar: Hungria 2 X 1 Itália
Final (10/9/1960): Iugoslávia 3 X 1 Dinamarca

Esta edição dos Jogos trouxe grandes mudanças à estrutura do torneio. Agora, os times estavam divididos em quatro grupos e jogavam pelo menos três partidas entre si antes das semifinais, disputadas pelos campeões de cada grupo.

1964 | Tóquio

Participantes: 14
1° Hungria
2° Tchecoslováquia
3° Alemanha Oriental
★ O Brasil foi eliminado na primeira fase.

Artilheiros: Ferenc Bene (Hungria): 12 gols
Riad (UAR): 9 gols
Tibor Csernai (Hungria) e Pavlovici (Romênia): 6 gols

TODOS OS JOGOS
Grupo A: Alemanha Oriental 4 X 0 Irã;
Romênia 3 X 1 México; Alemanha Oriental 1 X 1 Romênia;
Irã 1 X 1 México; Alemanha Oriental 2 X 0 México;
Romênia 1 X 0 Irã
Grupo B: Hungria 6 X 0 Marrocos;
Iugoslávia 3 X 1 Marrocos; Hungria 6 X 5 Iugoslávia
Grupo C: Tchecoslováquia 6 X 1 Coreia do Sul;
Brasil 1 X 1 UAR; Tchecoslováquia 5 X 1 UAR;
Brasil 4 X 0 Coreia do Sul; Tchecoslováquia 1 X 0 Brasil;
UAR 10 X 0 Coreia do Sul
Grupo D: Argentina 1 X 1 Gana;
Japão 3 X 2 Argentina; Gana 3 X 2 Japão

Quartas de final: UAR 5 X 1 Gana;
Tchecoslováquia 4 X 0 Japão; Alemanha Oriental 1 X 0 Iugoslávia;
Hungria 2 X 0 Romênia
Semifinais: Tchecoslováquia 2 X 1 Alemanha Oriental;
Hungria 6 X 0 UAR
Decisão do 3º lugar: Alemanha Oriental 3 X 1 UAR
Final (23/10/1964): Hungria 2 X 1 Tchecoslováquia

RODADA DE CONSOLAÇÃO
Definição dos 5º, 6º, 7º e 8º lugares
Semifinais: Romênia 4 X 2 Gana; Iugoslávia 6 X 1 Japão
Final: Romênia 3 X 0 Iugoslávia

A partir de 1964, os segundos colocados nos grupos não eram mais desclassificados e passaram a disputar as quartas de final. Apesar da boa novidade, o futebol olímpico não começou nada bem. Nas eliminatórias, 328 pessoas morreram durante um tumulto em um jogo entre Peru e Argentina, em Lima. A Itália também decidiu não participar após sofrer acusações de que teria jogadores profissionais em seu time. Alguns atletas jogavam pela Inter, que venceu o Real Madrid na final do Campeonato Europeu.

1968 | Cidade do México

Participantes: 16
1º Hungria
2º Bulgária
3º Japão
★ O Brasil foi eliminado na primeira fase.

Artilheiros: Kunishige Yamamoto (Japão): 7 gols
Antal Dunai (Hungria): 6 gols
L. Szucs (Hungria), P. Jekov (Bulgária), Feigenboim (Israel) e Petras (Tchecoslováquia): 4 gols

TODOS OS JOGOS
Grupo A: México 1 X 0 Colômbia; França 3 X 1 Guiné;
México 1 X 4 França; Guiné 3 X 2 Colômbia;
México 4 X 0 Guiné; Colômbia 2 X 1 França
Grupo B: Japão 3 X 1 Nigéria; Espanha 1 X 0 Brasil;
Japão 1 X 1 Brasil; Espanha 3 X 0 Nigéria;
Brasil 3 X 3 Nigéria; Japão 0 X 0 Espanha
Grupo C: Hungria 4 X 0 El Salvador; Israel 5 X 3 Gana;
Israel 3 X 1 El Salvador; Hungria 2 X 2 Gana;
Hungria 2 X 0 Israel; El Salvador 1 X 1 Gana
Grupo D: Guatemala 1 X 0 Tchecoslováquia;
Bulgária 7 X 0 Tailândia; Tchecoslováquia 2 X 2 Bulgária;
Guatemala 4 X 1 Tailândia; Tchecoslováquia 8 X 0 Tailândia;
Bulgária 2 X 1 Guatemala
Quartas de final: Japão 3 X 1 França; México 2 X 0 Espanha;
Hungria 1 X 0 Guatemala; Bulgária 1 X 1 Israel (a Bulgária foi declarada vencedora por sorteio)
Semifinais: Hungria 5 X 0 Japão; Bulgária 3 X 2 México
Decisão do 3º lugar: Japão 2 X 0 México
Final (26/10/1968): Hungria 4 X 1 Bulgária

> Na Cidade do México, o zagueiro húngaro Deszo Novak se tornou o único jogador de futebol a ganhar três medalhas olímpicas: bronze em 1960 e ouro em 1964 e 1968.

1972 | Munique

Participantes: 16
1º Polônia
2º Hungria
3º Alemanha Oriental e União Soviética
★ O Brasil foi eliminado na primeira fase.

Artilheiros: Deyna (Polônia): 9 gols
A. Dunai (Hungria) e Straich (Alemanha Oriental): 7 gols
Blokhin (União Soviética), Gadocha (Polônia) e Nikkel (Alemanha Ocidental): 6 gols

TODOS OS JOGOS
Grupo 1: Alemanha Ocidental 3 X 0 Malásia;
Marrocos 0 X 0 Estados Unidos;
Alemanha Ocidental 3 X 0 Marrocos; Malásia 3 X 0 Estados Unidos;
Alemanha Ocidental 7 X 0 Estados Unidos; Marrocos 6 X 0 Malásia
Grupo 2: União Soviética 1 X 0 Burma (atual Mianmar);
México 1 X 0 Sudão; União Soviética 2 X 1 Sudão;
México 1 X 0 Burma; União Soviética 4 X 1 México;
Burma 2 X 0 Sudão
Grupo 3: Hungria 5 X 0 Irã; Dinamarca 3 X 2 Brasil;
Brasil 2 X 2 Hungria; Dinamarca 4 X 0 Irã;
Hungria 2 X 0 Dinamarca; Irã 1 X 0 Brasil
Grupo 4: Alemanha Oriental 4 X Gana 0;
Polônia 5 X 1 Colômbia; Alemanha Oriental 6 X 1 Colômbia;
Polônia 4 X 0 Gana; Polônia 2 X 1 Alemanha Oriental;
Colômbia 3 X 1 Gana
Segunda Fase
Grupo A: México 1 X 1 Alemanha Ocidental;
Hungria 2 X 0 Alemanha Oriental; Alemanha Oriental 7 X 0 México;
Hungria 4 X 1 Alemanha Ocidental; Hungria 2 X 0 México;
Alemanha Oriental 3 X 2 Alemanha Ocidental
Grupo B: União Soviética 3 X 0 Marrocos;
Dinamarca 1 X 1 Polônia; Dinamarca 3 X 1 Marrocos;
Polônia 2 X 1 União Soviética; Polônia 5 X 0 Marrocos;
União Soviética 4 X 0 Dinamarca
Decisão do 3º lugar: Alemanha Oriental 2 X 2 União Soviética
Final (10/9/1972): Polônia 2 X 1 Hungria

1976 | Montreal

Participantes: 13
1º Alemanha Oriental
2º Polônia
3º União Soviética
★ O Brasil terminou em quarto lugar.

Artilheiros: Szarmach (Polônia): 6 gols
Dorner (Alemanha Oriental): 4 gols
Lato (Polônia), Onischenko (União Soviética), Platini (França) e Rangel (México): 3 gols

TODOS OS JOGOS
Grupo A: Brasil 0 X 0 Alemanha Oriental; Brasil 2 X 1 Espanha;
Alemanha Oriental 1 X 0 Espanha
Grupo B: Israel 0 X 0 Guatemala; França 4 X 1 México;
México 2 X 2 Israel; França 4 X 1 Guatemala;
Israel 1 X 1 França; Guatemala 1 X 1 México
Grupo C: Polônia 0 X 0 Cuba; Irã 1 X 0 Cuba; Polônia 3 X 2 Irã
Grupo D: União Soviética 2 X 1 Canadá;
Coreia do Norte 3 X 1 Canadá;
União Soviética 3 X 0 Coreia do Norte
Quartas de final: Brasil 4 X 1 Israel;
Alemanha Oriental 4 X 0 França; Polônia 5 X 0 Coreia do Norte;
União Soviética 2 X 1 Irã
Semifinais: Polônia 2 X 0 Brasil;
Alemanha Oriental 2 X 1 União Soviética
Decisão do 3º lugar: União Soviética 2 X 0 Brasil
Final (31/7/1976): Alemanha Oriental 3 X 1 Polônia

1980 | Moscou

Participantes: 16
1º Tchecoslováquia
2º Alemanha Oriental
3º União Soviética
★ O Brasil não participou.

Artilheiros: Sergei Andreev (União Soviética): 5 gols
Vizek (Tchecoslováquia), Netz (Alemanha Oriental) e
Tcherenkov (União Soviética): 4 gols
Terletzki (Alemanha Oriental), Gavrilov (União Soviética) e
Al-Daakhil (Kuwait): 3 gols

TODOS OS JOGOS
Grupo A: União Soviética 4 X 0 Venezuela; Cuba 1 X 0 Zâmbia; União Soviética 3 X 1 Zâmbia; Cuba 2 X 1 Venezuela; União Soviética 8 X 0 Cuba; Venezuela 2 X 1 Zâmbia
Grupo B: Tchecoslováquia 3 X 0 Colômbia; Kuwait 3 X 1 Nigéria; Nigéria 1 X 1 Tchecoslováquia; Colômbia 1 X 1 Kuwait; Tchecoslováquia 0 X 0 Kuwait; Colômbia 1 X 0 Nigéria
Grupo C: Alemanha Oriental 1 X 1 Espanha; Argélia 3 X 0 Síria; Alemanha Oriental 1 X 0 Argélia; Espanha 0 X 0 Síria; Alemanha Oriental 5 X 0 Síria; Argélia 1 X 1 Espanha
Grupo D: Iugoslávia 2 X 0 Finlândia; Costa Rica 0 X 3 Iraque; Iugoslávia 3 X 2 Costa Rica; Iraque 0 X 0 Finlândia; Iugoslávia 1 X 1 Iraque; Finlândia 3 X 0 Costa Rica
Quartas de final: União Soviética 2 X 1 Kuwait; Tchecoslováquia 3 X 0 Cuba; Alemanha Oriental 4 X 0 Iraque; Iugoslávia 3 X 0 Argélia
Semifinais: Alemanha Oriental 1 X 0 União Soviética; Tchecoslováquia 2 X 0 Iugoslávia
Decisão do 3º lugar: União Soviética 2 X 0 Iugoslávia
Final (2/8/1980): Tchecoslováquia 1 X 0 Alemanha Oriental

1984 | Los Angeles

Participantes: 16
1º França
2º Brasil
3º Iugoslávia

Artilheiros: Cvetkovic (Iugoslávia), Deveric (Iugoslávia) e Xuereb (França): 5 gols
Gilmar Popoca (Brasil): 4 gols
Brisson (França), Nikolic (Iugoslávia), Bommer (Alemanha Ocidental), Rahn (Alemanha Ocidental) e Mitchell (Canadá): 3 gols

TODOS OS JOGOS
Grupo A: Noruega 0 X 0 Chile; França 2 X 2 Qatar; Noruega 1 X 2 França; Chile 1 X 0 Qatar; Qatar 0 X 2 Noruega; Chile 1 X 1 França
Grupo B: Canadá 1 X 1 Iraque; Iugoslávia 2 X 1 Camarões; Camarões 1 X 0 Iraque; Iugoslávia 1 X 0 Canadá; Camarões 1 X 3 Canadá; Iraque 2 X 4 Iugoslávia

Grupo C: Alemanha Ocidental 2 X 0 Marrocos;
Brasil 3 X 1 Arábia Saudita; Alemanha Ocidental 0 X 1 Brasil;
Marrocos 1 X 0 Arábia Saudita;
Arábia Saudita 0 X 6 Alemanha Ocidental; Marrocos 0 X 2 Brasil
Grupo D: Estados Unidos 3 X 0 Costa Rica; Itália 1 X 0 Egito;
Egito 4 X 1 Costa Rica; Itália 1 X 0 Estados Unidos;
Egito 1 X 1 Estados Unidos; Costa Rica 1 X 0 Itália
Quartas de final: Itália 1 X 0 Chile (após prorrogação);
França 2 X 0 Egito; Brasil 1 X 1 Canadá (após prorrogação);
Disputa nos pênaltis: Brasil 4 X 2 Canadá;
Iugoslávia 5 X 2 Alemanha Ocidental
Semifinais: França 4 X 2 Iugoslávia (após prorrogação);
Itália 1 X 2 Brasil (após prorrogação)
Decisão do 3º lugar: Iugoslávia 2 X 1 Itália
Final (11/8/1984): Brasil 0 X 2 França

Local: Rose Bowl (Pasadena, Estados Unidos); juiz: Jan Keizer (Holanda); público: 101.799; gols: Brisson 9 do 2º e Xuereb 17 do 2º
Brasil: Gilmar, Ronaldo, Pinga, Mauro Galvão e André Luís; Ademir, Dunga e Gilmar Popoca; Tonho (Milton Cruz), Kita (Chicão) e Silvinho. Técnico: Jair Picerni
França: Rust, Bibard, Zanon, Jeannol e Ayache; Lemoult, Rohr e Lacombe; Bÿotat, Xuereb (Cubaynes) e Brisson (Garande). Técnico: Henri Michel

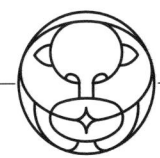

Em Los Angeles, os atletas profissionais puderam jogar pela primeira vez no futebol olímpico, com exceção dos europeus e sul-americanos que tivessem entrado em campo na Copa do Mundo. A medida acabou favorecendo equipes como o Canadá e o Egito, que chegaram às quartas de final.

1988 | Seul

Participantes: 16
1º União Soviética
2º Brasil
3º Alemanha Ocidental

Artilheiros: Romário (Brasil): 7 gols
I. Dobrovolski (União Soviética) e K. Bwaliya (Zâmbia): 6 gols
A. Mikhailichenko (União Soviética): 5 gols

TODOS OS JOGOS
Grupo A: Alemanha Ocidental 3 X 0 China;
Suécia 2 X 2 Tunísia; Alemanha Ocidental 4 X 1 Tunísia;
Suécia 2 X 0 China; Tunísia 0 X 0 China;
Suécia 2 X 1 Alemanha Ocidental
Grupo B: Zâmbia 2 X 2 Iraque; Itália 5 X 2 Guatemala;
Zâmbia 4 X 0 Itália; Iraque 3 X 0 Guatemala;
Zâmbia 4 X 0 Guatemala; Itália 2 X 0 Iraque
Grupo C: Coreia do Sul 0 X 0 União Soviética;
Estados Unidos 1 X 1 Argentina; Coreia do Sul 0 X 0 Estados Unidos;
União Soviética 2 X 1 Argentina; Argentina 2 X 1 Coreia do Sul;
União Soviética 4 X 2 Estados Unidos
Grupo D: Austrália 1 X 0 Iugoslávia; Brasil 4 X 0 Nigéria;
Iugoslávia 3 X 1 Nigéria; Brasil 3 X 0 Austrália;
Brasil 2 X 1 Iugoslávia; Austrália 1 X 0 Nigéria
Quartas de final: Alemanha Ocidental 4 X 0 Zâmbia;
Itália 2 X 1 Suécia; Brasil 1 X 0 Argentina;
União Soviética 3 X 0 Austrália
Semifinais: União Soviética 3 X 2 Itália;
Brasil 1 X 1 Alemanha Ocidental
Pênaltis: Brasil 3 X 2 Alemanha Ocidental
Decisão do 3º lugar: Alemanha Ocidental 3 X 0 Itália
Final (1º/10/1988): Brasil 1 X 2 União Soviética

Local: Estádio Main (Seul); juiz: Gérard Bignet (França); público: 73.657; gols: Romário 29 do 1º; Dobrovolski (pênalti) 17 do 2º; Savitchev 14 do 1º tempo da prorrogação.

Brasil: Taffarel, Luís Carlos Winck, Aloísio, André Cruz e Jorginho; Andrade, Mílton e Neto (Edmar); Careca, Romário e Bebeto (João Paulo). Técnico: Carlos Alberto Silva

União Soviética: Kharine, Lossev, Iarovenko, Ketachvili e Gorloukovitch; Koznetsov, Mikhailitchenko e Lioutyi (Skliarov); Narbekovas (Savitchev), Tatartchouk e Dobrovolski. Técnico: Anatoli Bishovets

1992 | Barcelona

Participantes: 16
1º Espanha
2º Polônia
3º Gana
★ O Brasil não participou.

Artilheiros: Andrzej Juskowiak (Polônia): 7 gols
Kwame Ayew (Gana): 6 gols
Wojciech Kowalczyk (Polônia) e
Francisco Narvaez "Quico" (Espanha): 4 gols

TODOS OS JOGOS
Grupo A: Itália 2 X 1 Estados Unidos; Polônia 2 X 0 Kuwait; Itália 0 X 3 Polônia; Estados Unidos 3 X 1 Kuwait; Itália 1 X 0 Kuwait; Estados Unidos 2 X 2 Polônia
Grupo B: Espanha 4 X 0 Colômbia; Egito 0 X 1 Qatar; Espanha 2 X 0 Egito; Colômbia 1 X 1 Qatar; Espanha 2 X 0 Qatar; Colômbia 3 X 4 Egito
Grupo C: Suécia 0 X 0 Paraguai; Marrocos 1 X 1 Coreia do Sul; Paraguai 0 X 0 Coreia do Sul; Suécia 4 X 0 Marrocos; Suécia 1 X 1 Coreia do Sul; Paraguai 3 X 1 Marrocos
Grupo D: Gana 3 X 1 Austrália; Dinamarca 1 X 1 México;

México 1 X 1 Austrália; Dinamarca 0 X 0 Gana; México 1 X 1 Gana;
Dinamarca 0 X 3 Austrália
Quartas de final: Espanha 1 X 0 Itália; Polônia 2 X 0 Qatar;
Gana 4 X 2 Paraguai; Austrália 2 X 1 Suécia
Semifinais: Polônia 6 X 1 Austrália; Espanha 2 X 0 Gana
Decisão do 3º lugar: Gana 1 X 0 Austrália
Final (8/8/1992): Espanha 3 X 2 Polônia

1996 | Atlanta

Participantes: 16
1º Nigéria
2º Argentina
3º Brasil

Artilheiros: Bebeto (Brasil) e Crespo (Argentina): 6 gols
Ronaldo (Brasil): 5 gols
Branca (Itália): 4 gols

TODOS OS JOGOS
Grupo A: Portugal 2 X 0 Tunísia; Estados Unidos 1 X 3 Argentina;
Estados Unidos 2 X 0 Tunísia; Argentina 1 X 1 Portugal;
Estados Unidos 1 X 1 Portugal; Argentina 1 X 1 Tunísia
Grupo B: Espanha 1 X 0 Arábia Saudita; França 2 X 0 Austrália;
Espanha 1 X 1 França; Arábia Saudita 1 X 2 Austrália;
Espanha 3 X 2 Austrália; Arábia Saudita 1 X 2 França
Grupo C: Itália 0 X 1 México; Gana 0 X 1 Coreia do Sul;
Coreia do Sul 0 X 0 México; Gana 3 X 2 Itália; Gana 1 X 1 México;
Coreia do Sul 1 X 2 Itália
Grupo D: Brasil 0 X 1 Japão; Hungria 0 X 1 Nigéria;
Brasil 3 X 1 Hungria; Japão 0 X 2 Nigéria; Brasil 1 X 0 Nigéria;
Japão 3 X 2 Hungria
Quartas de final: França 1 X 2 Portugal; Argentina 4 X 0 Espanha;
México 0 X 2 Nigéria; Brasil 4 X 2 Gana
Semifinais: Portugal 0 X 2 Argentina; Nigéria 4 X 3 Brasil
Decisão do 3º lugar: Brasil 5 X 0 Portugal
Final (3/8/1996): Nigéria 3 X 2 Argentina

2000 | Sydney

Participantes: 16
1º Camarões
2º Espanha
3º Chile
★ O Brasil foi eliminado nas quartas de final.

Artilheiros: Ivan Zamorano (Chile): 6 gols
Reinaldo Navia (Chile), Patrick Mboma (Camarões) e
David Suazo (Honduras): 4 gols
Lauren (Camarões), José Mari (Espanha), Gabri (Espanha), Takahara (Japão)
e Agali (Nigéria): 3 gols

TODOS OS JOGOS
Grupo A: Nigéria 3 X 3 Honduras; Austrália 0 X 1 Itália;
Itália 3 X 1 Honduras; Austrália 2 X 3 Nigéria;
Itália 1 X 1 Nigéria; Austrália 1 X 2 Honduras
Grupo B: Marrocos 1 X 4 Chile; Coreia do Sul 0 X 3 Espanha;
Coreia do Sul 1 X 0 Marrocos; Espanha 1 X 3 Chile;
Coreia do Sul 1 X 0 Chile; Espanha 2 X 0 Marrocos
Grupo C: Camarões 3 X 2 Kuwait;
Estados Unidos 2 X 2 República Tcheca;
República Tcheca 2 X 3 Kuwait; Estados Unidos 1 X 1 Camarões;
República Tcheca 1 X 1 Camarões; Estados Unidos 3 X 1 Kuwait
Grupo D: África do Sul 1 X 2 Japão; Brasil 3 X 1 Eslováquia;
Brasil 1 X 3 África do Sul; Eslováquia 1 X 2 Japão;
Brasil 1 X 0 Japão; Eslováquia 2 X 1 África do Sul
Quartas de final: Estados Unidos 2 X 2 Japão;
(5 X 4 nos pênaltis); Brasil 1 X 2 Camarões (na morte súbita);
Itália 0 X 1 Espanha; Chile 4 X 1 Nigéria
Semifinais: Espanha 3 X 1 Estados Unidos; Chile 1 X 2 Camarões
Decisão do 3º lugar: Chile 2 X 0 Estados Unidos
Final (29/9/2000): Camarões 2 X 2 Espanha
Pênaltis: Camarões 5 X 3 Espanha

Em Sydney, a Itália se tornou o time com maior número de gols marcados na história do futebol olímpico, com 111 em 51 partidas jogadas. A Iugoslávia, com quarenta jogos, e a Hungria, com 37, vêm em segundo lugar, com 109 gols cada.

2004 | Atenas

Participantes: 16
1º Argentina
2º Paraguai
3º Itália
★ O Brasil não participou.

Artilheiros: Carlos Tevez (Argentina): 8 gols
José Cardozo (Paraguai): 5 gols

TODOS OS JOGOS
Grupo A: Grécia 2 X 2 Coreia do Sul; Mali 0 X 0 México; Coreia do Sul 1 X 0 México; Grécia 0 X 2 Mali; Coreia do Sul 3 X 3 Mali; Grécia 2 X 3 México
Grupo B: Paraguai 4 X 3 Japão; Gana 2 X 2 Itália; Paraguai 1 X 2 Gana; Japão 2 X 3 Itália; Paraguai 1 X 0 Itália; Japão 1 X 0 Gana
Grupo C: Tunísia 1 X 1 Austrália; Argentina 6 X 0 Sérvia e Montenegro; Sérvia e Montenegro 1 X 5 Austrália; Argentina 2 X 0 Tunísia; Argentina 1 X 0 Austrália; Sérvia e Montenegro 2 X 3 Tunísia
Grupo D: Costa Rica 0 X 0 Marrocos; Iraque 4 X 2 Portugal; Marrocos 1 X 2 Portugal; Costa Rica 0 X 2 Iraque; Costa Rica 4 X 2 Portugal; Marrocos 2 X 1 Iraque
Quartas de final: Mali 0 X 1 Itália; Iraque 1 X 0 Austrália; Argentina 4 X 0 Costa Rica; Paraguai 3 X 2 Coreia do Sul
Semifinais: Itália 0 X 3 Argentina; Iraque 1 X 3 Paraguai
Decisão do 3º lugar: Itália 1 X 0 Iraque
Final (28/8/2004): Argentina 1 X 0 Paraguai

2008 | Pequim

Participantes: 16
1º Argentina
2º Nigéria
3º Brasil

Artilheiros: Giuseppe Rossi (Itália): 4 gols
Moussa Dembélé (Bélgica) e Victor Obinna (Nigéria): 3 gols

TODOS OS JOGOS
Grupo A: Austrália 1 X 1 Sérvia; Costa do Marfim 1 X 2 Argentina; Argentina 1 X 0 Austrália; Costa do Marfim 4 X 2 Sérvia; Costa do Marfim 1 X 0 Austrália; Argentina 2 X 0 Sérvia

Grupo B: Japão 0 X 1 Estados Unidos; Holanda 0 X 0 Nigéria; Nigéria 2 X 1 Japão; Estados Unidos 2 X 2 Holanda; Holanda 1 X 0 Japão; Nigéria 2 X 1 Estados Unidos
Grupo C: Brasil 1 X 0 Bélgica; China 1 X 1 Nova Zelândia; Brasil 5 X 0 Nova Zelândia; Bélgica 2 X 0 China; Brasil 3 X 0 China; Nova Zelândia 0 X 1 Bélgica
Grupo D: Honduras 0 X 3 Itália; Coreia do Sul 1 X 1 Camarões; Camarões 1 X 0 Honduras; Itália 3 X 0 Coreia do Sul; Coreia do Sul 1 X 0 Honduras; Camarões 0 X 0 Itália
Quartas de final: Nigéria 2 X 0 Costa do Marfim; Brasil 2 X 0 Camarões (na prorrogação); Itália 2 X 3 Bélgica; Argentina 2 X 1 Holanda (na prorrogação)
Semifinais: Nigéria 4 X 1 Bélgica; Brasil 0 X 3 Argentina
Decisão do 3º lugar: Brasil 3 X 0 Bélgica
Final (23/8/2008): Argentina 1 X 0 Nigéria

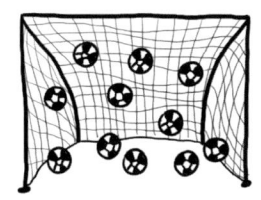

A EVOLUÇÃO DO FUTEBOL NOS JOGOS OLÍMPICOS

1896
Nos primeiros Jogos, em Atenas, houve só duas partidas que não fizeram parte do programa oficial.

1900 e 1904
Nas duas Olimpíadas seguintes, o futebol era só um torneio misto de exibição.

1908 a 1928
O vencedor da medalha de ouro tinha *status* de campeão mundial, já que a primeira Copa do Mundo só aconteceria em 1930, no Uruguai.

1932
O torneio de futebol não foi disputado.

1936 e 1948
O futebol começa a perder força nos Jogos com a concorrência da Copa do Mundo.

1952 a 1980
Foi a era do falso amadorismo e do domínio dos países do Leste Europeu. Nesses países, o futebol amador era só fachada.

1984 e 1988
A Fifa permitiu a participação de jogadores não profissionais, desde que não tivessem entrado em campo em Copas do Mundo.

1992
Podiam participar jogadores que tivessem disputado Copas do Mundo, mas com idade-limite de 23 anos.

1996
Para valorizar as Olimpíadas, a Fifa permitiu a inscrição de três jogadores com idade acima de 23 anos. Também foi o ano em que o futebol feminino ingressou na competição.

OS LANCES MAIS CURIOSOS

✳ Em 1896, Atenas realizou duas partidas de futebol, que não fizeram parte do programa olímpico. Na primeira, dois times gregos se enfrentaram. Smyrna venceu e disputou a final contra a Seleção da Dinamarca. Os dinamarqueses venceram por 15 X 0. Os torneios de futebol de 1900, 1904 e 1906 também não foram considerados oficiais.

✳ Em 1908, cada país poderia enviar até quatro equipes para o torneio de futebol, mas apenas a França foi representada por duas equipes. Uma delas acabou sendo humilhada pela Dinamarca, que venceu por 17 X 1 (a maior contagem de todos os tempos em Olimpíadas), e a França desistiu da competição. O centroavante dinamarquês Sophus Nielsen marcou dez gols nesse jogo.

✳ Dois dias antes do início do torneio de futebol dos Jogos de 1912, os organizadores descobriram que as dimensões dos campos estavam erradas. Todos os chefes de delegações foram obrigados a assinar um documento prometendo que não iriam fazer qualquer tipo de protesto por esse motivo.

✳ Em 1920, o juiz inglês John Lewis foi escalado para apitar a final entre Tchecoslováquia e Bélgica. Ele já tinha dirigido a final de 1908 e estava agora com 64 anos. Antes do final do primeiro tempo, os tchecos reclamaram da atuação do árbitro. O zagueiro Karel Steiner foi expulso e os jogadores da Tchecoslováquia abandonaram o gramado. Recusaram qualquer apelo para voltar. O abandono obrigou Espanha, Holanda, Suécia, Itália e Holanda a jogarem entre si para decidir o segundo e terceiro lugares.

✶ A Lituânia perdeu de 9 X 0 para a Suíça em sua estreia no torneio de futebol de 1924. Mas eles tinham uma boa desculpa: a delegação chegou algumas horas antes a Paris, depois de uma viagem de três dias de trem.

✶ Nos Jogos de 1936, o Peru vencia a Áustria, numa sensacional virada, quando torcedores peruanos invadiram o gramado. Um deles teria dado um pontapé num jogador austríaco. A Áustria entrou com um recurso e a Fifa determinou que nova partida fosse disputada, sem a presença de torcedores. O Peru se recusou a jogar de novo e a Áustria foi declarada vencedora.

✶ A Índia deu trabalho para a França na partida de estreia dos Jogos de 1948. Perdeu de 2 X 1, depois de ter desperdiçado um pênalti. Detalhe: alguns indianos jogaram descalços e outros apenas de meias.

✶ O ataque sueco, campeão dos Jogos de 1948, era formado por Gren, Nordahl e Liedholm. Foram jogar posteriormente no Milan da Itália. O trio ficou conhecido como Gre-No-Li. Nordahl marcou um total de 225 gols com a camisa milanesa. Em sete temporadas, foi o artilheiro em cinco. Liedholm, em 1958, marcou o primeiro gol na final da Copa, que seria vencida pelo Brasil por 5 X 2. Mais tarde, tornou-se técnico e sagrou-se campeão italiano na temporada 1982-1983 pela Roma, cuja estrela era o brasileiro Falcão.

✶ A decisão da medalha de ouro nos Jogos de 1968 foi um festival de cartões vermelhos. O árbitro mexicano Diego de Leo expulsou três jogadores búlgaros e um húngaro.

✸ Na véspera do jogo contra a Seleção Brasileira, em 1996, os jogadores da Nigéria viajaram 12 horas de Birmingham até Athens, local da partida. Quando a delegação chegou à Vila Olímpica, encontrou os alojamentos cheios de baratas. Os jogadores preferiram ficar num hotel de beira de estrada. O técnico da equipe, o holandês Johannes Bonfrere, pagou a conta com seu cartão de crédito pessoal. Não tinham nem dinheiro para a comida. Toda a delegação matou a fome com hambúrgueres no Burger King. À noite comeram pizza.

✸ Durante a Olimpíada de Atlanta, o técnico brasileiro ganhou uma biografia. O livro *Zagallo, um vencedor*, dos jornalistas Luiz Erthal e Vanderlei Borges, deveria ser lançado numa churrascaria de Miami um dia depois do jogo contra o Japão. Como o Brasil perdeu, a festa acabou sendo adiada.

✸ A Seleção Brasileira exigiu receber as medalhas de bronze logo após o jogo contra Portugal, na véspera da final, quebrando o protocolo olímpico em Atlanta. Antes da partida, o presidente da CBF, Ricardo Teixeira, avisou que nenhum jogador receberia os bichos pelas vitórias anteriores (2 mil dólares por jogo). O prêmio prometido pela medalha de ouro era de 45 mil dólares.

✸ Nas Olimpíadas de Sydney, o Brasil foi desclassificado após uma derrota de 2 X 1 para o Camarões, quando a Seleção Brasileira tinha dois jogadores a mais em campo. O técnico Vanderlei Luxemburgo, que já estava envolvido em escândalos com suas declarações de imposto de renda, foi demitido logo que chegou ao Brasil.

FEMININO

1996 | Atlanta

Participantes: 8
1º Estados Unidos
2º China
3º Noruega
★ O Brasil terminou em quarto lugar.

Artilheiras: Pretinha (Brasil), Linda Medalen (Noruega) e Ann Kristin Aarones (Noruega): 4 gols
MacMillan (Estados Unidos) e Sun Qingmei (China): 3 gols

TODOS OS JOGOS
Grupo E: Estados Unidos 3 X 0 Dinamarca; Suécia 0 X 2 China; Estados Unidos 2 X 1 Suécia; Dinamarca 1 X 5 China; Estados Unidos 0 X 0 China; Dinamarca 1 X 3 Suécia
Grupo F: Alemanha 3 X 2 Japão; Noruega 2 X 2 Brasil; Brasil 2 X 0 Japão; Noruega 3 X 2 Alemanha; Noruega 4 X 0 Japão; Brasil 1 X 1 Alemanha
Semifinais: China 3 X 2 Brasil; Noruega 1 X 2 Estados Unidos
Decisão do 3º lugar: Noruega 2 X 0 Brasil
Final (1º/8/1996): Estados Unidos 2 X 1 China

✤ A canadense Sonia Denoncourt foi a primeira mulher a apitar um jogo de futebol olímpico. Isso aconteceu no jogo Alemanha X Japão, do torneio de futebol feminino, no estádio de Birmingham.

✤ A final olímpica levou 76.481 pagantes ao Estádio Sanford — bem mais que o recorde anterior de público em jogos de futebol feminino, de 65 mil pessoas, na final do Mundial da China, em 1991.

✤ A goleira americana Briana Scurry fez até promessa para ganhar a medalha de ouro. Ela andaria nua pelas ruas de Athens, cidade vizinha a Atlanta. No dia seguinte, muito cedo, Briana tirou a roupa e percorreu cem metros de uma rua deserta. Depois disso, entregou a medalha a um sobrinho, de nove anos, que sofria de leucemia.

✱ A Seleção Brasileira feminina entrou na Olimpíada pela porta dos fundos. Perdeu a vaga no campo, mas acabou beneficiada pelo regulamento. É que o Comitê Olímpico Internacional não reconhece a Inglaterra (antiga dona da vaga), mas apenas a figura política da Grã-Bretanha, formada também por Escócia, País de Gales e Irlanda do Norte. E o torneio de futebol feminino ficou sem Inglaterra e Grã-Bretanha.

2000 | Sydney

Participantes: 8
1º Noruega
2º Estados Unidos
3º Alemanha
★ O Brasil terminou em quarto lugar.

Artilheiras: Sun Wen (China): 4 gols
Birgit Prinz (Alemanha), Tiffeny Milbrett (Estados Unidos): 3 gols
Kátia Cilene (Brasil), Raquel (Brasil), Renate Lingor (Alemanha),
Mercy Akide (Nigéria), Marianne Pettersen (Noruega),
Dagny Mellgren (Noruega) e Mia Hamm (Estados Unidos): 2 gols

TODOS OS JOGOS
Grupo E: Austrália 0 X 3 Alemanha; Suécia 0 X 2 Brasil;
Austrália 1 X 1 Suécia; Alemanha 2 X 1 Brasil;
Alemanha 1 X 0 Suécia; Austrália 1 X 2 Brasil
Grupo F: China 3 X 1 Nigéria; Estados Unidos 2 X 0 Noruega;
Noruega 3 X 1 Nigéria; Estados Unidos 1 X 1 China; Noruega 2 X 1 China;
Estados Unidos 3 X 1 Nigéria
Semifinais: Alemanha 0 X 1 Noruega; Estados Unidos 1 X 0 Brasil
Decisão do 3º lugar: Alemanha 2 X 0 Brasil
Final (28/9/2000): Noruega 3 X 2 Estados Unidos (morte súbita)

✱ Os brasileiros começaram a acompanhar as Olimpíadas de Sydney com as meninas do futebol. O primeiro jogo, contra a Suécia, começou antes mesmo da cerimônia de abertura, que aconteceu dois dias depois.

✱ Durante o jogo Brasil X Austrália, as brasileiras venceram de virada, por 2 X 1, com o gol decisivo de Kátia Cilene. No entanto, a mulherada de ambos os times quase perdeu a concentração: é que um homem inteiramente nu invadiu o campo ao final do jogo.

2004 | Atenas

Participantes: 10
1º Estados Unidos
2º Brasil
3º Alemanha

Artilheiras: Cristiane (Brasil) e Birgit Prinz (Alemanha): 5 gols

TODOS OS JOGOS
Grupo E: Suécia 0 X 1 Japão; Japão 0 X 1 Nigéria; Suécia 2 X 1 Nigéria
Grupo F: Alemanha 8 X 0 China; China 1 X 1 México; Alemanha 2 X 0 México
Grupo G: Grécia 0 X 3 Estados Unidos; Brasil 1 X 0 Austrália; Grécia 1 X 0 Austrália; Estados Unidos 2 X 0 Brasil; Grécia 0 X 7 Brasil; Estados Unidos 1 X 1 Austrália
Quartas de final: México 0 X 5 Brasil; Alemanha 2 X 1 Nigéria; Estados Unidos 2 X 1 Japão; Suécia 2 X 1 Austrália
Semifinal: Estados Unidos 2 X 1 Alemanha; Brasil 1 X 0 Suécia
Decisão do 3º lugar: Alemanha 1 X 0 Suécia
Final (26/8/2004): Brasil 1 X 2 Estados Unidos (após prorrogação)

2008 | Pequim

Participantes: 12
1º Estados Unidos
2º Brasil
3º Alemanha

Artilheiras: Cristiane (Brasil): 5 gols
Angela Hucles (Estados Unidos): 4 gols
Marta (Brasil), Homare Sawa (Japão) e Lotta Schelin (Suécia): 3 gols

TODOS OS JOGOS
Grupo E: Argentina 1 X 2 Canadá; China 2 X 1 Suécia; Suécia 1 X 0 Argentina; Canadá 1 X 1 China; China 2 X 0 Argentina; Suécia 2 X 1 Canadá
Grupo F: Brasil 0 X 0 Alemanha; Coreia do Norte 1 X 0 Nigéria; Nigéria 0 X 1 Alemanha; Brasil 2 X 1 Coreia do Norte; Coreia do Norte 0 X 1 Alemanha; Brasil 3 X 1 Nigéria
Grupo G: Japão 2 X 2 Nova Zelândia; Noruega 2 X 0 Estados Unidos; Estados Unidos 1 X 0 Japão; Nova Zelândia 0 X 1 Noruega; Noruega 1 X 5 Japão; Estados Unidos 4 X 0 Nova Zelândia

Quartas de final: Brasil 2 X 1 Noruega; Suécia 0 X 2 Alemanha; China 0 X 2 Japão; Estados Unidos 2 X 1 Canadá
Semifinais: Brasil 4 X 1 Alemanha; Japão 2 X 4 Estados Unidos
Disputa do 3º lugar: Alemanha 2 X 0 Japão
Final (21/8/2008): Brasil 0 X 1 Estados Unidos

Handebol

Nesse esporte veloz, os jogadores de cada equipe passam a bola entre si até que alguém tenha a chance de arremessá-la ao gol. Cada time conta com seis jogadores na linha e o goleiro; eles podem socar, bater e passar a bola com as mãos, braços, tronco, coxas, cabeça e até com os joelhos, mas só o goleiro pode usar os pés, e se estiver dentro da área. Ganha quem fizer mais gols.

OS CAMPEÕES OLÍMPICOS
Em 1936, disputou-se uma única vez o handebol de campo, com 11 jogadores de cada lado. O esporte voltou a ser olímpico em 1972, já com as regras atuais.

MASCULINO

1936 | Berlim

1º Alemanha
2º Áustria
3º Suíça
Decisão da medalha de ouro: Alemanha 10 X 6 Áustria
Decisão da medalha de bronze: Suíça 10 X 5 Hungria
★ O Brasil não participou.

1972 | Munique

1º Iugoslávia
2º Tchecoslováquia
3º Romênia
Decisão da medalha de ouro: Iugoslávia 21 X 16 Tchecoslováquia
Decisão da medalha de bronze: Romênia 19 X 16 Alemanha Oriental
★ O Brasil não participou.

1976 | Montreal

1º União Soviética
2º Romênia
3º Polônia
Decisão da medalha de ouro: União Soviética 19 X 15 Romênia
Decisão da medalha de bronze: Polônia 21 X 18 Alemanha Ocidental
★ O Brasil não participou.

1980 | Moscou

1º Alemanha Oriental
2º União Soviética
3º Romênia
Decisão da medalha de ouro: Alemanha Oriental 23 X 22 União Soviética
Decisão da medalha de bronze: Romênia 20 X 18 Hungria
★ O Brasil não participou.

1984 | Los Angeles

1º Iugoslávia
2º Alemanha Ocidental
3º Romênia
Decisão da medalha de ouro: Iugoslávia 18 X 17 Alemanha Ocidental
Decisão da medalha de bronze: Romênia 23 X 19 Dinamarca
★ O Brasil não participou.

1988 | Seul

1º União Soviética
2º Coreia do Sul
3º Iugoslávia
Decisão da medalha de ouro: União Soviética 32 X 25 Coreia do Sul
Decisão da medalha de bronze: Iugoslávia 27 X 23 Hungria
★ O Brasil não participou.

1992 | Barcelona

1º CEI
2º Suécia
3º França
Decisão da medalha de ouro: CEI 22 X 20 Suécia
Decisão da medalha de bronze: França 24 X 20 Islândia
★ O Brasil terminou em 12º lugar.

Os jogos do Brasil
Brasil 20 X 30 Alemanha
Brasil 20 X 31 Egito
Brasil 23 X 37 França
Brasil 17 x 27 Espanha
Brasil 20 X 20 Argélia
Brasil 31 x 25 Kuwait

1996 | Atlanta

1º Croácia
2º Suécia
3º Espanha
Decisão da medalha de ouro: Croácia 27 X 26 Suécia
Decisão da medalha de bronze: Espanha 27 X 25 França
★ O Brasil terminou em 11º lugar.

Os jogos do Brasil
Brasil 18 X 19 Islândia
Brasil 21 X 27 Hungria
Brasil 15 X 22 Suécia
Brasil 16 X 27 Tchecoslováquia
Brasil 26 X 30 Coreia do Sul
Brasil 24 X 27 Egito

✳ Em 1996, o Brasil terminou em 11º lugar. Com a derrota para a Seleção de Cuba, na final dos Jogos Pan-Americanos de Mar del Plata, a Seleção Brasileira de handebol não conseguiu sua classificação para as Olimpíadas. Um ano depois, Cuba ficou sem seus principais jogadores, que pediram asilo político, e desistiu dos Jogos. Aí o Brasil ganhou a vaga.

2000 | Sydney

1º Rússia
2º Suécia
3º Espanha
Decisão da medalha de ouro: Rússia 28 X 26 Suécia
Decisão da medalha de bronze: Espanha 26 X 22 Iugoslávia
★ O Brasil não participou.

2004 | Atenas

1º Croácia
2º Alemanha
3º Rússia
Decisão da medalha de ouro: Croácia 26 X 24 Alemanha
Decisão da medalha de bronze: Rússia 28 X 26 Hungria
★ O Brasil terminou em décimo lugar

Os jogos do Brasil
Brasil 17 X 31 França
Brasil 19 X 20 Hungria
Brasil 21 X 34 Alemanha
Brasil 22 X 26 Grécia
Brasil 26 X 22 Egito
Brasil 25 X 29 Islândia

2008 | Pequim

1º França
2º Islândia
3º Espanha
Decisão da medalha de ouro: França 28 X 23 Islândia
Decisão da medalha de bronze: Espanha 35 X 29 Croácia
★ O Brasil terminou em 11º lugar.

Os jogos do Brasil
Brasil 26 X 34 França
Brasil 14 X 33 Croácia
Brasil 25 X 28 Polônia
Brasil 29 X 22 China
Brasil 35 X 36 Espanha

FEMININO

1976 | Montreal

1º União Soviética
2º Alemanha Oriental
3º Hungria
Pontuação final: União Soviética: 10 pontos; Alemanha Oriental: 7; Hungria: 7
★ O Brasil não participou.

1980 | Moscou

1º União Soviética
2º Iugoslávia
3º Alemanha Oriental
Pontuação final: União Soviética: 10 pontos; Iugoslávia: 7; Alemanha Oriental: 7
★ O Brasil não participou.

1984 | Los Angeles

1º Iugoslávia
2º Coreia do Sul
3º China
Pontuação final: Iugoslávia: 10 pontos; Coreia do Sul: 7; China: 5
★ O Brasil não participou.

1988 | Seul

1º Coreia do Sul
2º Noruega
3º União Soviética
Pontuação final: Coreia do Sul: 4 pontos; Noruega: 3; União Soviética: 3
★ O Brasil não participou.

1992 | Barcelona

1º Coreia do Sul
2º Noruega
3º CEI
Decisão da medalha de ouro: Coreia do Sul 28 X 21 Noruega
Decisão da medalha de bronze: CEI 24 X 20 Alemanha
★ O Brasil não participou.

1996 | Atlanta

1º Dinamarca
2º Coreia do Sul
3º Hungria
Decisão da medalha de ouro: Dinamarca 37 X 33 Coreia do Sul
Decisão da medalha de bronze: Hungria 20 X 18 Noruega
★ O Brasil não participou.

2000 | Sydney

1º Dinamarca
2º Hungria
3º Noruega
Decisão da medalha de ouro: Dinamarca 31 X 27 Hungria
Decisão da medalha de bronze: Noruega 22 X 21 Coreia do Sul
★ O Brasil ficou em oitavo lugar.

Os jogos do Brasil
Brasil 32 X 19 Austrália
Brasil 26 X 45 Áustria
Brasil 16 X 30 Noruega
Brasil 26 X 39 Dinamarca
Brasil 24 X 35 Coreia do Sul
Brasil 23 X 32 França
Brasil 33 X 38 Romênia

2004 | Atenas

1º Dinamarca
2º Coreia do Sul
3º Ucrânia
Decisão da medalha de ouro: Dinamarca 34 (4) X 34 (2) Coreia do Sul
Decisão da medalha de bronze: Ucrânia 21 X 18 França
★ O Brasil terminou em sétimo lugar.

Os jogos do Brasil
Brasil 29 X 21 Grécia
Brasil 19 X 21 Ucrânia
Brasil 26 X 35 Hungria
Brasil 23 X 28 China
Brasil 26 X 24 Coreia do Sul
Brasil 31 X 36 Hungria
Brasil 26 X 25 China

2008 | Pequim

1º Noruega
2º Rússia
3º Coreia do Sul
Decisão da medalha de ouro: Noruega 34 X 27 Rússia
Decisão da medalha de bronze: Coreia do Sul 33 X 28 Hungria
★ O Brasil terminou em nono lugar.

Os jogos do Brasil
Brasil 22 X 24 Alemanha
Brasil 28 X 28 Hungria
Brasil 19 X 28 Rússia
Brasil 33 X 32 Coreia do Sul
Brasil 22 X 25 Suécia

VOCÊ SABIA QUE...

... Sydney foi o palco de estreia para o handebol feminino do Brasil, que nunca havia participado de uma Olimpíada? E ela não foi nada boa: ao final dos jogos, foram contabilizadas seis derrotas e apenas uma vitória, 180 gols marcados e 238 sofridos.

Hóquei na grama

Nessa versão mais tropical do hóquei, os jogadores usam um taco para passar a bola, geralmente feita de cortiça e plástico, entre si, até que algum deles tenha a chance de arremessá-la para o gol. Cada time conta com dez jogadores na linha e um goleiro, que é o único que pode tocar a bola com as mãos ou as pernas. Vence a equipe que fizer o maior número de gols nos dois tempos, de 35 minutos cada.

Polo aquático

Nessa espécie de handebol na água, o objetivo é fazer o maior número possível de gols. Os sete jogadores de cada time não podem tocar nas bordas ou no chão da piscina, que deve ter no mínimo dois metros de profundidade. As equipes têm no máximo 35 segundos para arremessar a bola ao gol e o jogo é disputado em quatro tempos de sete minutos cada, com dois minutos de intervalo entre eles. No masculino, a área de jogo é de 30 X 20 metros. Para as mulheres, é de 25 X 17 metros.

Infelizmente, o Brasil nunca chegou ao pódio com o polo aquático, que foi o primeiro esporte coletivo de que o país participou na história olímpica. Os brasileiros estrearam já nos Jogos da Antuérpia, de 1920, e conseguiram o sexto lugar, mas nunca mais obtiveram um resultado tão bom. Em 1932, acabaram desclassificados após agredirem um árbitro. O Brasil ainda participou dos Jogos de 1952, 1960, 1964, 1968 e 1984, como convidado.

Softbol

É a versão feminina do beisebol, já que as regras são as mesmas. As únicas diferenças estão na maneira de a lançadora arremessar a bola – de baixo para cima, e não o contrário, como no beisebol –, no tamanho da bola – que é maior –, e nas dimensões do campo – menor que o de beisebol.

Vôlei

O esporte estreou nos Jogos de 1964, em Tóquio, e é uma das modalidades com maior equilíbrio entre os países participantes. Mas você sabia que a equipe masculina do Brasil é a única a participar de todas as edições das Olimpíadas até hoje? Os brasileiros entraram para a elite do vôlei em 1980, quando conquistaram o quinto lugar, mas o ouro só chegaria em 1992.

MASCULINO

1964 | Tóquio

1º União Soviética
2º Tchecoslováquia
3º Japão
Decisão da medalha de ouro: União Soviética 3 X 2 Tchecoslováquia (15/9, 15/8, 5/15, 10/15 e 15/7)
Decisão da medalha de bronze: O torneio foi disputado em pontos corridos. O Japão conquistou sete vitórias e a Romênia, seis.
★ O Brasil terminou em sétimo lugar.

Os jogos do Brasil
Brasil 0 X 3 Bulgária (14/16, 10/15 e 6/15)
Brasil 0 X 3 Tchecoslováquia (5/15, 6/15 e 10/15)
Brasil 3 X 2 Hungria (15/4, 13/15, 11/15, 16/14 e 15/11)
Brasil 0 X 3 União Soviética (7/15, 6/15 e 9/15)
Brasil 3 X 2 Estados Unidos (5/15, 11/15, 15/9, 15/6 e 9/15)
Brasil 2 X 3 Japão (12/15, 9/15, 15/12, 15/7 e 11/15)
Brasil 3 X 1 Coreia do Sul (15/12, 15/8, 14/16 e 16/14)

Brasil 2 X 3 Holanda (16/14, 11/15, 12/15, 15/6 e 14/16)
Brasil 0 X 3 Romênia (6/15, 5/15 e 5/15)

1968 | Cidade do México

1º União Soviética
2º Japão
3º Tchecoslováquia
Decisão da medalha de ouro: União Soviética 3 X 1 Japão (4/15, 15/13, 15/9 e 15/13)
Decisão da medalha de bronze: O torneio foi disputado em pontos corridos. A Tchecoslováquia conquistou sete vitórias e a Alemanha Oriental, seis.
★ O Brasil terminou em nono lugar.

Os jogos do Brasil
Brasil 1 X 3 Alemanha Oriental (13/15, 7/15, 16/14 e 12/15)
Brasil 1 X 3 Bélgica (7/15, 14/16, 15/9 e 6/15)
Brasil 2 X 3 Tchecoslováquia (12/15, 10/15, 15/13, 15/13 e 10/15)
Brasil 1 X 3 União Soviética (15/11, 2/15, 9/15 e 9/15)
Brasil 0 X 3 Bulgária (8/15, 16/18 e 3/15)
Brasil 0 X 3 Japão (3/15, 11/15 e 12/15)
Brasil 0 X 3 Polônia (12/15, 4/15 e 7/15)
Brasil 0 X 3 Estados Unidos (12/15, 7/15 e 10/15)
Brasil 3 X 1 México (14/16, 15/6, 17/15 e 15/8)

1972 | Munique

1º Japão
2º Alemanha Oriental
3º União Soviética
Decisão da medalha de ouro: Japão 3 X 1 Alemanha Oriental (11/15, 15/2, 15/10 e 15/10)
Decisão da medalha de bronze: União Soviética 3 X 0 Bulgária (15/11, 15/8 e 15/13)
★ O Brasil terminou em oitavo lugar.

Os jogos do Brasil
Brasil 3 X 2 Alemanha Ocidental (15/7, 15/7, 17/19, 6/15 e 15/9)
Brasil 1 X 3 Alemanha Oriental (5/15, 15/7, 14/16 e 10/15)
Brasil 3 X 2 Romênia (18/16, 11/15, 15/7, 11/15 e 15/12)

Brasil 0 X 3 Japão (7/15, 13/15 e 11/15)
Brasil 2 X 3 Cuba (14/16, 15/6, 7/15, 15/7 e 9/15)
Brasil 0 X 3 Tchecoslováquia (8/15, 6/15 e 1/15)
Brasil 0 X 3 Coreia do Sul (16/18, 7/15 e 5/15)

1976 | Montreal

1º Polônia
2º União Soviética
3º Cuba
Decisão da medalha de ouro: Polônia 3 X 2 União Soviética (11/15, 15/13, 12/15, 19/17 e 15/7)
Decisão da medalha de bronze: Cuba 3 X 0 Japão (15/8, 15/9 e 15/8)
★ O Brasil terminou em sétimo lugar.

Os jogos do Brasil
Brasil 0 X 3 Japão (13/15, 8/15 e 9/15)
Brasil 3 X 2 Itália (15/8, 11/15, 12/15, 15/6 e 15/8)
Brasil 0 X 3 União Soviética (7/15, 11/15 e 2/15)
Brasil 2 X 3 Coreia do Sul (12/15, 15/12, 15/7, 6/15 e 5/15)
Brasil 3 X 0 Itália (15/8, 15/6 e 15/8)

1980 | Moscou

1º União Soviética
2º Bulgária
3º Romênia
Decisão da medalha de ouro: União Soviética 3 X 1 Bulgária (15/7, 15/13, 14/16 e 15/11)

Decisão da medalha de bronze: Romênia 3 X 1 Polônia
(15/10, 9/15, 15/13 e 15/9)
★ O Brasil terminou em quinto lugar.

Os jogos do Brasil
Brasil 2 X 3 Iugoslávia (15/8, 12/15, 15/10, 4/15 e 12/15)
Brasil 1 X 3 Romênia (15/13, 4/15, 12/15 e 3/15)
Brasil 3 X 0 Líbia (15/1, 15/2 e 15/6)
Brasil 3 X 2 Polônia (13/15, 18/20, 17/15, 15/11 e 15/5)
Brasil 0 X 3 Tchecoslováquia (14/16, 11/15 e 9/15)
Brasil 3 X 2 Iugoslávia (14/16, 15/9, 8/15, 15/10 e 15/8)

1984 | Los Angeles

1º Estados Unidos
2º Brasil
3º Itália
Decisão da medalha de ouro: Estados Unidos 3 X 0 Brasil
(15/6, 15/6 e 15/7)
Decisão da medalha de bronze: Itália 3 X 0 Canadá
(15/11, 15/12 e 15/8)

Os jogos do Brasil
Brasil 3 X 1 Argentina (15/8, 15/8, 16/18 e 15/13)
Brasil 3 X 0 Tunísia (15/5, 15/9 e 15/2)
Brasil 1 X 3 Coreia do Sul (4/15, 13/15, 15/13 e 8/15)
Brasil 3 X 0 Estados Unidos (15/10, 15/11 e 15/2)
Brasil 3 X 1 Itália (12/15, 15/2, 15/3 e 15/5)
Brasil 0 X 3 Estados Unidos (6/15, 6/15 e 7/15)

1988 | Seul

1º Estados Unidos
2º União Soviética
3º Argentina
Decisão da medalha de ouro: Estados Unidos 3 X 1 União Soviética
(13/15, 15/10, 15/4 e 15/8)
Decisão da medalha de bronze: Argentina 3 X 2 Brasil
(15/10, 15/17, 15/8, 12/15 e 15/9)
★ O Brasil terminou em quarto lugar.

Os jogos do Brasil
Brasil 3 X 0 Itália (15/7, 15/4 e 17/15)
Brasil 2 X 3 Coreia do Sul (17/19, 8/15, 15/6, 15/11 e 12/15)
Brasil 3 X 1 Bulgária (13/15, 15/6, 15/12 e 15/12)
Brasil 3 X 1 Suécia (15/6, 13/15, 15/0 e 15/12)
Brasil 3 X 2 União Soviética (12/15, 9/15, 15/8, 15/11 e 15/6)
Brasil 0 X 3 Estados Unidos (3/15, 5/15 e 11/15)
Brasil 2 X 3 Argentina (10/15, 17/15, 8/15, 15/12 e 9/15)

1992 | Barcelona

1º Brasil
2º Holanda
3º Estados Unidos
Decisão da medalha de ouro: Brasil 3 X 0 Holanda
(15/12, 15/8 e 15/5)
Decisão da medalha de bronze: Estados Unidos 3 X 1 Cuba
(12/15, 15/13, 15/7 e 15/11)

Os jogos do Brasil
Brasil 3 X 0 Coreia do Sul (15/13, 16/14 e 15/7)
Brasil 3 X 1 CEI (15/6, 15/7, 9/15 e 16/14)
Brasil 3 X 0 Holanda (15/11, 15/9 e 15/4)
Brasil 3 X 1 Cuba (15/6, 15/8, 12/15 e 15/8)
Brasil 3 X 0 Argélia (15/8, 15/13 e 15/9)
Brasil 3 X 0 Japão (15/12, 15/5 e 15/12)
Brasil 3 X 1 Estados Unidos (12/15, 15/8, 15/9 e 15/12)
Brasil 3 X 0 Holanda (15/12, 15/8 e 15/5)

> Foi a primeira vez que o Brasil conquistou uma medalha de ouro olímpica em esportes coletivos.

A GALERIA DOS HERÓIS

Atletas | Camisa	Data de nascimento	Peso e altura	Clube que defendia na época
MARCELO NEGRÃO | 1	10/10/1972	90 kg e 1,98 m	Sisley Treviso (Itália)
JORGE EDSON | 2	13/10/1966	90 kg e 1,92 m	Rhodia-Pirelli
GIOVANE | 3	7/9/1970	89 kg e 1,96 m	Petrarca (Itália)
PAULÃO | 5	24/12/1963	93 kg e 2,01 m	Frangosul
MAURÍCIO | 6	27/1/1968	77 kg e 1,84 m	Banespa
JANELSON | 7	24/3/1969	85 kg e 1,95 m	Banespa
DOUGLAS | 8	10/11/1970	90 kg e 2,00 m	Rhodia-Pirelli
CARLÃO | 9	20/4/1965	93 kg e 1,96 m	Maxicono Parma (Itália)
AMAURI | 10	23/11/1959	87 kg e 1,98 m	Banespa
PAMPA | 12	24/11/1964	90 kg e 1,96 m	Lazio (Itália)
TANDE | 14	20/3/1970	85 kg e 2,01 m	Mediolanum Milano (Itália)
TALMO | 15	10/10/1969	87 kg e 1,94 m	Rhodia-Pirelli

SOBE!

	Altura alcançada com...	
	Impulsão	Bloqueio
Carlão	3,36 m	3,18 m
Giovane	3,40 m	3,22 m
Marcelo Negrão	3,65 m	3,35 m
Maurício	3,21 m	3,04 m
Paulão	3,35 m	3,18 m
Tande	3,38 m	3,20 m

O CORNETEIRO

O carioca Dartagnan Jatobá, ex-campeão carioca de judô, tinha uma profissão insólita: é um torcedor profissional do vôlei. Sua corneta já é conhecida desde 1982. Depois de ajudar a fundar a torcida flamenguista Raça Rubro-Negra, ele recebeu dinheiro do Banco Econômico para torcer pelo Brasil na Copa do Mundo da Espanha.

O Brasil perdeu e Dartagnan achou melhor trocar o futebol pelo vôlei. Estreou no Mundialito de 1982. Dartagnan foi responsável por distribuir em Barcelona 15 mil camisetas e mil bonés com o logotipo do Banco do Brasil. Para isso, recebeu passagem de avião, ingressos para os jogos e diária de quarenta dólares.

> "
> Ai/ ai, ai, ai/ ai, ai, ai, ai, ai, ai/
> Em cima, embaixo/ Puxa e vai
> "
>
> (Grito da torcida brasileira de vôlei em Barcelona)

1996 | Atlanta

1º Holanda
2º Itália
3º Iugoslávia
Decisão da medalha de ouro: Holanda 3 X 2 Itália
(15/12, 9/15, 16/14, 9/15 e 17/15)
Decisão da medalha de bronze: Iugoslávia 3 X 1 Rússia
(15/8, 7/15, 15/8 e 15/9)
★ O Brasil terminou em quinto lugar.

Os jogos do Brasil
Brasil 1 X 3 Argentina (15/9, 8/15, 14/16 e 6/15)
Brasil 0 X 3 Bulgária (11/15, 13/15 e 8/15)
Brasil 3 X 0 Polônia (15/7, 15/11 e 15/8)
Brasil 3 X 0 Estados Unidos (15/11, 15/11 e 15/7)
Brasil 3 X 0 Cuba (15/11, 15/10 e 15/11)
Brasil 2 X 3 Iugoslávia (6/15, 5/15, 15/8, 16/14 e 10/15)
Brasil 3 X 1 Argentina (15/10, 15/3, 13/15 e 15/9)
Brasil 3 X 0 Cuba (15/12, 16/14 e 16/14)

2000 | Sydney

1º Iugoslávia
2º Rússia
3º Itália
Decisão da medalha de ouro: Iugoslávia 3 X 0 Rússia (25/22, 25/22 e 25/20)
Decisão da medalha de bronze: Itália 3 X 0 Argentina (25/16, 25/15 e 25/18)
★ O Brasil ficou em sexto lugar.

Os jogos do Brasil
Brasil 3 X 0 Austrália (25/13, 25/14 e 25/21)
Brasil 3 X 0 Egito (30/28, 25/18 e 25/21)
Brasil 3 X 0 Holanda (25/20, 25/17 e 27/25)
Brasil 1 X 3 Espanha (27/25, 14/21, 21/25 e 20/25)
Brasil 3 X 0 Cuba (28/26, 30/28 e 25/18)
Brasil 1 X 3 Argentina (25/17, 21/25, 19/25 e 25/27)
Brasil 3 X 2 Cuba (23/25, 17/25, 25/21, 26/24 e 15/13)
Brasil 0 X 3 Holanda (21/25, 20/25 e 22/25)

2004 | Atenas

1º Brasil
2º Itália
3º Rússia
Decisão da medalha de ouro: Brasil 3 X 1 Itália (25/15, 24/26, 25/20 e 25/22)
Decisão da medalha de bronze: Rússia 3 X 0 Estados Unidos (25/22, 27/25 e 25/16)

Os jogos do Brasil
Brasil 3 X 1 Austrália (23/25, 25/19, 25/12 e 25/21)
Brasil 3 X 2 Itália (25/21, 15/25, 25/16, 21/25 e 33/31)
Brasil 3 X 1 Holanda (25/22, 24/26, 25/21 e 25/19)
Brasil 3 X 0 Rússia (25/19, 25/13 e 25/23)
Brasil 1 X 3 Estados Unidos (22/25, 23/25, 25/18 e 22/25)
Brasil 3 X 0 Polônia (25/22, 27/25 e 25/18)
Brasil 3 X 0 Estados Unidos (25/16, 25/17 e 25/23)
Brasil 3 X 1 Itália (25/15, 24/26, 25/20 e 25/22)

2008 | Pequim

1º Estados Unidos
2º Brasil
3º Rússia
Decisão da medalha de ouro: Brasil 1 X 3 Estados Unidos (25/20, 22/25, 21/25 e 23/25)
Decisão da medalha de bronze: Rússia 3 X 0 Itália (25/22, 25/19 e 25/23)

Os jogos do Brasil
Brasil 3 X 0 Egito (25/19, 25/15 e 25/18)
Brasil 3 X 1 Sérvia (25/27, 25/20, 25/17 e 25/21)
Brasil 1 X 3 Rússia (25/22, 24/26, 29/31 e 19/25)
Brasil 3 X 0 Polônia (30/28, 25/19 e 25/19)
Brasil 3 X 0 Alemanha (25/22, 25/21 e 25/23)
Brasil 3 X 0 China (25/17, 25/15 e 25/16)
Brasil 3 X 1 Itália (19/25, 25/18, 25/21 e 25/22)
Brasil 1 X 3 Estados Unidos (25/20, 22/25, 21/25 e 23/25)

FEMININO

1964 | Tóquio

1º Japão
2º União Soviética
3º Polônia
Decisão da medalha de ouro: Japão 3 X 0 União Soviética (15/11, 15/8 e 15/13)
Decisão da medalha de bronze: O torneio foi em pontos corridos.
A Polônia conquistou três vitórias e a Romênia, duas.
★ O Brasil não participou.

1968 | Cidade do México

1º União Soviética
2º Japão
3º Polônia
Decisão da medalha de ouro: União Soviética 3 X 1 Japão
(15/10, 16/14, 3/15 e 15/9)
Decisão da medalha de bronze: O torneio foi em pontos corridos.
A Polônia conquistou cinco vitórias e o Peru, três.
★ O Brasil não participou.

1972 | Munique

1º União Soviética
2º Japão
3º Coreia do Norte
Decisão da medalha de ouro: União Soviética 3 X 2 Japão
(15/11, 4/15, 15/11, 9/15 e 15/11)
Decisão da medalha de bronze: Coreia do Norte 3 X 0 Coreia do Sul
(15/7, 15/9 e 15/9)
★ O Brasil não participou.

1976 | Montreal

1º Japão
2º União Soviética
3º Coreia do Sul
Decisão da medalha de ouro: Japão 3 X 0 União Soviética
(15/7, 15/8 e 15/2)
Decisão da medalha de bronze: Coreia do Sul 3 X 1 Hungria
(12/15, 15/12, 15/10 e 15/6)
★ O Brasil não participou.

1980 | Moscou

1º União Soviética
2º Alemanha Oriental
3º Bulgária
Decisão da medalha de ouro: União Soviética 3 X 1 Alemanha Oriental
(15/12, 11/15, 15/13 e 15/7)
Decisão da medalha de bronze: Bulgária 3 X 2 Hungria
(15/5, 13/15, 6/15, 15/4 e 15/8)
★ O Brasil terminou em sétimo lugar.

Os jogos do Brasil
Brasil 2 X 3 Hungria (15/17, 15/9, 12/15, 15/6 e 12/15)
Brasil 0 X 3 Bulgária (7/15, 9/15 e 12/15)
Brasil 2 X 3 Romênia (15/10, 15/9, 6/15, 13/15 e 6/15)
Brasil 0 X 3 Cuba (2/15, 5/15 e 6/15)
Brasil 3 X 0 Romênia (15/8, 15/12 e 15/12)

1984 | Los Angeles

1º China
2º Estados Unidos
3º Japão
Decisão da medalha de ouro: China 3 X 0 Estados Unidos
(16/14, 15/9 e 15/10)
Decisão da medalha de bronze: Japão 3 X 1 Peru
(13/15, 15/4, 15/7 e 15/10)
★ O Brasil terminou em sétimo lugar.

Os jogos do Brasil
Brasil 0 X 3 China (13/15, 10/15 e 10/15)
Brasil 2 X 3 Estados Unidos (15/12, 15/10, 5/15, 5/15 e 12/15)
Brasil 0 X 3 Alemanha Ocidental (9/15, 14/16 e 11/15)
Brasil 1 X 3 Coreia do Sul (15/13, 13/15, 9/15 e 10/15)
Brasil 3 X 0 Canadá (15/9, 15/3 e 15/8)

1988 | Seul

1º União Soviética
2º Peru
3º China
Decisão da medalha de ouro: União Soviética 3 X 2 Peru
(10/15, 12/15, 15/13, 15/7 e 17/15)
Decisão da medalha de bronze: China 3 X 0 Japão
(15/13, 15/6 e 15/6)
★ O Brasil terminou em sexto lugar.

Os jogos do Brasil
Brasil 0 X 3 Peru (11/15, 11/15 e 3/15)
Brasil 2 X 3 Estados Unidos (16/14, 5/15, 13/15, 15/12 e 7/15)
Brasil 3 X 2 Coreia do Sul (15/6, 15/17, 8/15, 15/4 e 17/15)
Brasil 1 X 3 China (15/2, 7/15, 12/15 e 11/15)
Brasil 1 X 3 Alemanha Oriental (9/15, 4/15, 15/11 e 11/15)

1992 | Barcelona

1º Cuba
2º CEI
3º Estados Unidos
Decisão da medalha de ouro: Cuba 3 X 1 CEI
(16/14, 12/15, 15/12 e 15/13)
Decisão da medalha de bronze: Estados Unidos 3 X 0 Brasil
(15/8, 15/6 e 15/13)
★ O Brasil terminou em quarto lugar.

Os jogos do Brasil
Brasil 3 X 1 Holanda (15/9, 15/3, 11/15 e 15/7)
Brasil 1 X 3 Cuba (11/15, 15/3, 13/15 e 9/15)
Brasil 3 X 2 China (15/9, 7/15, 15/11, 14/16 e 15/12)
Brasil 3 X 1 Japão (14/16, 15/13, 15/13 e 15/9)
Brasil 1 X 3 CEI (10/15, 15/3, 5/15 e 5/15)
Brasil 0 X 3 Estados Unidos (8/15, 6/15 e 13/15)

1996 | Atlanta

1º Cuba
2º China
3º Brasil
Decisão da medalha de ouro: Cuba 3 X 1 China
(14/16, 15/12, 17/16 e 15/6)
Decisão da medalha de bronze: Brasil 3 X 2 Rússia
(15/13, 4/15, 16/14, 8/15 e 15/13)

A cidade de Atlanta é famosa por ser o berço de Margareth Mitchel, a autora de ... E o vento levou. O nome da fazenda de Scarlett O'Hara era Tara. Pois a Seleção de vôlei feminino dos Estados Unidos contava com uma jogadora chamada Tara. Seu nome completo: Tara Cross-Battle, de 27 anos. "Só quando cheguei aqui fiquei sabendo dessa coincidência", disse a jogadora.

Os jogos do Brasil
Brasil 3 X 0 Peru (15/7, 15/1 e 15/5)
Brasil 3 X 0 Cuba (15/11, 15/10 e 15/4)
Brasil 3 X 0 Rússia (15/3, 15/11 e 15/13)
Brasil 3 X 0 Canadá (15/6, 15/6 e 15/11)
Brasil 3 X 1 Alemanha (15/4, 13/15, 15/6 e 15/8)
Brasil 3 X 0 Coreia do Sul (15/4, 15/2 e 15/10)
Brasil 2 X 3 Cuba (15/5, 8/15, 15/10, 13/15 e 12/15)
Brasil 3 X 2 Rússia (15/13, 4/15, 16/14, 8/15 e 15/13)

Na semifinal, o jogo Brasil 2 X 3 Cuba terminou em pancadaria. Ainda na quadra, a cubana Regla Torres deu um safanão em Ana Moser. Na saída, uma nova confusão envolveu as brasileiras Filó e Márcia Fu. Depois, Regla Torres encontrou Ana Paula no corredor do vestiário e lhe deu um soco nas costas e um pontapé no joelho. O episódio provocou a intervenção do chefe da delegação, Ary Graça Filho, que chamou a polícia e prestou queixa da agressão.

2000 | Sydney

1º Cuba
2º Rússia
3º Brasil
Decisão da medalha de ouro: Cuba 3 X 2 Rússia (25/27, 32/34, 25/19, 25/18 e 15/7)
Decisão da medalha de bronze: Brasil 3 X 0 Estados Unidos (25/18, 25/22 e 25/21)

Os jogos do Brasil
Brasil 3 X 0 Quênia (25/8, 25/11 e 25/13)
Brasil 3 X 0 Austrália (25/13, 25/18 e 25/17)
Brasil 3 X 0 China (25/14, 25/21 e 25/18)
Brasil 3 X 0 Croácia (25/21, 25/23 e 25/23)
Brasil 3 X 1 Estados Unidos (25/17, 20/25, 25/15 e 25/15)
Brasil 3 X 0 Alemanha (25/22, 25/18 e 25/17)
Brasil 2 X 3 Cuba (29/27, 19/25, 25/21, 19/25 e 9/15)
Brasil 3 X 0 Estados Unidos (25/18, 25/22 e 25/21)

2004 | Atenas

1º China
2º Rússia
3º Cuba
Decisão da medalha de ouro: China 3 X 2 Rússia (28/30, 25/27, 25/20, 25/23 e 15/12)
Decisão da medalha de bronze: Brasil 1 X 3 Cuba (22/25, 22/25, 25/14 e 17/25)
★ O Brasil terminou em quarto lugar.

Os jogos do Brasil
Brasil 3 X 0 Japão (25/21, 25/22 e 25/21)
Brasil 3 X 0 Quênia (25/16, 29/27 e 25/12)
Brasil 3 X 2 Itália (19/25, 25/13, 22/25, 25/16 e 15/13)
Brasil 3 x 0 Grécia (25/22, 25/22 e 25/11)
Brasil 3 x 0 Coreia do Sul (25/19, 25/18 e 25/23)
Brasil 3 x 2 Estados Unidos (25/22, 25/20, 22/25, 25/27 e 15/6)
Brasil 2 x 3 Rússia (25/18, 25/21, 22/25, 26/28 e 14/16)
Brasil 3 x 1 Cuba (25/22, 25/22, 14/25 e 25/17)

2008 | Pequim

1º Brasil
2º Estados Unidos
3º China
Decisão da medalha de ouro: Brasil 3 X 1 Estados Unidos (25/15, 18/25, 25/13 e 25/21)
Decisão da medalha de bronze: China 3 X 1 Cuba (25/16, 21/25, 25/13 e 25/20)

Os jogos do Brasil
Brasil 3 X 0 Argélia (25/11, 25/11 e 25/10)
Brasil 3 X 0 Rússia (25/14, 25/14 e 25/16)
Brasil 3 X 0 Sérvia (25/15, 25/13 e 25/23)
Brasil 3 X 0 Casaquistão (25/13, 25/6 e 27/25)
Brasil 3 X 0 Itália (25/16, 25/22 e 25/17)
Brasil 3 X 0 Japão (25/12, 25/20 e 25/16)
Brasil 3 X 0 China (27/25, 25/22 e 25/14)
Brasil 3 X 1 Estados Unidos (25/15, 18/25, 25/13 e 25/21)

✽ Durante todo o torneio, as meninas brasileiras perderam somente um set. Aconteceu logo na disputa da medalha de ouro, contra os Estados Unidos – mas isso não as abateu.

✽ A equipe que marcou menos pontos contra o Brasil em um set foi também a que marcou mais pontos. Mesmo após perder um set por 25/6, o Casaquistão deu trabalho no terceiro e último: perdeu somente por 27/25.

A GALERIA DAS HEROÍNAS

Atletas | Camisa	Data de nascimento	Peso e altura	Clube que defendia na época
WALEWSKA | **1**	1º/10/1979	81 kg e 1,90 m	Zarechie Odintsovo (Rússia)
CAROL | **2**	25/7/1977	76 kg e 1,82 m	Osasco
MARI | **3**	23/8/1983	71 kg e 1,88 m	São Caetano
PAULA PEQUENO | **4**	22/1/1982	75 kg e 1,84 m	Osasco
THAÍSA | **6**	15/5/1987	76 kg e 1,96 m	Osasco
FOFÃO | **7**	10/3/1970	62 kg e 1,73 m	São Caetano
VALESKINHA | **8**	23/4/1976	63 kg e 1,80 m	Novara (Itália)
FABIANA | **9**	24/1/1985	76 kg e 1,93 m	Rexona-Ades
SASSÁ | **10**	9/9/1982	76 kg e 1,79 m	Osasco
JAQUELINE | **12**	31/12/1983	70 kg e 1,86 m	Pesaro (Itália)
SHEILLA | **13**	1º/7/1983	64 kg e 1,85 m	São Caetano
FABI | **14**	7/3/1980	59 kg e 1,69 m	Rexona-Ades

Vôlei de praia

Disputado apenas por dois jogadores, ao contrário dos seis participantes de cada time no vôlei, o esporte surgiu nos Estados Unidos na década de 1920, mas só foi reconhecido pela Federação Internacional de Vôlei (FIVB) em 1987. A modalidade estreou nos Jogos em 1996, e as meninas do Brasil saíram na frente.

MASCULINO

1996 | Atlanta

1º Karch Kiraly / Kent Steffes (Estados Unidos)
2º Michael Dodd / Mike Whitmarsh (Estados Unidos)
3º John Child / Mark Heese (Canadá)
Decisão da medalha de ouro: Kiraly / Steffes 2 X 0 Dodd / Whitmarsh (12/5 e 12/8)
Decisão da medalha de bronze: Child / Heese 2 X 0 Barbosa Maia / Brenha Alves (Portugal) (12/5 e 12/8)
★ O Brasil ficou em nono lugar com as duplas Zé Marco / Emanuel e Franco / Roberto Lopes, empatadas na mesma colocação).

2000 | Sydney

1º Dain Blanton / Eric Fonoimoana (Estados Unidos)
2º Ricardo Santos / Zé Marco Melo (Brasil)
3º Jorg Ahmann / Axel Hager (Alemanha)
Decisão da medalha de ouro: Blanton / Fonoimoana 2 X 0 Zé Marco / Ricardo (12/11 e 12/9)
Decisão da medalha de bronze: Ahmann / Hager 2 X 0 Miguel Maia / João Brenha (Portugal) (12/9 e 12/6)

2004 | Atenas

1º Ricardo Santos / Emanuel Rego (Brasil)
2º Javier Bosma / Pablo Herrera (Espanha)
3º Stefan Kobel / Patrick Heuscher (Suiça)
Decisão da medalha de ouro: Ricardo Santos / Emanuel Rego 2 X 0 Javier Bosma / Pablo Herrera (21/15 e 21/16)
Decisão da medalha de bronze: Stefan Kobel / Patrick Heuscher 2 X 1 Julien Prosser / Mark Williams (Austrália) (21/17, 19/21 e 15/13)

2008 | Pequim

1º Phil Dalhausser / Todd Rogers (Estados Unidos)
2º Márcio Araújo / Fabio Luiz Magalhães (Brasil)
3º Ricardo Santos / Emanuel Rego (Brasil)
Decisão da medalha de ouro: Phil Dalhausser / Todd Rogers 2 X 1 Márcio Araújo / Fabio Luiz Magalhães (23/21, 17/21 e 15/4)
Decisão da medalha de bronze: Ricardo Santos / Emanuel Rego 2 X 0 Renato "Geor" Gomes / Jorge "Gia" Terceiro (Georgia) (21/15 e 21/10)

✻ Além do segundo e terceiro lugares, o Brasil também pode considerar que ficou com a quarta colocação. A dupla do vôlei de praia masculino que representou a Georgia em Pequim era formada por dois brasileiros naturalizados, Renato Gomes e Jorge Terceiro, que ganharam os apelidos de Geor e Gia – formando o nome do país –, respectivamente.

FEMININO

1996 | Atlanta

1º Jacqueline Silva / Sandra Pires (Brasil)
2º Adriana Samuel / Mônica Rodrigues (Brasil)
3º Natalie Cook / Kerri Ann Pottharst (Austrália)
Decisão da medalha de ouro: Silva / Pires 2 X 0 Samuel / Rodrigues (12/11 e 12/6)
Decisão da medalha de bronze: Cook / Pottharst 2 X 0 Barbra Fontana-Harris / Linda Hanley (Estados Unidos) (12/11 e 12/7)

2000 | Sydney

1º Cook / Pootharst (Austrália)
2º Adriana Behar / Shelda Bede (Brasil)
3º Adriana Samuel / Sandra Pires (Brasil)
Decisão da medalha de ouro: Cook / Pootharst 2 X 0 Adriana / Shelda (12/11 e 12/10)
Decisão da medalha de bronze: Adriana / Sandra 2 X 0 Takahashi/Saiki (Japão) (12/4 e 12/6)

2004 | Atenas

1º Kerri Walsh / Misty May (Estados Unidos)
2º Adriana Behar / Shelda Bede (Brasil)
3º Holly McPeak / Elaine Youngs (Estados Unidos)
Decisão da medalha de ouro: Kerri Walsh / Misty May 2 X 0 Adriana Behar / Shelda Bede (21/11 e 21/17)
Decisão da medalha de bronze: Holly McPeak / Elaine Youngs 2 X 1 Natalie Cook / Nicole Sanderson (Austrália) (15/21, 21/18 e 15/9)

2008 | Pequim

1º Kerri Walsh / Misty May (Estados Unidos)
2º Tian Jia / Wang Jie (China)
3º Xue Chen / Zhang Xi (China)
Decisão da medalha de ouro: Kerri Walsh / Misty May 2 X 0 Tian Jia / Wang Jie (21/18 e 21/18)
Decisão da medalha de bronze: Xue Chen / Zhang Xi 2 X 0 Talita Antunes / Renata Ribeiro (Brasil) (21/19 e 21/17)
★ O Brasil ficou na quarta colocação com a dupla Talita Antunes e Renata Ribeiro e na quinta colocação com a dupla Larissa França e Ana Paula Connelly.

9

Se você quiser correr, corra uma milha. Se quiser experimentar uma outra vida, corra uma maratona.

EMIL ZÁTOPEK
(1922-2000), corredor tcheco

Outros esportes olímpicos

UM (OU DOIS) POR TODOS

Existem mais 23 esportes disputados individualmente ou em duplas nas Olimpíadas. Saiba mais sobre eles!

Atletismo

Você sabia que essa modalidade envolve 46 eventos diferentes? Nas corridas de pista, são 12 provas masculinas e 11 femininas, já que as mulheres não correm os 3 mil metros com barreiras e competem nos cem metros com obstáculos. Já os homens se enfrentam nos 110 metros com barreiras. Fora essas exceções, as outras competições valem para ambos os sexos: cem, duzentos, quatrocentos, oitocentos, 1.500, 5 mil e 10 mil metros rasos, revezamentos 4 X 100, 4 X 400 metros rasos e quatrocentos metros com obstáculos. O vencedor é o atleta cujo dorso passar primeiro pela linha de chegada.

Ainda há a marcha atlética de vinte quilômetros para homens e mulheres, a de cinquenta quilômetros masculina e a maratona, em que ambos os sexos podem competir. O decatlo, exclusivamente masculino, inclui dez provas: cem metros rasos, salto em distância, arremesso de peso, salto em altura e quatrocentos metros rasos, 110 metros com barreiras, arremesso de disco, salto com vara, lançamento de dardo e 1.500 metros rasos. As mulheres competem no heptaplo: cem metros com barreiras, salto em altura e arremesso de peso, duzentos metros rasos, salto em distância, lançamento de dardo e oitocentos metros rasos. Vence quem terminar a maratona de provas com o maior número de pontos.

> Você pensa que acabou? Pois ainda existem o salto em distância, em altura, triplo e com vara, e os arremessos de disco e de peso, todos para mulheres e homens.

O CAMINHO PARA UMA OLIMPÍADA

✱ Quase todos os participantes de qualquer prova de atletismo são obrigados, nos 365 dias anteriores às Olimpíadas, a alcançar índices mínimos fixados pelo Comitê Olímpico Internacional. Os comitês nacionais exigem resultados ainda melhores para selecionar seus atletas. Cada país tem o direito de levar apenas um atleta fora dessa pré-seleção. Esta é uma maneira de garantir a presença de todos os países no atletismo. Um país só pode mandar três atletas por prova.

✱ O atleta começa a enfrentar novos obstáculos antes de chegar à final. Nas corridas até 1.500 metros, ele precisa estar condicionado para quatro partidas. Tem de disputar uma eliminatória, uma quarta de final e uma semifinal antes de chegar à final. Nas provas de 5 mil metros, são três corridas. Até nos 10 mil metros há duas corridas. No revezamento, os competidores disputam três provas: eliminatória, a semifinal e a final.

✱ As provas de salto e arremesso têm um sistema de classificação semelhante. Na eliminatória, o atleta precisa atingir — em até três tentativas — um índice estabelecido pelo Comitê Olímpico Internacional. Quem conseguir está automaticamente qualificado como um dos 12 finalistas de cada prova. Como os índices são bastante altos, em geral sobram vagas, que são preenchidas de acordo com os resultados conseguidos individualmente, mesmo que estejam abaixo do índice.

✱ Nas finais do salto em distância, salto triplo e nos arremessos de peso, lançamentos de dardo, disco e martelo, funciona outro sistema. Em cada prova, os finalistas têm direito a três tentativas. Depois de uma rápida pausa, são selecionados os oito melhores, valendo para isso a mais bem-sucedida tentativa de cada um. Os oito voltam a fazer mais três tentativas. Para a medalha, vale o melhor resultado conseguido em qualquer uma das seis tentativas.

VOCÊ SABIA QUE...

... o carioca Róbson Caetano da Silva foi o primeiro brasileiro a participar de uma final olímpica nos cem metros rasos, na Olimpíada de Seul? Ele chegou em sexto lugar.

OS RECORDES OLÍMPICOS MAIS DURADOUROS

✱ Quatrocentos metros

O americano Lee Evans correu os quatrocentos metros em 43s86 na Olimpíada do México, em 1968. O recorde mundial só foi quebrado por seu compatriota Harry "Butch" Reynolds vinte anos depois, no Grande Prêmio de Zurique, na Suíça. Ele baixou o tempo para 43s29 – o que equivale, numa corrida imaginária entre os dois, a chegar 5,2 metros na frente de Lee Evans. Em 1990, Reynolds foi suspenso por dois anos e seis meses por *doping*.

✱ Salto em distância

Também nos Jogos Olímpicos do México, o americano Bob Beamon conseguiu a fantástica marca de 8,90 metros. Ele se lançou com vento a favor de 2m/s, o limite máximo permitido para se homologar recordes de salto em distância e de corridas curtas. Além do vento, Beamon teve a seu favor a altitude de 2.268 metros da Cidade do México, onde a atmosfera tem apenas 76% da densidade que apresenta no nível do mar. Essa característica teria diminuído substancialmente a resistência do ar oferecida ao salto de Beamon, que já seria fantástico de qualquer maneira. Esse recorde só foi quebrado em 1991, 23 anos depois.

✱ Revezamento 4 X 400 metros

A equipe dos Estados Unidos cravou 2min56s16 nos Jogos do México, em 1968. Este recorde olímpico só foi quebrado em 1992.

Frank Ellis e H. L. Geyelin, da Universidade da Pensilvânia, foram os criadores das provas de revezamento, em 1895.

Nas provas de revezamento, o momento crucial é a passagem do bastão. Deixá-lo cair ou passá-lo fora da área de vinte metros desclassifica a equipe. Em 1988, os americanos perderam o de 4 X 100 metros quando um velocista recebeu o bastão cinco metros além da zona permitida.

> O tamanho do bastão usado nas corridas de revezamento é de trinta centímetros.

Maratona

A maratona é a mais longa, difícil e emocionante prova olímpica. Desde 1908, seu percurso é de 42,195 quilômetros. Tudo começou no ano de 490 a.c., quando soldados gregos e persas travaram uma batalha que se desenrolou entre a cidade de Maratona e o mar Egeu.

A luta estava difícil para os gregos. Comandados por Dario, os persas avançavam seu exército em direção à Maratona. Milcíades, o comandante grego, resolveu pedir reforço. Chamou Fidípedes, um de seus valentes soldados. Ótimo corredor, ele levou o apelo de cidade em cidade até chegar a Atenas, distante quarenta quilômetros. Voltou com 10 mil soldados e os gregos venceram a batalha, matando 6.400 persas.

Entusiasmado com a vitória, Milcíades ordenou que Fidípedes fosse correndo até Atenas outra vez para informar que a batalha fora vencida. Fidípedes foi de novo, sem parar. Quando chegou ao seu destino, só teve forças para dizer uma palavra: "Vencemos!". E caiu morto. Em 1896, durante os I Jogos Olímpicos da Era Moderna, Fidípedes foi homenageado com a criação da prova. No início, essa prova tinha os mesmos quarenta quilômetros que separavam a cidade de Maratona de Atenas.

✱ Em 1908, nos Jogos Olímpicos de Londres, o comitê organizador determinou que a maratona tivesse 42.195 metros, para que a família real pudesse assistir à largada do jardim do castelo de Windsor e que a prova terminasse no estádio Shepherd's Bush. A medida permaneceu.

✱ A primeira maratona feminina, com tempo cronometrado, foi realizada em 3 de outubro de 1926. Mas a modalidade só entrou nos Jogos Olímpicos em 1984.

✱ Rosa Mota conquistou a primeira medalha de ouro olímpica feminina para Portugal. Venceu a maratona em Seul, no ano de 1988, com o tempo de 2h25min40. Bastante conhecida no Brasil por suas vitórias na Corrida de São Silvestre, a corredora de 1,55 metro e 45 quilos já tinha conquistado a medalha de bronze quatro anos antes, em Los Angeles. Nessa ocasião, foi a primeira mulher a conquistar uma medalha para Portugal.

A MARATONA DAS TRAPALHADAS

✱ A Maratona da Olimpíada de 1904 foi a mais bizarra de todas. Entre os 32 participantes, alinharam-se dois guerreiros zulus, que estavam em Saint Louis participando de uma exposição sobre a Guerra dos Bôeres. Eles eram os dois primeiros negros africanos a participar dos jogos. Apareceu também um carteiro cubano chamado Félix Carvajal, calçando botinas e vestindo calça comprida e camisa de manga comprida. O início da prova teve de ser retardado para que Martin Sheridan, arremessador de disco, pudesse cortar as calças de Carvajal até a altura dos joelhos.

✱ Os organizadores pareciam não ter intimidade com a prova. Seu trajeto incluía sete grandes subidas e era todo feito em estradas poeirentas. A poeira aumentava ainda mais com os carros dos juízes, médicos e jornalistas seguindo os corredores. O americano William Garcia passou mal de tanto respirar aquela nuvem de pó e desmaiou. A temperatura era 32 °C e havia uma única parada de abastecimento de água, a 18 quilômetros do estádio.

Um dos africanos, Lentauw, foi perseguido por dois enormes cachorros e teve de se esconder num milharal. Mesmo assim, chegou em nono lugar. Carvajal parou uma porção de vezes para conversar com o público, ganhou maçãs e pêssegos, e aprendeu algumas palavras em inglês. Terminou em quarto.

✱ Depois de três horas e 13 minutos, o americano Fred Lorz apareceu no estádio. Ele chegou a ser fotografado ao lado de Alice Roosevelt, filha do presidente dos Estados Unidos, Theodore Roosevelt. Quando a medalha de ouro ia ser entregue, descobriu-se que Lorz havia parado depois de 15 quilômetros, e tinha pego uma carona, de carro, por 3,5 quilômetros e só aí voltou a correr. Lorz confessou a trapaça.

✱ A vitória acabou ficando com Thomas Hicks, que contou com certa ajuda no caminho. A 16 quilômetros do final, ele pediu para deitar e descansar. Seus amigos lhe deram uma dose oral de estricnina misturada com clara de ovo. Alguns quilômetros adiante, ele tomou mais estricnina e um pouco de *brandy*. Até um banho, com água aquecida no motor a vapor de um carro, lhe foi dado. E assim ele conseguiu chegar ao estádio, na frente do francês Albert Corey.

Badminton

Considerado um esporte olímpico desde 1992, o badminton pode ser jogado individualmente ou em dupla, numa quadra semelhante à de tênis, mas com a rede mais alta. O objetivo é fazer com que a peteca toque o chão da quadra do adversário. No masculino, a partida é disputada em três sets de 15 pontos cada e, no feminino, de 11 pontos. Ganha quem vencer dois sets primeiro.

Pode parecer um simples jogo de peteca, mas, ao ser rebatida com a raquete, ela pode atingir até trezentos quilômetros por hora!

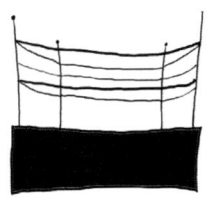

Boxe

Nos Jogos Olímpicos, as regras desse esporte seguem as do boxe amador, e não as do boxe profissional. Os lutadores são obrigados a usar uma espécie de capacete protetor e disputam quatro rounds de dois minutos cada, ao contrário dos combates com dez ou 12 rounds disputados atualmente. Cinco juízes marcam os pontos de acordo com os golpes de cada lutador. Valem socos no rosto, nas laterais da cabeça e na frente, e nas laterais do torso. Ganha quem conseguir fazer mais pontos.

Canoagem

Incluída nos Jogos Olímpicos desde 1924, a canoagem engloba dois tipos de competição: canoas e caiaques. A canoa é uma embarcação aberta, impulsionada por um remo de pá única. O atleta fica ajoelhado dentro dela. Já o caiaque é um tipo de canoa fechada, com abertura para o assento do atleta e movida com remo de duas mãos. Pode também ter leme, controlado pelos pés. Na modalidade *slalom*, os canoístas têm de percorrer uma distância geralmente de trezentos metros, em um tempo predeterminado. Ao final, são somados os tempos e os pontos perdidos em penalidades para se definir quem é o campeão. Na prova de velocidade, canoas e caiaques percorrem uma raia que vai de quinhentos a mil metros de comprimento, e vence quem cruzar a linha de chegada primeiro.

Ciclismo

AS MODALIDADES OLÍMPICAS

✱ **Quilômetro contra o relógio**
Prova em que o vencedor tem de completar mil metros em menor tempo. Para as mulheres, o percurso é de quinhentos metros.

✱ **Perseguição individual**
Dois competidores partem, um de cada lado da pista, tentando alcançar o adversário. O percurso é de quatro quilômetros para os homens e de 3,5 para as mulheres. Se um não alcança o outro, vence quem tiver o melhor tempo.

✱ **Perseguição por equipes**
Duas equipes, com quatro ciclistas de cada lado, largam perseguindo o ponteiro adversário. O percurso também é de quatro quilômetros.

✱ **Meio fundo**
Na Olimpíada, a prova tem o equivalente a cinquenta quilômetros. A cada cinco voltas, os cinco primeiros ciclistas do pelotão recebem pontos. Na metade da prova e na chegada, os pontos são computados em dobro. Vence quem conseguir completar o percurso primeiro. O critério de desempate é o maior número de pontos.

✱ **Velocidade**
Prova para dois a quatro ciclistas. Por um sorteio se define qual dá a primeira volta na frente. Essa volta é neutra, em velocidade de cinco quilômetros por hora. Após a primeira volta, o ciclista da frente tenta fazer os adversários passarem para ele se aproveitar do vácuo. Por isso é que ele para e fica esperando o momento da arrancada para as três voltas finais. Cada um procura surpreender o adversário, sem tocar os pés no chão, pedalando para a frente e para trás. Quem recuar mais de vinte centímetros está desclassificado. O cronômetro só é acionado nos duzentos metros finais.

✱ **Resistência**
O percurso é determinado pelos organizadores das provas. Existem várias modalidades: quilômetro, contra o relógio, e longa distância (provas olímpicas até 220 quilômetros). É disputada em estradas ou circuito misto (ruas e avenidas).

✱ **4 X 100 quilômetros**
Prova contra o cronômetro em estradas. Cada equipe de quatro integrantes sai com um intervalo de um minuto. Vence quem chegar em menor tempo.

✱ **Velocidade olímpica**
Estreante nos Jogos de Sydney, nessa modalidade as provas são disputadas por duas equipes, cada uma composta por três ciclistas, mas só os homens podem participar. Os times largam em posições opostas no velódromo e são liderados por um ciclista, que se retira ao final da primeira volta. Na segunda, outro ciclista assume a ponta e repete a rotina. Na última, mais um atleta faz o mesmo e somam-se os pontos dos três ciclistas para saber quem ganhou.

✳ **Keirin**
Criada no Japão em 1948, também é só para homens. Foi incluída nos Jogos de Sydney, em 2000. Após um sorteio, oito velocistas partem em fila indiana atrás de uma moto que fica meio metro à frente, a cinquenta quilômetros por hora. Dado o sinal, eles têm de tentar alcançá-la, e a ordem de chegada se mantém por três voltas. Depois, ela deixa a pista e os atletas percorrem o que resta dos dois quilômetros de prova.

✳ **Madison ou Americana**
Outra categoria estreante em Sydney. Leva esse nome porque foi disputada pela primeira vez no ginásio Madison Square Garden, em Nova York (EUA). Dois atletas se revezam para completar quarenta quilômetros. A cada seis quilômetros, os quatro primeiros colocados ganham 5, 3, 2 e 1 pontos, respectivamente. Vence a dupla que mais pontuar e também a que fizer o maior número de voltas no tempo determinado.

✳ **Estrada**
Como em uma maratona, os homens percorrem uma distância de 228 quilômetros, geralmente em cinco horas. As mulheres completam o percurso de 118 quilômetros em três horas. Os atletas podem descansar e se refrescar em estações distribuídas ao longo do caminho, e vence quem atingir primeiro a linha de chegada. Na prova contra o relógio, os homens percorrem 46,8 quilômetros e as mulheres, 31,2.

✳ **Mountain bike**
Nessa modalidade, que entrou nos Jogos de Atenas, em 2004, os homens enfrentam entre quarenta e cinquenta quilômetros de trilhas com muitas subidas, descidas e lama. Para as mulheres, a prova fica entre trinta e quarenta quilômetros. Ganha quem cruzar primeiro a linha de chegada.

A TECNOLOGIA SOBRE RODAS

Nas Olimpíadas de 1896, em Atenas, as bicicletas de corrida pesavam 16 quilos. Em Barcelona, 96 anos depois, os ciclistas pedalaram "magrelas" de seis quilos, com tecnologia semelhante à da Fórmula 1. Fabricadas com materiais leves e ultrarresistentes, como titânio e fibra de carbono, as bicicletas atuais têm sua aerodinâmica testada em túneis de vento. A roda da frente menor e o guidão mais baixo diminuíram a resistência do ar.

Esgrima

O esporte dos mosqueteiros é disputado em três categorias nos Jogos Olímpicos, de acordo com o tipo de arma: espada, florete e sabre – a última, exclusivamente masculina. O objetivo é atingir o adversário sem ser tocado, nem esbarrar no corpo dele. Os toques são registrados por sensores eletrônicos nas armas, e cada toque vale um ponto. Na competição individual, ganha quem fizer 15 pontos primeiro ou mais pontos ao final dos três tempos, de três minutos cada. Na competição por equipes, formadas por três esgrimistas cada, quando um atleta marca cinco pontos é substituído pelo companheiro, e assim por diante, até que sejam atingidos 45 pontos.

Esportes aquáticos

São quatro esportes realizados na piscina: nado sincronizado, natação, saltos ornamentais e polo aquático.

✱ **Nado sincronizado**
As atletas competem nas modalidades dueto e equipe – que tem de quatro a oito garotas. Os juízes avaliam a criatividade e a dificuldade dos movimentos e a sincronia das atletas entre si e com a música escolhida. Entre 1984 e 1992, também houve a modalidade solo.

✱ **Natação**
Todos os nadadores passam pela eliminatória em cada estilo e, dependendo dos Jogos, também por uma semifinal. Os atletas com os melhores tempos tornam-se cabeças de chave e são colocados em séries diferentes. Assim, os oito melhores se classificam para a grande final, para disputar as medalhas. As provas são: cem e duzentos metros borboleta para homens e mulheres, cem e duzentos metros costas para homens e mulheres, cem e duzentos metros peito para homens e mulheres, além das do nado livre, o estilo mais rápido e popular. São provas de cinquenta, cem, duzentos, quatrocentos e 1.500 metros, revezamentos de 4 X 100 metros e 4 X 200 metros para homens, e de cinquenta, cem, duzentos, quatrocentos e oitocentos metros e revezamentos 4 X 100 e 4 X 200 metros para mulheres. Também há as provas de duzentos e quatrocentos metros *medley*, além da maratona aquática – todas nas modalidades masculino e feminino.

> Uma piscina olímpica tem 1.890.000 litros de água (volume: 1.890 m³). Ela mede cinquenta metros de comprimento e 22,8 metros de largura. São oito raias, cada uma com 2,5 metros de largura. A profundidade mínima é de 1,98 metro. Nas provas de Olimpíadas, ela é de 2,5 metros. Os melhores qualificados nas eliminatórias ficam nas raias 4 e 5, pois são as que têm menor turbulência. A temperatura da água é constante: 25 °C.

✱ **Saltos ornamentais**
Os atletas saltam de um trampolim de três metros de altura e da plataforma, de dez metros de altura. As mulheres fazem cinco saltos cada uma e os homens

têm seis chances. Após quatro etapas, o atleta com o maior número de pontos ganha a medalha de ouro. Em Sydney, houve a estreia do salto sincronizado, em que dois atletas mergulham ao mesmo tempo.

DOS PALCOS PARA O TRAMPOLIM

O atleta americano Greg Louganis, ex-bailarino, foi um dos maiores fenômenos na categoria olímpica de saltos ornamentais. Louganis foi considerado, entre as Olimpíadas de 1976 e 1988, o melhor do mundo nas competições de plataforma e trampolim, pelas quais ganhou cinco medalhas olímpicas.

Em Seul, no ano de 1988, ficou com a medalha de ouro na competição de trampolim de três metros, mesmo depois de errar o cálculo e bater com a cabeça na ponta da tábua de madeira em um dos saltos. Louganis tentava um duplo salto mortal, de costas no trampolim de três metros. Levou cinco pontos cirúrgicos. Ele disputou as finais com um pedaço da cabeça raspada, revelando a sutura. Ele já havia se chocado uma vez com a plataforma, em 1979, em Moscou, quando ficou desacordado durante vinte minutos. Depois de Seul, ele deu uma entrevista em que afirmou ser homossexual. Em 1995, admitiu que era soropositivo.

O PIOR ATLETA DAS OLIMPÍADAS

Dos 35 saltadores que disputaram os Jogos de Seul, em 1988, Alan Wong, de Hong Kong, terminou em 35º lugar. Com um detalhe: conseguiu somar cinco notas zero – o pior resultado de um atleta em toda a história olímpica. A justificativa encontrada por Wong é que ele saltou logo depois que Greg Louganis bateu a cabeça no trampolim. Isso o abalou e o levou a perder a concentração. Wong calculou errado a pirueta e sua entrada na água foi desastrosa. Bateu violentamente as costas e espirrou tanta água que até mesmo a mesa dos juízes foi alcançada pelos respingos. Os árbitros, molhados, foram implacáveis.

Ginástica

PROVAS OLÍMPICAS
Nos Jogos Olímpicos, a ginástica é dividida em três modalidades: olímpica, rítmica, e trampolim acrobático, que estreou em Sydney.

✱ Na ginástica olímpica, os homens passam por oito provas, contra seis das mulheres, em exercícios obrigatórios e livres.
Homens: exercícios de solo, cavalo, argolas, salto sobre o cavalo, barras paralelas e barra fixa, além da competição individual geral e por equipes.
Mulheres: exercícios de solo, barras paralelas assimétricas, salto sobre o cavalo e trave de equilíbrio, além da competição individual geral e por equipes.

✱ A ginástica rítmica foi incluída nos Jogos Olímpicos de 1984 e só as mulheres competem. A modalidade combina movimentos de corpo com coreografias de pequenos equipamentos, como uma corda, uma bola, um arco, ou uma fita.

✱ No trampolim acrobático, os exercícios são feitos em uma tela, geralmente feita de náilon, de 5,05 metros de largura e que fica a 1,15 metro do solo. É sustentada por molas presas em uma armação. Cada atleta tem de demonstrar duas séries de exercícios, uma de movimentos obrigatórios e outra livre, que incluem saltos duplos mortais e uma queda frontal, por exemplo. Entre as cinco notas dadas pelos árbitros, a melhor e a menor são descartadas e somam-se as notas intermediárias para se descobrir o vencedor.

OS PAPÕES DE MEDALHAS
✱ Larissa Latynina (URSS) foi a maior ganhadora de medalhas olímpicas de ginástica: nove de ouro, cinco de prata e quatro de bronze, entre 1956 e 1964.

✱ O maior número de medalhas de ouro em provas individuais ficou com Vera Caslavska (Tchecoslováquia) em 1964 e 1968. Nos Jogos do México, Vera chamou a atenção por derrotar as favoritas da União Soviética. Seu país tinha sido invadido por tanques soviéticos dois meses antes.

✱ O recorde masculino de medalhas de ouro individuais foi de seis e pertence aos soviéticos Boris Shakhlin e Nikolai Andrianov. Este último deteve até 2008 o recorde de competidor masculino com o maior número de medalhas de todos os esportes. Foram 15 no total.

✱ Em 1980, o soviético Aleksandr Ditiatin transformou-se no único ginasta a ganhar medalhas nas oito categorias que disputou.

✱ A russa Olga Korbut, de 1,48 metro, foi uma das maiores ginastas de todos os tempos. Sua fenomenal agilidade e criatividade em exercícios considerados rotineiros deram-lhe as medalhas de ouro nas modalidades solo, nas barras paralelas e nos exercícios combinados das Olimpíadas de 1972.

AS COROAS

Ginástica é coisa só para garotinhas? A mais velha ganhadora de medalha de ouro foi a japonesa Massao Takemoto, de quarenta anos e 344 dias, em 1960. A finlandesa Heikki Savolainen conquistou o título de medalhista mais veterana. Ela estava com 44 anos e 297 dias quando recebeu a medalha de bronze nas Olimpíadas de 1952. A ganhadora de medalha mais nova foi Nadia Comaneci, da Romênia, com 14 anos e 313 dias, em 1976.

Se numa Olimpíada dois competidores vencem uma prova, ambos recebem a medalha de ouro?
Sim. Neste caso, não há medalha de prata. O competidor que se classifica depois dos dois vencedores recebe medalha de bronze. Houve um caso desses nas Olimpíadas de 1980, em Moscou. Nos exercícios de solo em ginástica feminina, a romena Nadia Comaneci e a soviética Nelli Kim empataram com 198,75 pontos e as duas receberam medalha de ouro. A soviética Natalia Schaposhnikova, que somou 198,25 pontos, ficou com a medalha de bronze.

DURO NA QUEDA

A queda parece ser o erro mais punido na ginástica. Não é. Balançar o braço depois de um salto mortal, um erro quase imperceptível para os espectadores, implica perder meio ponto — mesma punição que recebe quem se estatela no chão. Quando os ginastas resolvem fazer muitos malabarismos, seus técnicos costumam ficar perto para prestar socorro em caso de queda.

Um erro de cálculo pode representar a morte. Às vésperas das Olimpíadas de Moscou, em 1980, a soviética Yelena Mukina caiu e quebrou o pescoço.

Hipismo

É o único esporte olímpico em que homens e mulheres competem diretamente. São três modalidades olímpicas: o salto, o adestramento e o concurso completo.

✱ O adestramento é feito num picadeiro retangular, de 60 X 20 metros. Ali dentro, o cavaleiro deve executar figuras e piruetas. Deve também mostrar as andaduras do cavalo: passo, trote e galope. Cinco juízes avaliam a apresentação e o principal quesito é o controle do cavaleiro sobre o cavalo. Detalhe: o ginete não pode fazer qualquer barulho, nem falar com o animal.

✱ No salto, as competições têm em geral 12 obstáculos, de diferentes graus de dificuldade, com altura variando entre um metro e 1,6 metro. A cada obstáculo derrubado, o concorrente marca quatro pontos. Vence quem fizer o menor número de pontos no menor tempo de percurso.

✱ O concurso completo combina provas de salto, adestramento e *cross*, num circuito de obstáculos que simulam dificuldades naturais. Vence o melhor na combinação de resultados das três provas.

COMO SÃO OS OBSTÁCULOS

Verticais ▶ Barras apoiadas em traves de madeira.
Oxer ▶ Dois obstáculos dispostos em sentido crescente para serem transpostos em um salto.
Tríplice ▶ Três obstáculos em sentido crescente para um salto.
Encosta ▶ Também três obstáculos, só que com a barra do meio mais alta.
Rio ▶ Cerca ou arbusto baixo acompanhado de um tanque de água.
Muro ▶ Simula uma parede, mas é feita com materiais bem mais leves.
Cancela ▶ Lembra uma porteira.

Judô

Essa arte marcial não permite chutes ou socos. Na verdade, o segredo está em usar a força do adversário a seu favor. Os golpes são os mais variados, aplicados em pé, deitados ou no solo. Os atletas competem em categorias divididas de acordo com seu peso máximo.

BRINCADEIRA DE CRIANÇA
Rogério Sampaio, medalhista de ouro em Barcelona, venceu três das cinco lutas que disputou com o primeiro golpe que toda criança aprende quando entra numa academia de judô. É o "o-soto-gari" (a grande ceifada externa), uma espécie de rasteira na perna do adversário com a coxa e o corpo se inclinando para forçar a sua queda. Aos 24 anos, Rogério saltou do anonimato para a glória em 16min53 (tempo total de duração de suas cinco lutas). Na final da categoria meio leve, ele venceu o húngaro Jozsef Csak.

O CASO EDINANCI
Em 1996, a judoca Edinanci Fernandes da Silva foi uma das atletas mais comentadas da delegação brasileira. Por uma anomalia da natureza, ela nasceu com órgãos externos femininos, mas com testículos internos. Sua taxa de testosterona, o hormônio masculino de que toda mulher tem um pouco, era muito alta. Por isso, pouco antes dos Jogos, ela se submeteu a uma cirurgia para retirar os testículos. Para poder participar das Olimpíadas de Atlanta, Edinanci teve de passar por um teste que comprovaria sua feminilidade biológica. Até os dez anos, Edinanci trabalhava na roça, no interior da Paraíba. Cortava e carregava cana. Terminou em sétimo lugar na categoria peso-pesado.

Levantamento de peso

São dois tipos de levantamento: o arremesso, em que o atleta ergue o peso em duas etapas, e o arranco, considerado mais difícil, pois toda a carga é içada de uma só vez. Os atletas competem de acordo com seu peso e têm três tentativas para cada tipo de levantamento. A pontuação é feita somando-se todo o peso erguido nas três tentativas. Quem obtiver a maior soma leva a medalha para casa.

Duas provas de halterofilismo foram disputadas nos Jogos de 1896: levantamento de peso com um braço e com dois braços. O primeiro campeão de halterofilismo chamava-se Viggo Jensen, e era da Dinamarca. Ele venceu o inglês Launceston Eliot na competição com os dois braços. Ambos ergueram o mesmo peso, mas o inglês moveu um de seus pés.

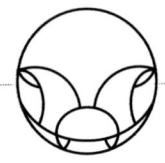

VOCÊ SABIA QUE...

... os dois únicos irmãos que ganharam medalhas na mesma prova e na mesma Olimpíada foram os halterofilistas japoneses Yoshinobu e Yoshiyuki Miyake? Eles conquistaram, respectivamente, as medalhas de ouro e bronze na categoria pena em 1968.

Luta Olímpica

Apenas os homens competem, e em dois tipos de luta: a greco-romana, em que não se pode usar as pernas nos golpes, e a de estilo livre, em que os golpes com as pernas também são permitidos, com exceção da tesoura. Nos dois estilos, vence quem conseguir colocar os ombros do adversário no chão, ou quem fizer mais pontos, pois cada tipo de golpe pode valer de um a cinco pontos, de acordo com seu grau de dificuldade. Os lutadores se enfrentam em dois rounds de três minutos cada, com um intervalo de trinta segundos entre eles.

Pentatlo

São cinco esportes: tiro, esgrima, natação, hipismo e corrida, nessa ordem, e todas as provas são disputadas no mesmo dia! Todo o esforço de homens e mulheres nas primeiras quatro provas é convertido em pontos por meio de uma tabela de equivalência, de acordo com os tempos dos competidores. A pontuação determina a ordem de largada na corrida, prova decisiva da modalidade. Leva o ouro quem cruzar primeiro a linha de chegada.

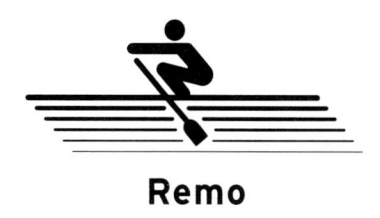

Remo

São várias modalidades, de acordo com os barcos usados. O *skiff* pode levar um, dois ou quatro ocupantes, dependendo da categoria, e a grande diferença dos demais é que cada atleta usa dois remos. O "dois sem" leva dois remadores, cada um com apenas um remo, assim como o "quatro sem", com quatro atletas. A modalidade mais veloz é a "oito com", movida por oito remadores, acompanhados por um timoneiro. As provas têm dois quilômetros de distância e acontecem em raias. Os barcos que queimam a largada duas vezes são desclassificados.

Taekwondo

Nessa luta marcial, os atletas podem golpear com os pés e as mãos, e chutar qualquer parte acima da cintura do adversário, que esteja coberta por protetores. Os lutadores usam protetores para o tórax e a cabeça. Quatro juízes pontuam os golpes, mas também é possível vencer por nocaute, como no boxe, ou caso um dos atletas seja desclassificado. Os lutadores são divididos em categorias de acordo com seu peso.

Tênis

O objetivo é fazer com que a bolinha atravesse a rede e quique dentro da quadra adversária. Os jogadores têm de rebater a bola antes ou depois que ela quicar uma vez. Se ela quicar duas vezes, parar na rede ou for rebatida fora da quadra, o ponto será do adversário. Cada partida pode ser disputada em melhor de três ou cinco sets. O set é uma série de *games* que, por sua vez, é dividido em uma sequência de pontos. Conta-se zero, 15, trinta, quarenta e *game*. O jogador que ganhar seis *games*, com diferença de dois, vence o set. Se o set chega a um empate de 6 X 6, há o *tie-break*, em que ganha quem fizer dois de vantagem.

✱ Tênis de mesa

As dimensões do tênis de mesa e suas regras são bem diferentes do esporte que inspirou sua criação. A bolinha deve quicar primeiro no lado da mesa do jogador que sacou, para depois pingar no lado adversário. Se ele não conseguir devolver a bola, rebatê-la antes do primeiro pingo ou depois de ela quicar duas vezes, o ponto é de quem sacou. A partida vai a 11 pontos por set e, de acordo com a organização dos Jogos, pode ser em melhor de sete sets.

Tiro

O número de provas de tiro ao alvo já variou bastante ao longo dos Jogos. Foram 21 em 1920 e apenas duas em 1932 (nenhuma foi disputada em 1928). Três provas para mulheres foram introduzidas em 1984. Antes disso, elas disputaram pela primeira vez em 1968, mas em competições masculinas. A mexicana Nuria Ortiz foi a pioneira e terminou em 13º lugar na prova de *skeet*. A primeira mulher a ganhar uma medalha no tiro chamava-se Margaret Murdock, em 1976, com carabina de três posições.

✱ Pistola livre

O atirador dispõe de duas horas e meia para disparar sessenta tiros a uma distância de cinquenta metros. Ele só pode usar uma das mãos, o que exige excelente controle muscular. Os pequenos alvos têm variação de pontos de um a dez, e a arma, de cano longo, é de calibre 22.

✱ **Pistola standard**
Com uma pistola de calibre 22, cano longo e gatilho de um quilo, o atirador dispara sessenta tiros em cinco séries: quatro de cinco tiros em dois minutos e trinta segundos, quatro de cinco tiros em vinte segundos, e mais quatro de cinco tiros em dez segundos. A arma fica a 25 metros do alvo.

✱ **Pistola de ar**
Durante uma hora e 45 minutos, os homens disparam sessenta tiros (as mulheres disparam quarenta tiros em uma hora e 15 segundos a uma distância de dez metros, com uma pistola de ar comprimido de calibre 4,5 mm. O gatilho pesa quinhentos gramas e exige boa dosagem de força. A munição utilizada é de balins de chumbo.

✱ **Tiro rápido**
Usa-se uma pistola de cano curto, calibre 22. O competidor dispara sessenta tiros contra cinco silhuetas a 25 metros de distância. Ao comando, cinco alvos aparecem simultaneamente, devendo receber um tiro cada. Nas duas primeiras séries, cinco tiros precisam ser disparados em oito segundos, nas duas séries seguintes, em seis segundos, e nas duas finais, em quatro segundos. As mulheres atiram a uma distância de 25 metros com uma pistola com capacidade para cinco tiros. Em alvos de precisão, são disparadas seis séries de cinco tiros, com seis minutos por série, e mais trinta tiros de "duelo".

✱ **Carabina três posições**
A arma é uma carabina de cano longo, calibre 22, pesando no máximo oito quilos. Durante a competição, são disparados 120 tiros contra um alvo a cinquenta metros de distância. A posição do atirador, o número de tiros e o limite de tempo são: deitado, quarenta tiros em uma hora; em pé, quarenta tiros em uma hora e 45 segundos; e de joelhos, quarenta tiros em uma hora e 15 minutos. A mesma carabina deve ser usada nas três posições, e o círculo central do alvo tem 12,4 milímetros de diâmetro. Para as mulheres, são três séries de vinte tiros.

FOSSA OLÍMPICA, FOSSA *DOUBLE* E *SKEET*
A arma é uma espingarda calibre 12. As provas apresentam poucas diferenças. Em ambas, 125 alvos de barro — chamados de pratos, com 11 centímetros de diâmetro — são lançados em duas séries, uma em cada dia. Na primeira, são arremessados 75 pratos; na segunda, cinquenta. Na fossa olímpica, também chamada de *trap*, o atirador se posiciona a 16 metros de uma fossa com

cinco alçapões que lançam os pratos. A arma fica na altura do ombro. Ao dizer "pronto", sua voz aciona um dispositivo que lança de um alçapão o disco de barro a duzentos quilômetros por hora. Na fossa dupla, o atleta tem de acertar dois pratos com apenas dois tiros. Já no *skeet*, os alvos são arremessados a noventa quilômetros por hora a partir de duas casas, uma baixa e outra alta, distantes 36,7 metros entre si. O disco se desloca em várias posições diferentes.

✴ Carabina deitado

A arma é a mesma utilizada na carabina três posições – cano longo, calibre 22, porém sem o apoio da mão. O atirador mantém-se deitado. Sessenta tiros são disparados em seis séries de dez, com limite de uma hora e meia, a um alvo distante cinquenta metros. A prova é exclusivamente masculina.

✴ Carabina de ar

A arma é de ar comprimido ou de dióxido de carbono. Em pé, os homens disparam sessenta tiros a uma distância de dez metros, e as mulheres, quarenta tiros.

✴ Alvos em movimento

É a única modalidade que permite o uso de mira telescópica. São disparados trinta tiros contra um alvo em movimento lento, e outros trinta contra um alvo em movimento rápido. Existem duas modalidades: a dez metros de distância com arma de ar comprimido, e a cinquenta metros com arma calibre 22. O competidor precisa ter um reflexo extraordinário.

O VOVÔ DOPADO

Nos Jogos de 1976, o atleta Paul Cerutti foi desclassificado das provas de tiro por estar dopado. O mais curioso é que ele tinha terminado em 43º lugar entre 44 competidores. Cerutti entrou ainda para a história olímpica como o mais velho a tomar drogas. Ele tinha 65 anos.

Tiro com arco

As distâncias olímpicas
As provas olímpicas são realizadas ao ar livre, nas distâncias de noventa e setenta metros (ou setenta e sessenta metros para mulheres), com alvos de 1,22 metro de diâmetro; e 53 metros (nesse caso, para ambos os sexos), com alvos de oitenta centímetros de diâmetro. Há quatro categorias de eventos: o individual masculino e feminino, e os de equipe masculina e feminina. Os arqueiros disparam suas flechas em direção a um alvo com dez círculos concêntricos. O círculo do meio vale dez pontos e o mais externo conta apenas um ponto.

Triatlo

Homens e mulheres percorrem as mesmas distâncias nessa modalidade que envolve três esportes diferentes. São 1,5 quilômetro de natação, quarenta quilômetros de ciclismo, e dez quilômetros de corrida. Geralmente, a expectativa é de que os homens terminem a prova em uma hora e cinquenta minutos, enquanto as mulheres demoram mais dez ou 12 minutos para chegar ao fim.

Vela

Nos Jogos Olímpicos, há dois tipos de competição: a *fleet racing*, em que participam veleiros de todas as classes, com exceção da Soling, e a *match racing*, exclusivo dessa classe. Ao final de um número predeterminado de regatas, ganha quem fizer mais pontos. A distância de uma prova olímpica é de dez milhas, ou um pouco mais de 16 quilômetros.

Conheça um barco pela vela
Pequenos símbolos nas velas identificam as classes de barcos no iatismo dos Jogos Olímpicos. Conheça algumas de suas características:

	Metros	Kg	Tripulantes
⋒ **Mistral One Design** (prancha olímpica)	3,70	15,5	1
∩ **Soling**	8,20	1.025	3
★ **Star**	6,94	671	2
⇾ **Laser**	4,23	70	1 (só masculino)
⊖ **Europa**	3,35	63	1 (só feminino)
⌠ **Tornado**	6,09	170	2
⋙ **470**	4,70	120	2
≈ **Finn**	4,50	145	1 (só masculino)

Em 1998, o iatista Lars Grael, medalha de bronze em Seul e Atlanta, teve seu veleiro atropelado por uma lancha na praia de Camburi, em Santa Catarina. A hélice do barco decepou sua perna direita, o que o impediu de continuar competindo como antes. Grael tornou-se coordenador técnico da equipe brasileira de iatismo, em 2000, e secretário nacional de esportes no governo de Fernando Henrique Cardoso.

ESPORTES E MODALIDADES QUE JÁ FORAM OLÍMPICOS

1912	Arremesso de disco e dardo com as duas mãos
1906	Arremesso de pedra de 6,4 quilos
1900 a 1920	Cabo de guerra
1908	Corrida de barcos
1900	Críquete
1900	Croquet
1896	Doze horas de ciclismo
1900 e 1904	Golfe
1908	Jogo de palma
1904 e 1908	Lacrosse
1896 e 1904	Levantamento de peso com uma só mão
1908	Motonáutica

1900	Pelota basca
1908 a 1936	Polo
1908	Rackets
1904	Rogue
1906, 1908, 1920 e 1924	Rúgbi
1900	Tiro ao pombo
1936	Voo livre de planador

Em 1904, foi disputado um triatlo durante as Olimpíadas. Nada a ver com o triatlo de hoje. As três provas naquela ocasião foram salto em distância, arremesso de martelo e ginástica.

ESPORTES DE DEMONSTRAÇÃO

Desde 1904, o COI abre os jogos para uma variedade de esportes de demonstração, geralmente tradicionais no país anfitrião. Eles não valem medalhas. Alguns deles, no entanto, se transformaram mais tarde em esportes olímpicos, como é o caso do beisebol.

1972	Badminton
1904	Basquete
1912, 1936, 1952, 1956, 1964, 1972, 1984 e 1988	Beisebol
1988	Boliche
1964	Budo*
1924	Canoagem
1904	Ciclismo
1928	Corfebol**
1972	Esqui aquático
1896	Futebol
1932	Futebol americano
1956	Futebol australiano
1912	Gilma***

* Budo é uma modalidade esportiva japonesa em que são praticados o kyudo (arco e flecha), o kendô (esgrima) e o sumô (luta).

** O corfebol foi criado na Holanda e é uma espécie de basquete, já que o objetivo é jogar a bola na cesta. No entanto, não é permitido driblar ou correr com a bola. As equipes, de oito jogadores cada, são mistas, mas os homens só marcam os homens, e o mesmo ocorre com as mulheres.

*** Gilma é uma espécie de luta livre escandinava, exclusivamente masculina.

1984	Ginástica rítmica
1952	Handebol
1992	Hóquei sobre patins
1924	Jogos infantis****
1988	Judô feminino
1928, 1932 e 1948	Lacrosse*****
1924	Luta com bastões
1948, 1952, 1956, 1960, 1964 e 1968	Nado sincronizado
1924, 1968 e 1992	Pelota basca
1924	Savate****** (ou pugilismo francês)
1988 e 1992	Taekwondo
1968 e 1984	Tênis
1936	Voo livre

**** Nos "jogos infantis", crianças francesas se reuniram para alguns jogos típicos do país, em que só as famílias das crianças assistiram à competição.

***** O lacrosse é uma mistura de futebol, hóquei e basquete, jogado na grama. Cada time tem que marcar pontos atirando a bola no gol adversário com uma pequena raquete.

****** O savate é um ancestral do *kick boxing*.

Hoje, para participar dos Jogos, um novo esporte masculino precisa ser praticado e ter campeonatos em 75 países e em quatro continentes. Na versão feminina, bastam quarenta países e três continentes.

A pelota basca só foi esporte de demonstração nos Jogos Olímpicos de Barcelona, mas na Espanha é tão popular quanto o futebol. O esporte é disputado em uma quadra semelhante à de *squash*, cercada por três paredes, e os dois adversários tentam rebater a bola nos paredões, a fim de dificultar a recepção do oponente. Para isso, dependendo da modalidade, eles usam uma raquete ou uma espécie de luva de couro com uma cesta de vime na ponta.

10

As batalhas que contam não são as que valem medalhas de ouro. Os combates que travamos em nosso interior – as batalhas invisíveis e inevitáveis dentro de todos nós – esses sim fazem a diferença.

JESSE OWENS
(1913-1980), atleta norte-americano

As medalhas e o pódio

AS TRÊS CORES DA VITÓRIA

✳ O primeiro colocado leva medalha de ouro. O segundo, de prata. O terceiro, de bronze. Em 1992, o badminton, o boxe, o judô, o tênis e o tênis de mesa não fizeram decisão do terceiro lugar. A partir de 1996, apenas o boxe e o judô mantiveram esse privilégio. Dois atletas recebem medalhas de bronze.

✳ Nos Jogos de 1896, em Atenas, ainda não havia a medalha de ouro. O primeiro colocado ganhava uma de prata e uma coroa de louros. O segundo, uma medalha de bronze. O terceiro colocado não recebia premiação.

✳ Somente em 1908 os três primeiros colocados começaram a ser premiados pelo sistema que funciona até hoje.

✳ Atualmente, as medalhas olímpicas devem ter um mínimo de seis centímetros de diâmetro e três milímetros de espessura. A medalha de ouro deve ter pelo menos seis gramas do metal.

✳ Em 1932, os organizadores introduziram o pódio da vitória para os três primeiros classificados, com direito a hino e bandeira para o vencedor.

Quadro de medalhas

Desde 1920, o COI não faz uma contagem oficial de pontos por país, para que nenhuma nação seja oficialmente declarada vencedora dos Jogos: os atletas e as equipes, individualmente, eram vencedores. No entanto, no site do Comitê, é possível verificar o quadro de medalhas de todas as Olimpíadas.

1896 ✳ ATENAS

	Ouro	Prata	Bronze
Estados Unidos	11	7	2
Grécia	10	17	19
Alemanha	6	5	2
França	5	4	2
Grã-Bretanha	2	3	2
Hungria	2	1	3
Áustria	2	0	3
Austrália	2	0	0
Dinamarca	1	2	3
Suíça	1	2	0
Equipes mistas	1	1	1

Os primeiros Jogos Olímpicos modernos acontecem em Atenas, na Grécia. O hino olímpico é executado pela primeira vez e apenas nove esportes são disputados. A América Latina é representada pelo por um atleta do Chile.

1900 ✳ PARIS

	Ouro	Prata	Bronze
França	26	41	34
Estados Unidos	19	14	14
Grã-Bretanha	15	6	9
Equipe mistas	6	3	3
Suíça	6	2	1
Bélgica	5	5	5
Alemanha	4	2	2
Austrália	2	0	3
Itália	2	1	0
Dinamarca	1	3	2
Hungria	1	3	2
Cuba	1	1	0
Canadá	1	0	1
Espanha	1	0	0
Áustria	0	3	3
Noruega	0	2	3
Índia	0	2	0
Holanda	0	1	3
Boêmia	0	1	1
México	0	0	1
Suécia	0	0	1

Pela primeira vez as mulheres podem participar dos Jogos, e a tenista inglesa, Charlotte Cooper, é a primeira a vencer uma prova olímpica e a ganhar uma medalha de ouro.

1904 ✶ SAINT LOUIS

	Ouro	Prata	Bronze
Estados Unidos	79	83	80
Alemanha	4	4	6
Cuba	4	2	3
Canadá	4	1	1
Hungria	2	1	1
Grécia	1	0	1
Suíça	1	0	1
Grã-Bretanha	1	1	0
Áustria	0	0	1

Os organizadores realizam os "Jogos Antropológicos", com "atletas inferiores de tribos não civilizadas". O triste exemplo de racismo é repudiado nas Olimpíadas. O americano George Poage é o primeiro negro a conquistar uma medalha.

1906 ✶ ATENAS

	Ouro	Prata	Bronze
França	15	9	16
Estados Unidos	12	6	6
Grécia	8	14	13
Gra-Bretanha	8	11	5
Itália	7	6	3
Suíça	5	6	4
Alemanha	4	6	5
Noruega	4	2	1
Áustria	3	3	3
Dinamarca	3	2	1
Suécia	2	5	7
Hungria	2	5	3
Bélgica	2	1	3
Finlândia	2	1	1
Canadá	1	1	0
Holanda	0	1	2
Equipes mistas	0	1	0
Austrália	0	0	3
Boêmia	0	0	2

Para comemorar os dez anos de retorno das Olimpíadas, são realizados os Jogos Olímpicos Intercalados, em Atenas. Este evento não é considerado uma Olimpíada pelo COI.

1908 ✶ LONDRES

	Ouro	Prata	Bronze
Grã-Bretanha	56	51	39
Estados Unidos	23	12	12
Suécia	8	6	11
França	5	5	9
Alemanha	3	5	5
Hungria	3	4	2
Canadá	3	3	10
Noruega	2	3	3
Itália	2	2	0
Bélgica	1	5	2
Australásia	1	2	2
Rússia	1	2	0
Finlândia	1	1	3
África do Sul	1	1	0
Grécia	0	3	0
Dinamarca	0	2	3
Boêmia	0	0	2
Holanda	0	0	2
Áustria	0	0	1

Por conta de uma feira internacional, os Jogos acabam durando seis meses. As medalhas de ouro, prata e bronze são distribuídas pela primeira vez. Os esportes de inverno também fazem sua estreia.

1912 ✶ ESTOCOLMO

	Ouro	Prata	Bronze
Estados Unidos	25	19	19
Suécia	24	24	17
Grã-Bretanha	10	15	16
Finlândia	9	8	9
França	7	4	3
Alemanha	5	13	7
África do Sul	4	2	0
Noruega	4	1	4
Canadá	3	2	3
Hungria	3	2	3
Itália	3	1	2
Australásia	2	2	3
Bélgica	2	1	3
Dinamarca	1	6	5
Grécia	1	0	1
Rússia	0	2	3
Áustria	0	2	2
Holanda	0	0	3

É a estreia da tecnologia de *photo finish*, uma foto usada para acabar com as dúvidas na linha de chegada. É a primeira vez que os Jogos contam com a participação de países dos cinco continentes, incluindo o Japão.

1920 ✶ ANTUÉRPIA

	Ouro	Prata	Bronze
Estados Unidos	41	27	27
Suécia	19	20	25
Grã-Bretanha	15	15	13
Finlândia	15	10	9
Bélgica	14	11	11
Noruega	13	9	9
Itália	13	5	5
França	9	19	13
Holanda	4	2	5
Dinamarca	3	9	1
África do Sul	3	4	3
Canadá	3	3	3
Suíça	2	2	7
Estônia	1	2	0
Brasil	1	1	1
Austrália	0	2	1
Japão	0	2	0
Espanha	0	2	0
Grécia	0	1	0
Luxemburgo	0	1	0
Tchecoslováquia	0	0	2
Nova Zelândia	0	0	1

A bandeira e o juramento olímpico são incorporados à cerimônia. O Brasil faz sua estreia e leva uma medalha de ouro, uma de prata e uma de bronze, todas em provas de tiro.

1924 ✶ PARIS

	Ouro	Prata	Bronze
Estados Unidos	45	27	27
Finlândia	14	13	10
França	13	15	10
Grã-Bretanha	9	13	12
Itália	8	3	5
Suíça	7	8	10
Noruega	5	2	3
Suécia	4	13	12
Holanda	4	1	5
Austrália	3	1	2
Dinamarca	2	5	2
Hungria	2	3	4
Iugoslávia	2	0	0
Tchecoslováquia	1	4	5
Argentina	1	3	2

Ocorre a estreia das transmissões dos Jogos pelo rádio. A pequena delegação do Brasil só consegue viajar graças aos recursos de uma campanha patrocinada pela imprensa paulista. O melhor resultado do país é o quarto lugar, no remo.

	Ouro	Prata	Bronze
Estônia	1	1	4
África do Sul	1	1	1
Uruguai	1	0	0
Canadá	0	3	1
Áustria	0	3	1
Polônia	0	1	1
Japão	0	0	1
Romênia	0	0	1
Nova Zelândia	0	0	1
Portugal	0	0	1
Haiti	0	0	1

1928 ✷ AMSTERDÃ

	Ouro	Prata	Bronze
Estados Unidos	22	18	16
Alemanha	10	7	14
Finlândia	8	8	9
Suécia	7	6	12
Itália	7	5	7
Suíça	7	4	4
França	6	10	5
Holanda	6	9	4
Hungria	4	5	0
Canadá	4	4	7
Grã-Bretanha	3	10	7
Argentina	3	3	1
Dinamarca	3	1	2
Tchecoslováquia	2	5	2
Japão	2	2	1
Estônia	2	1	2
Egito	2	1	1
Áustria	2	0	1
Austrália	1	2	1
Noruega	1	2	1
Polônia	1	1	3
Iugoslávia	1	1	3

Pela primeira vez a pira olímpica fica acesa durante toda a competição, e as mulheres podem participar das provas de atletismo. O Brasil não envia sua delegação por falta de dinheiro.

	Ouro	Prata	Bronze
África do Sul	1	0	2
Índia	1	0	0
Irlanda	1	0	0
Nova Zelândia	1	0	0
Espanha	1	0	0
Uruguai	1	0	0
Bélgica	0	1	2
Chile	0	1	0
Haiti	0	1	0
Filipinas	0	0	1
Portugal	0	0	1

1932 ✳ LOS ANGELES

	Ouro	Prata	Bronze
Estados Unidos	41	32	30
Itália	12	12	12
França	10	5	4
Suécia	9	5	9
Japão	7	7	4
Hungria	6	4	5
Finlândia	5	8	12
Grã-Bretanha	4	7	5
Alemanha	3	12	5
Austrália	3	1	1
Argentina	3	1	0
Canadá	2	5	8
Holanda	2	5	0
Polônia	2	1	4
África do Sul	2	0	3
Irlanda	2	0	0
Tchecoslováquia	1	2	1
Áustria	1	1	3
Índia	1	0	0

Com a Grande Depressão, os organizadores têm de financiar hospedagem e alimentação para vários países. Os brasileiros viajaram em um barco que transportava café.

Dinamarca	0	3	3
México	0	2	0
Suíça	0	1	0
Nova Zelândia	0	1	0
Letônia	0	1	0
Filipinas	0	0	3
Espanha	0	0	1
Uruguai	0	0	1

1936 ✲ BERLIM

	Ouro	Prata	Bronze
Alemanha	33	26	30
Estados Unidos	24	20	12
Hungria	10	1	5
Itália	8	9	5
Finlândia	7	6	6
França	7	6	6
Suécia	6	5	9
Japão	6	4	8
Holanda	6	4	7
Grã-Bretanha	4	7	3
Áustria	4	6	3
Tchecoslováquia	3	5	0
Argentina	2	2	3
Estônia	2	2	3
Egito	2	1	2
Suíça	1	9	5
Canadá	1	3	5
Noruega	1	3	2
Turquia	1	0	1
Índia	1	0	0
Nova Zelândia	1	0	0
Polônia	0	3	3
Dinamarca	0	2	3
Letônia	0	1	1
África do Sul	0	1	0
Romênia	0	1	0
Iugoslávia	0	1	0
México	0	0	3
Bélgica	0	0	2
Austrália	0	0	1
Filipinas	0	0	1
Portugal	0	0	1

Hitler vê seu sonho de provar a superioridade da raça ariana ruir ao assistir ao negro norte-americano, Jesse Owens, tornar-se o grande vencedor do atletismo. Os Jogos são televisionados pela primeira vez.

1948 * LONDRES

	Ouro	Prata	Bronze
Estados Unidos	38	27	19
Suécia	16	11	17
França	10	6	13
Hungria	10	5	12
Itália	8	11	8
Finlândia	8	7	5
Turquia	6	4	2
Tchecoslováquia	6	2	3
Suíça	5	10	5
Dinamarca	5	7	8
Holanda	5	2	9
Grã-Bretanha	3	14	6
Argentina	3	3	1
Austrália	2	6	5
Bélgica	2	2	3
Egito	2	2	1
México	2	1	2
África do Sul	2	1	1
Noruega	1	3	3
Jamaica	1	2	0
Áustria	1	0	3
Índia	1	0	0
Peru	1	0	0
Iugoslávia	0	2	0
Canadá	0	1	2
Uruguai	0	1	1
Portugal	0	1	1
Cuba	0	1	0
Espanha	0	1	0
Trinidad e Tobago	0	1	0
Sri Lanka	0	1	0
Coreia do Sul	0	0	2
Panamá	0	0	2
Polônia	0	0	1
Porto Rico	0	0	1
Irã	0	0	1
Brasil	0	0	1

O continente europeu ainda mostra os rastros da guerra e, sem recursos para construir uma vila olímpica, os atletas se abrigam em casas, escolas e acampamentos militares. O Brasil leva o bronze no basquete masculino.

1952 ✳ HELSINQUE

	Ouro	Prata	Bronze
Estados Unidos	40	19	17
União Soviética	22	30	19
Hungria	16	10	16
Suécia	12	13	10
Itália	8	9	4
Tchecoslováquia	7	3	3
França	6	6	6
Finlândia	6	3	13
Austrália	6	2	3
Noruega	3	2	0
Suíça	2	6	6
África do Sul	2	4	4
Jamaica	2	3	0
Bélgica	2	2	0
Dinamarca	2	1	3
Turquia	2	0	1
Japão	1	6	2
Grã-Bretanha	1	2	8
Argentina	1	2	2
Polônia	1	2	1
Canadá	1	2	0
Iugoslávia	1	2	0
Romênia	1	1	2
Brasil	1	0	2
Nova Zelândia	1	0	2
Índia	1	0	1
Luxemburgo	1	0	0
Alemanha	0	7	17
Holanda	0	5	0
Irã	0	3	4
Chile	0	2	0
Líbano	0	1	1
Áustria	0	1	1
Espanha	0	1	0
Irlanda	0	1	0
México	0	1	0
Uruguai	0	0	2
Trinidad e Tobago	0	0	2
Coreia do Sul	0	0	2
Portugal	0	0	1
Venezuela	0	0	1
Bulgária	0	0	1
Egito	0	0	1

Começa a Guerra Fria entre União Soviética e Estados Unidos, que ao mesmo tempo disputam a contagem final de medalhas. O Brasil ganha ouro no salto triplo, e bronze no salto em altura e na natação.

1956 ✳ MELBOURNE

	Ouro	Prata	Bronze
União Soviética	37	29	32
Estados Unidos	32	25	17
Austrália	13	8	14
Hungria	9	10	7
Itália	8	8	9
Suécia	8	5	6
Alemanha Unificada	6	13	7
Grã-Bretanha	6	7	11
Romênia	5	3	5
Japão	4	10	5
França	4	4	6
Turquia	3	2	2
Finlândia	3	1	11
Irã	2	2	1
Canadá	2	1	3
Nova Zelândia	2	0	0
Polônia	1	4	4
Tchecoslováquia	1	4	1
Bulgária	1	3	1
Dinamarca	1	2	1
Irlanda	1	1	3
Noruega	1	0	2
México	1	0	1
Brasil	1	0	0
Índia	1	0	0
Iugoslávia	0	3	0
Chile	0	2	2
Bélgica	0	2	0
Coreia do Sul	0	1	1
Argentina	0	1	1
Islândia	0	1	0
Paquistão	0	1	0
África do Sul	0	0	4
Áustria	0	0	2
Uruguai	0	0	1
Suíça	0	0	1
Grécia	0	0	1
Bahamas	0	0	1

Pela primeira vez os Jogos são realizados no hemisfério Sul. O Brasil fica com o ouro no atletismo.

1960 * ROMA

	Ouro	Prata	Bronze
União Soviética	43	29	31
Estados Unidos	34	21	16
Itália	13	10	13
Alemanha Unificada	12	19	11
Austrália	8	8	6
Turquia	7	2	0
Hungria	6	8	7
Japão	4	7	7
Polônia	4	6	11
Tchecoslováquia	3	2	3
Romênia	3	1	6
Grã-Bretanha	2	6	12
Dinamarca	2	3	1
Nova Zelândia	2	0	1
Bulgária	1	3	3
Suécia	1	2	3
Finlândia	1	1	3
Iugoslávia	1	1	0
Áustria	1	1	0
Paquistão	1	0	1
Etiópia	1	0	0
Grécia	1	0	0
Noruega	1	0	0
Suíça	0	3	3
França	0	2	3
Bélgica	0	2	2
Irã	0	1	3
Holanda	0	1	2
África do Sul	0	1	2
República Árabe Unida	0	1	1
Argentina	0	1	1

Os Jogos são transmitidos ao vivo, pela televisão, para todo o planeta.
O corredor etíope Abebe Bikila surpreende o mundo inteiro ao ganhar o ouro na maratona, correndo descalço.
Os brasileiros levam o bronze no basquete e na natação.

	Ouro	Prata	Bronze
Gana	0	1	0
Índia	0	1	0
Canadá	0	1	0
Marrocos	0	1	0
Portugal	0	1	0
Cingapura	0	1	0
Taiwan	0	1	0
Índias Ocid. Britânicas	0	0	2
Brasil	0	0	2
Iraque	0	0	1
México	0	0	1
Espanha	0	0	1
Venezuela	0	0	1

1964 ✳ TÓQUIO

	Ouro	Prata	Bronze
Estados Unidos	36	26	28
União Soviética	30	31	35
Japão	16	5	8
Alemanha Unificada	10	22	18
Itália	10	10	7
Hungria	10	7	5
Polônia	7	6	10
Austrália	6	2	10
Tchecoslováquia	5	6	3
Grã-Bretanha	4	12	2
Bulgária	3	5	2
Finlândia	3	0	2
Nova Zelândia	3	0	2
Romênia	2	4	6
Holanda	2	4	4
Turquia	2	3	1

Os Jogos chegam à Ásia pela primeira vez. O basquete masculino brasileiro conquista o bronze.

Suécia	2	2	4
Dinamarca	2	1	3
Iugoslávia	2	1	2
Bélgica	2	0	1
França	1	8	6
Canadá	1	2	1
Suíça	1	2	1
Etiópia	1	0	0
Bahamas	1	0	0
Índia	1	0	0
Coreia do Sul	0	2	1
Trinidad e Tobago	0	1	2
Tunísia	0	1	1
Argentina	0	1	0
Cuba	0	1	0
Paquistão	0	1	0
Filipinas	0	1	0
Irã	0	0	2
Brasil	0	0	1
Gana	0	0	1
Irlanda	0	0	1
Quênia	0	0	1
México	0	0	1
Nigéria	0	0	1
Uruguai	0	0	1

1968 ✵ CIDADE DO MÉXICO

	Ouro	Prata	Bronze
Estados Unidos	45	28	34
União Soviética	29	32	30
Japão	11	7	7
Hungria	10	10	12
Alemanha Oriental	9	9	7
França	7	3	5
Tchecoslováquia	7	2	4
Alemanha Ocidental	5	11	10
Austrália	5	7	5
Grã-Bretanha	5	5	3
Polônia	5	2	11
Romênia	4	6	5
Itália	3	4	9
Quênia	3	4	2
México	3	3	3

O número de países participantes ultrapassa o de cem nações e uma mulher acende a chama olímpica pela primeira vez. Para o Brasil, prata no atletismo e bronze na vela e no boxe.

Iugoslávia	3	3	2
Holanda	3	3	1
Bulgária	2	4	3
Irã	2	1	2
Suécia	2	1	1
Turquia	2	0	0
Dinamarca	1	4	3
Canadá	1	3	1
Finlândia	1	2	1
Etiópia	1	1	0
Noruega	1	1	0
Nova Zelândia	1	0	2
Tunísia	1	0	1
Paquistão	1	0	0
Venezuela	1	0	0
Cuba	0	4	0
Áustria	0	2	2
Suíça	0	1	4
Mongólia	0	1	3
Brasil	0	1	2
Coreia do Sul	0	1	1
Uganda	0	1	1
Jamaica	0	1	0
Camarões	0	1	0
Argentina	0	0	2
Grécia	0	0	1
Índia	0	0	1
Taiwan	0	0	1

1972 ✻ MUNIQUE

	Ouro	Prata	Bronze
União Soviética	50	27	22
Estados Unidos	33	31	30

País			
Alemanha Oriental	20	23	23
Alemanha Ocidental	13	11	16
Japão	13	8	8
Austrália	8	7	2
Polônia	7	5	9
Hungria	6	13	16
Bulgária	6	10	5
Itália	5	3	10
Suécia	4	6	6
Grã-Bretanha	4	5	9
Romênia	3	6	7
Finlândia	3	1	4
Cuba	3	1	4
Holanda	3	1	1
França	2	4	7
Tchecoslováquia	2	4	2
Quênia	2	3	4
Iugoslávia	2	1	2
Noruega	2	1	1
Coreia do Norte	1	1	3
Nova Zelândia	1	1	1
Uganda	1	1	0
Dinamarca	1	0	0
Suíça	0	3	0
Canadá	0	2	3
Irã	0	2	1
Bélgica	0	2	0
Grécia	0	2	0
Colômbia	0	1	2
Áustria	0	1	2
Argentina	0	1	0
Coreia do Sul	0	1	0
Líbano	0	1	0
México	0	1	0
Mongólia	0	1	0
Paquistão	0	1	0
Turquia	0	1	0
Tunísia	0	1	0
Etiópia	0	0	2
Brasil	0	0	2
Gana	0	0	1
Índia	0	0	1
Jamaica	0	0	1
Níger	0	0	1
Nigéria	0	0	1
Espanha	0	0	1

Os Jogos ficaram marcados pelo atentado palestino a 11 atletas israelenses. A mascote olímpica faz seu debute e os brasileiros conquistam o bronze no atletismo e no judô.

1976 ✷ MONTREAL

	Ouro	Prata	Bronze
União Soviética	49	41	35
Alemanha Oriental	40	25	25
Estados Unidos	34	35	25
Alemanha Ocidental	10	12	17
Japão	9	6	10
Polônia	7	6	13
Bulgária	6	9	7
Cuba	6	4	3
Romênia	4	9	14
Hungria	4	5	13
Finlândia	4	2	0
Suécia	4	1	0
Grã-Bretanha	3	5	5
Itália	2	7	4
França	2	3	4
Iugoslávia	2	3	3
Tchecoslováquia	2	2	4
Nova Zelândia	2	1	1
Coreia do Sul	1	1	4
Suíça	1	1	2
Noruega	1	1	0
Coreia do Norte	1	1	0
Jamaica	1	1	0
Dinamarca	1	0	2
México	1	0	1
Trinidad e Tobago	1	0	0
Canadá	0	5	6
Bélgica	0	3	3
Holanda	0	2	3
Espanha	0	2	0

João do Pulo conquista o bronze para o Brasil, que também leva o bronze na vela.

	Ouro	Prata	Bronze
Portugal	0	2	0
Austrália	0	1	4
Brasil	0	0	2
Irã	0	1	1
Mongólia	0	1	0
Venezuela	0	1	0
Áustria	0	0	1
Porto Rico	0	0	1
Bermudas	0	0	1
Paquistão	0	0	1
Tailândia	0	0	1

1980 ✻ MOSCOU

	Ouro	Prata	Bronze
União Soviética	80	69	46
Alemanha Oriental	47	37	42
Bulgária	8	16	17
Cuba	8	7	5
Itália	8	3	4
Hungria	7	10	15
Romênia	6	6	13
França	6	5	3
Grã-Bretanha	5	7	9
Polônia	3	14	15
Suécia	3	3	6
Finlândia	3	1	4
Tchecoslováquia	2	3	9
Iugoslávia	2	3	4
Austrália	2	2	5
Dinamarca	2	1	2
Brasil	2	0	2
Etiópia	2	0	2
Suíça	2	0	0
Espanha	1	3	2
Áustria	1	2	1
Grécia	1	0	2
Índia	1	0	0
Bélgica	1	0	0
Zimbábue	1	0	0
Coreia do Norte	0	3	2
Mongólia	0	2	2
Tanzânia	0	2	0
México	0	1	3

Os Estados Unidos promovem um boicote aos Jogos, que ficam sem a participação de 61 países. O Brasil ganha dois ouros na vela, e bronze no atletismo e na natação.

	Ouro	Prata	Bronze
Holanda	0	1	2
Irlanda	0	1	1
Uganda	0	1	0
Venezuela	0	1	0
Jamaica	0	0	3
Guiana	0	0	1
Líbano	0	0	1

1984 ✶ LOS ANGELES

	Ouro	Prata	Bronze
Estados Unidos	83	61	30
Romênia	20	16	17
Alemanha Ocidental	17	19	23
China	15	8	9
Itália	14	6	12
Canadá	10	18	16
Japão	10	8	14
Nova Zelândia	8	1	2
Iugoslávia	7	4	7
Coreia do Sul	6	6	7
Grã-Bretanha	5	11	21
França	5	7	16
Holanda	5	2	6
Austrália	4	8	12
Finlândia	4	2	6
Suécia	2	11	6
México	2	3	1
Marrocos	2	0	0
Brasil	1	5	2
Espanha	1	2	2
Bélgica	1	1	2
Áustria	1	1	1
Quênia	1	0	2
Portugal	1	0	2
Paquistão	1	0	0
Suíça	0	4	4
Dinamarca	0	3	3
Jamaica	0	1	2
Noruega	0	1	2
Grécia	0	1	1
Nigéria	0	1	1
Porto Rico	0	1	1
Colômbia	0	1	0

É a vez de a União Soviética não participar dos Jogos, mas alguns países comunistas não aderem ao boicote. O Brasil ganha uma medalha de ouro, cinco de prata e duas de bronze.

	Ouro	Prata	Bronze
Egito	0	1	0
Irlanda	0	1	0
Costa do Marfim	0	1	0
Peru	0	1	0
Síria	0	1	0
Tailândia	0	1	0
Turquia	0	0	3
Venezuela	0	0	3
Argélia	0	0	2
Camarões	0	0	1
República Dominicana	0	0	1
Islândia	0	0	1
Taiwan	0	0	1
Zâmbia	0	0	1

1988 ✳ SEUL

	Ouro	Prata	Bronze
União Soviética	55	31	46
Alemanha Oriental	37	35	30
Estados Unidos	36	31	27
Coreia do Sul	12	10	11
Alemanha Ocidental	11	14	15
Hungria	11	6	6
Bulgária	10	12	13
Romênia	7	11	6
França	6	4	6
Itália	6	4	4
China	5	11	12
Grã-Bretanha	5	10	9
Quênia	5	2	2
Japão	4	3	7
Austrália	3	6	5
Iugoslávia	3	4	5

O mundo fica chocado com o *doping* do atleta canadense Ben Johnson. Os brasileiros conquistam duas medalhas de prata, três de bronze e uma de ouro.

Tchecoslováquia	3	3	2
Nova Zelândia	3	2	8
Canadá	3	2	5
Polônia	2	5	9
Noruega	2	3	0
Holanda	2	2	5
Dinamarca	2	1	1
Brasil	1	2	3
Finlândia	1	1	2
Espanha	1	1	2
Turquia	1	1	0
Marrocos	1	0	2
Suriname	1	0	0
Portugal	1	0	0
Áustria	1	0	0
Suécia	0	4	7
Suíça	0	2	2
Jamaica	0	2	0
Argentina	0	1	1
Costa Rica	0	1	0
Chile	0	1	0
Senegal	0	1	0
Ilhas Virgens	0	1	0
Antilhas Holandesas	0	1	0
Peru	0	1	0
Indonésia	0	1	0
Irã	0	1	0
Bélgica	0	0	2
México	0	0	2
Grécia	0	0	1
Filipinas	0	0	1
Tailândia	0	0	1
Colômbia	0	0	1
Mongólia	0	0	1
Paquistão	0	0	1
Djibuti	0	0	1

1992 ✳ BARCELONA

	Ouro	Prata	Bronze
CEI	45	38	29
Estados Unidos	37	34	37
Alemanha	33	21	28
China	16	22	16

Cuba	14	6	11
Espanha	13	7	2
Coreia do Sul	12	5	12
Hungria	11	12	7
França	8	5	16
Austrália	7	9	11
Canadá	7	4	7
Itália	6	5	8
Grã-Bretanha	5	3	12
Romênia	4	6	8
Tchecoslováquia	4	2	1
Coreia do Norte	4	0	5
Japão	3	8	11
Bulgária	3	7	6
Polônia	3	6	10
Holanda	2	6	7
Quênia	2	4	2
Noruega	2	4	1
Turquia	2	2	2
Indonésia	2	2	1
Brasil	2	1	0
Grécia	2	0	0
Suécia	1	7	4
Nova Zelândia	1	4	5
Finlândia	1	2	2
Dinamarca	1	1	4
Marrocos	1	1	1
Irlanda	1	1	0
Etiópia	1	0	2
Estônia	1	0	1
Lituânia	1	0	1
Argélia	1	0	1
Suíça	1	0	0
Nigéria	0	3	1
Jamaica	0	3	1
Letônia	0	2	1
Namíbia	0	2	0
Áustria	0	2	0
África do Sul	0	2	0
Croácia	0	1	2
Participantes Olímpicos Independentes	0	1	2
Irã	0	1	2
Bélgica	0	1	2
Israel	0	1	1
México	0	1	0

O Comitê Olímpico admite a participação de atletas profissionais pela primeira vez e o planeta assiste ao show do Dream Team do basquete norte-americano. O velocista Carl Lewis se consagra como um dos fenômenos do século. Ouro para o Brasil no vôlei e judô e prata na natação.

	Ouro	Prata	Bronze
Peru	0	1	0
Taiwan	0	1	0
Mongólia	0	0	2
Eslovênia	0	0	2
Suriname	0	0	1
Bahamas	0	0	1
Malásia	0	0	1
Colômbia	0	0	1
Argentina	0	0	1
Porto Rico	0	0	1
Tailândia	0	0	1
Filipinas	0	0	1
Qatar	0	0	1
Gana	0	0	1
Paquistão	0	0	1

1996 ✵ ATLANTA

	Ouro	Prata	Bronze
Estados Unidos	44	32	25
Rússia	26	21	16
Alemanha	20	18	27
China	16	22	12
França	15	7	15
Itália	13	10	12
Austrália	9	9	23
Cuba	9	8	8
Ucrânia	9	2	12
Coreia do Sul	7	15	5
Polônia	7	5	5
Hungria	7	4	10
Espanha	5	6	6

A comemoração do centenário dos Jogos é ameaçada por um atentado terrorista, que mata uma pessoa e fere mais de cem no Parque do Centenário Olímpico. A delegação brasileira vai para casa com 15 medalhas na bagagem.

Romênia	4	7	9
Holanda	4	5	10
Grécia	4	4	0
República Tcheca	4	3	4
Suíça	4	3	0
Dinamarca	4	1	1
Turquia	4	1	1
Canadá	3	11	8
Bulgária	3	7	5
Japão	3	6	5
Cazaquistão	3	4	4
Brasil	3	3	9
Nova Zelândia	3	2	1
África do Sul	3	1	1
Irlanda	3	0	1
Suécia	2	4	2
Noruega	2	2	3
Bélgica	2	2	2
Nigéria	2	1	3
Coreia do Norte	2	1	2
Argélia	2	0	1
Etiópia	2	0	1
Grã-Bretanha	1	8	6
Bielorrússia	1	6	8
Quênia	1	4	3
Jamaica	1	3	2
Finlândia	1	2	1
Indonésia	1	1	2
Iugoslávia	1	1	2
Eslováquia	1	1	1
Irã	1	1	1
Armênia	1	1	0
Croácia	1	1	0
Portugal	1	0	1
Tailândia	1	0	1
Burundi	1	0	0
Costa Rica	1	0	0
Equador	1	0	0
Hong Kong	1	0	0
Síria	1	0	0
Argentina	0	2	1
Eslovênia	0	2	0
Namíbia	0	2	0
Áustria	0	1	2
Malásia	0	1	1

Moldávia	0	1	1
Uzbequistão	0	1	1
Azerbaijão	0	1	0
Bahamas	0	1	0
Filipinas	0	1	0
Letônia	0	1	0
Taiwan	0	1	0
Tonga	0	1	0
Zâmbia	0	1	0
Geórgia	0	0	2
Marrocos	0	0	2
Trinidad e Tobago	0	0	2
Índia	0	0	1
Israel	0	0	1
Lituânia	0	0	1
México	0	0	1
Moçambique	0	0	1
Mongólia	0	0	1
Porto Rico	0	0	1
Tunísia	0	0	1
Uganda	0	0	1

2000 ✶ SYDNEY

	Ouro	Prata	Bronze
Estados Unidos	37	24	33
Rússia	32	28	29
China	28	16	14
Austrália	16	25	17
Alemanha	13	17	26
França	13	14	11
Itália	13	8	13

País	Ouro	Prata	Bronze
Holanda	12	9	4
Cuba	11	11	7
Grã-Bretanha	11	10	7
Romênia	11	6	8
Coreia do Sul	8	10	10
Hungria	8	6	3
Polônia	6	5	3
Japão	5	8	5
Bulgária	5	6	2
Grécia	4	6	3
Suécia	4	5	3
Noruega	4	3	3
Etiópia	4	1	3
Ucrânia	3	10	10
Cazaquistão	3	4	0
Bielorrússia	3	3	11
Canadá	3	3	8
Espanha	3	3	5
Turquia	3	0	2
Irã	3	0	1
República Tcheca	2	3	3
Quênia	2	3	2
Dinamarca	2	3	1
Finlândia	2	1	1
Áustria	2	1	0
Lituânia	2	0	3
Azerbaijão	2	0	1
Bahamas	2	0	0
Eslovênia	2	0	0
Suíça	1	6	2
Indonésia	1	3	2
Eslováquia	1	3	1
México	1	2	3
Argélia	1	1	3
Uzbequistão	1	1	2
Iugoslávia	1	1	1
Letônia	1	1	1
Nova Zelândia	1	0	3
Tailândia	1	0	2
Estônia	1	0	2
Croácia	1	0	1
Moçambique	1	0	0
Camarões	1	0	0
Colômbia	1	0	0
Brasil	0	6	6

Os Jogos são relativamente tranquilos, sem boicotes ou atentados. O Brasil leva 12 medalhas, mas nenhuma de ouro.

Jamaica	0	5	4
Nigéria	0	3	0
África do Sul	0	2	3
Bélgica	0	2	3
Argentina	0	2	2
Taiwan	0	1	4
Marrocos	0	1	4
Coreia do Norte	0	1	3
Arábia Saudita	0	1	1
Moldávia	0	1	1
Trinidad e Tobago	0	1	1
Irlanda	0	1	0
Sri Lanka	0	1	0
Vietnã	0	1	0
Uruguai	0	1	0
Geórgia	0	0	6
Costa Rica	0	0	2
Portugal	0	0	2
Qatar	0	0	1
Kuwait	0	0	1
Quirguistão	0	0	1
Chile	0	0	1
Armênia	0	0	1
Barbados	0	0	1
Macedônia	0	0	1
Israel	0	0	1
Islândia	0	0	1
Índia	0	0	1

2004 ✻ ATENAS

	Ouro	Prata	Bronze
Estados Unidos	35	40	28
China	32	17	14
Rússia	27	27	38
Austrália	17	16	16
Japão	16	9	12
Alemanha	14	16	19
França	11	9	13
Itália	10	11	11
Coreia do Sul	9	12	9
Reino Unido	9	9	12
Cuba	9	7	11
Ucrânia	9	5	9

País	Ouro	Prata	Bronze
Hungria	8	6	3
Romênia	8	5	6
Grécia	6	6	4
Brasil	5	2	3
Noruega	5	0	1
Holanda	4	9	9
Suécia	4	1	2
Espanha	3	11	5
Canadá	3	6	3
Turquia	3	3	4
Polônia	3	2	5
Nova Zelândia	3	2	0
Tailândia	3	1	4
Bielorrússia	2	6	7
Áustria	2	4	1
Etiópia	2	3	2
Eslováquia	2	2	2
Irã	2	2	2
Taiwan	2	2	1
Geórgia	2	2	0
Bulgária	2	1	9
Jamaica	2	1	2
Uzbequistão	2	1	2
Marrocos	2	1	0
Dinamarca	2	0	6
Argentina	2	0	4
Chile	2	0	1
Cazaquistão	1	4	3
Quênia	1	4	2
República Tcheca	1	3	4
África do Sul	1	3	2
Croácia	1	2	2
Lituânia	1	2	0
Egito	1	1	3
Suíça	1	1	3
Indonésia	1	1	2
Zimbábue	1	1	1
Azerbaijão	1	0	4
Bélgica	1	0	2
Bahamas	1	0	1
Israel	1	0	1
Camarões	1	0	0
Emirados Árabes	1	0	0
República Dominicana	1	0	0
Coreia do Norte	0	4	1
Letônia	0	4	0

Seis países conquistam sua medalha de ouro pela primeira vez: Chile, Emirados Árabes, Geórgia, Israel, República Dominicana e Taiwan. O Brasil ganha cinco ouros, a maior quantidade de ouros já conquistados pelo país em uma Olimpíada.

	Ouro	Prata	Bronze
México	0	3	1
Portugal	0	2	1
Finlândia	0	2	0
Sérvia e Montenegro	0	2	0
Eslovênia	0	1	3
Estônia	0	1	2
Hong Kong	0	1	0
Índia	0	1	0
Paraguai	0	1	0
Nigéria	0	0	2
Venezuela	0	0	2
Colômbia	0	0	1
Eritreia	0	0	1
Mongólia	0	0	1
Síria	0	0	1
Trinidad e Tobago	0	0	1

2008 ✷ PEQUIM

	Ouro	Prata	Bronze
China	51	21	28
Estados Unidos	36	38	36
Rússia	23	21	29
Grã-Bretanha	19	13	15
Alemanha	16	10	15
Austrália	14	15	17
Coreia do Sul	13	10	8
Japão	9	6	11
Itália	8	9	10
França	7	16	18
Ucrânia	7	5	15
Holanda	7	5	4
Quênia	6	4	4
Jamaica	6	3	2
Espanha	5	10	3
Bielorrússia	4	4	9
Romênia	4	1	3
Etiópia	4	1	2
Canadá	3	9	6
Hungria	3	6	2
Polônia	3	6	1
Noruega	3	5	1
Brasil	3	4	8
República Tcheca	3	3	0

Michael Phelps ganha oito ouros e se torna o maior vencedor de uma única edição dos Jogos. O Brasil conquista três ouros, quatro pratas e oito bronzes.

Nova Zelândia	3	2	4
Eslováquia	3	2	1
Geórgia	3	0	3
Cuba	2	11	11
Cazaquistão	2	4	7
Dinamarca	2	2	3
Mongólia	2	2	0
Tailândia	2	2	0
Suíça	2	1	4
Coreia do Norte	2	1	3
Argentina	2	0	4
México	2	0	1
Turquia	1	4	3
Zimbábue	1	3	0
Azerbaijão	1	2	4
Uzbequistão	1	2	3
Eslovênia	1	2	2
Bulgária	1	1	3
Indonésia	1	1	3
Finlândia	1	1	2
Letônia	1	1	1
Bélgica	1	1	0
República Dominicana	1	1	0
Estônia	1	1	0
Portugal	1	1	0
Índia	1	0	2
Irã	1	0	1
Camarões	1	0	0
Panamá	1	0	0
Tunísia	1	0	0
Suécia	0	4	1
Croácia	0	2	3
Lituânia	0	2	3
Grécia	0	2	2
Trinidad e Tobago	0	2	0
Nigéria	0	1	3
Áustria	0	1	2
Irlanda	0	1	2
Sérvia	0	1	2
Argélia	0	1	1
Bahamas	0	1	1
Colômbia	0	1	1
Quirguistão	0	1	1
Marrocos	0	1	1
Tadjiquistão	0	1	1
Chile	0	1	0

Equador	0	1	0
Islândia	0	1	0
Malásia	0	1	0
África do Sul	0	1	0
Cingapura	0	1	0
Sudão	0	1	0
Vietnã	0	1	0
Armênia	0	0	6
Taiwan	0	0	4
Afeganistão	0	0	1
Egito	0	0	1
Israel	0	0	1
Moldávia	0	0	1
Ilhas Maurício	0	0	1
Togo	0	0	1
Venezuela	0	0	1

REFERÊNCIAS BIBLIOGRÁFICAS

BENAGH, Jim. *Incredible olympic feats*. Nova York: Mc Graw-Hill Book Company, 1976.
CARDOSO, Maurício. *Os arquivos das Olimpíadas*. São Paulo: Panda Books, 2000.
CARMONA, Lédio; PETRIK, Tiago & RODRIGUES, Jorge Luiz. *Brasileiros olímpicos*. São Paulo: Panda Books, 2000.
CLARK, Patrick. *Sports firsts*. Nova York: Facts on File, 1981.
COHEN, Neil. *The eveything you want to know about sports encyclopedia*. Nova York: Bantam Books, 1994.
GUIA DOS JOGOS OLÍMPICOS. São Paulo: Editora Abril, 1984.
KRISTY, Davida. *Coubertin's Olympics – How the games began*. Minneapolis: Lerner Publications Company, 1995.
LOUIS, David. *2201 fascinating facts*. Nova York: The Ridge Press, 1983.
MANUAL DOS ESPORTES. São Paulo: Editora Três, 1996.
MARTOLIO, Edgardo. *Citius, altius, tortius*. 3 vols. São Paulo: Caras, 2006.
MATTHEWS, Peter. *The Guinness encyclopedia of international sports records and results*. Middlesex: Guinness Publishing, 1993.
PAIOLI, Caetano Carlos. *Brasil olímpico*. São Paulo: Imesp, 1985.
RICQUART, Vincent J. *The games within the games*. Seul: Hantong Books, 1988.
WALLECHINSKY, David. *The complete book of the Olympics*. Londres: Aurum Press, 1988.
_____ & WALLECE, Amy. *The book of lists*. Nova York: Little, Brown and company, 1993.

Revistas

Ação; *Boa Forma*; *Época*; *Galileu*; *Isto É*; *Nova*; *Placar*; *Playboy*; *Revista dos Curiosos*; *Revue Olympique*; *Superinteressante*; *Trip*; *Veja*; *Veja Rio*; *Veja São Paulo*.

Jornais

Diário de São Paulo; *Folha de S.Paulo*; *Jornal da tarde*; *Jornal do Brasil*; *Jornal do Futebol*; *Lance!*; *O Estado de Minas*; *O Estado de S. Paulo*; *O Globo*.

Sites

www.olympic.org
www.cob.org.br

http://olympicstudies.uab.es
www.fifa.com
www.gamesinfo.com.au
www.lancenet.com.br
www.perseus.tufts.edu
www.quadrodemedalhas.com
www.rsssf.com
www.uol.com.br/olimpiadas

CRÉDITOS DAS ILUSTRAÇÕES

Adriana Alves
páginas 12; 26; 51; 67; 74; 88; 90; 98; 111; 117; 126; 132; 133; 147; 155; 162; 167; 177; 188; 198; 211; 225; 231; 239; 279; 285; 292; 302; 311; 324.

Arthur Carvalho
páginas 14; 15; 16; 17; 21; 28; 33; 40; 49; 51; 60; 68; 77; 78; 93; 109; 120; 125; 133; 163; 169; 170; 178; 183; 187; 190; 212; 222; 233; 252; 275; 283; 290; 294; 298.

Daniel Kondo
páginas 15; 28; 32; 34; 37; 44; 58; 62; 73; 85; 97; 105; 112; 113; 118; 119; 123; 128; 135; 145; 149; 152; 153; 159; 161; 166; 172; 196; 213; 215; 220; 228; 235; 242; 246; 252; 253; 261; 263; 274; 277; 282; 283; 287; 290; 300; 305; 306; 312; 314; 316; 319; 322.

OBRAS DE MARCELO DUARTE

Coleção O guia dos curiosos
O guia das curiosas (Panda Books)
O guia dos curiosos (Panda Books)
O guia dos curiosos – Brasil (Panda Books)
O guia dos curiosos – Esportes (Panda Books)
O guia dos curiosos – Invenções (Panda Books)
O guia dos curiosos – Jogos Olímpicos (Panda Books)
O guia dos curiosos – Língua portuguesa (Panda Books)
O guia dos curiosos – Sexo (Panda Books)

Outros livros de Marcelo Duarte
Almanaque das bandeiras (Panda Books)
A origem de datas e festas (Panda Books)
Enciclopédia dos craques (Panda Books)
Os endereços curiosos de São Paulo (Panda Books)

Infantojuvenis
A arca dos bichos (Panda Books)
A mulher que falava para-choquês (Panda Books)
Deu a louca no tempo (Ática)
Jogo sujo (Ática)
Meu outro eu (Ática)
O dia em que me tornei corintiano (Panda Books)
O guia dos curiosinhos – Super-heróis (Panda Books)
O ladrão de sorrisos (Ática)
O livro dos segundos socorros (Panda Books)
Ouviram do Ipiranga (Panda Books)
Tem lagartixa no computador (Ática)
Um livro fechado para reforma (Panda Books)

PARA ENTRAR EM CONTATO COM O AUTOR:
Rua Henrique Schaumann, 286, cj. 41
05413-010 – São Paulo – SP
Tel./Fax: (11) 3088-8444
e-mail: mduarte@pandabooks.com.br
Visite o site da Panda Books: www.pandabooks.com.br
Confira curiosidades novas todos os dias no site www.guiadoscuriosos.com.br

Impressão e acabamento:

Orgrafic
Gráfica e Editora
tel.: 25226368